桥梁总体设计构思

张师定 ◎ 著
强士中 ◎ 审

西南交通大学出版社
· 成都 ·

图书在版编目（ＣＩＰ）数据

桥梁总体设计构思 / 张师定著. —成都：西南交
通大学出版社，2017.9（2020.4）
ISBN 978-7-5643-5701-6

Ⅰ. ①桥… Ⅱ. ①张… Ⅲ.①桥梁设计–总体设计
Ⅳ. ①U442.5

中国版本图书馆 CIP 数据核字（2017）第 208461 号

桥梁总体设计构思

张师定 著

责 任 编 辑	杨　勇
封 面 设 计	何东琳设计工作室
	西南交通大学出版社
出 版 发 行	（四川省成都市金牛区二环路北一段 111 号
	西南交通大学创新大厦 21 楼）
发行部电话	028-87600564　028-87600533
邮 政 编 码	610031
网　　　址	http://www.xnjdcbs.com
印　　　刷	成都中永印务有限责任公司
成 品 尺 寸	185 mm × 260 mm
印　　　张	15.25
字　　　数	358 千
版　　　次	2017 年 9 月第 1 版
印　　　次	2020 年 4 月第 2 次
书　　　号	ISBN 978-7-5643-5701-6
定　　　价	45.00 元

正值中国桥梁技术
　　　赶超世界先进行列之际，
　　　　笔者谨以此书
　　献给
　　　　致力于桥梁建设事业、
　　　　不盲从规范而具创新精神的
　　　　　莘莘学子、
　　　　　勤劳的工程师们及
　　　　　　如泰山北斗的专家学者们，
　　也献给母校——西南交通大学，
　　　　以报答她的培育之恩。

　　　　　　　　* * * * * * * * * * * *

如同当今
　　世界的两大主题为
　　和平与发展一样，
　　当代建筑学
　　　研究的两大主题
　　　　乃是结构与功能
　　　或者说是
　　　　　技术与艺术。

　　　　　　　　* * * * * * * * * * *

不论是造型美，
　　还是结构美，
　　　既要靠人去创造，
　　　　也要靠人去感受。

　　　　　　　　　　——笔者

　　　从科学出发
　　　　　做设计，
　　　达到艺术的目的。

　　　　　　　　　　——林同炎

我们能够建成
　　一座大桥，
但离建成
　　一座好的大桥
还有距离。

——一位中国桥梁专家

结构设计与科学技术
　　　　有着更密切的关系，
　　然而，
　　　　却也在很大程度上
涉及艺术。
　　关系人们的感受、
——情趣
　　适应性，
　　以及对合宜的结构
　　　　造型的欣赏……

——M·E·托罗哈

不懂得结构的
　　　　内在含义
　　而盲目地
　　　　去运用结构
　　是浅薄无知的。
　　　　　其必然会导致毫无道理的
　　　　　　形式主义，
　　从而造成
　　　　本来是可以避免的浪费。

——H·W·罗森迟尔

　规范与软件代表
　　国家水平，
　绝不能拱手让人！

——项海帆

前　言

　　"概念"与"推理"是思维的两种基本形式。"概念"反映事物一般的、本质的特性。由"经验"上升到"概念"或由"数值"上升到"概念"，都属于"深度学习"（人工智能——研究利用计算机模拟人的思维模式和智能行为之过程，包括计算机实现智能之原理、制造类似于人脑智能之计算机或机器人，使计算机能实现更高层次的应用）。智能路径见图 1 所示。"概念"的形成与运用见图 2 所示。

概念→判断→规则→推理→动作

图 1　智能路径

　　【**概念设计**】　根据事物的本质特征，按一定的目的及要求（功能），运用人的思维和判断，正确决策设计指标、设计基本原则、制订方案和实施步骤。

　　【**结构概念设计**】　对结构的受力特征进行分析，有意识地发挥和利用总体系统与各子系统间的力学关系与特征，使结构总体设计及构造处理符合结构受力要求，以便构思出高水平的结构方案，即"安全、耐久、适用、环保、经济和美观"之总体设计。

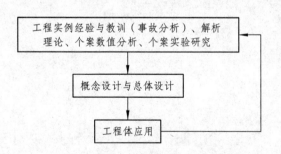

图 2　"概念"的形成与运用

　　笔者从事桥梁及道路设计与施工有 30 年，感谢老师及领导、校友与同事、亲人王艳与朋友等之不吝赐教与热心帮助，凭着一颗爱心，积累经验，形成"专家系统"，在专著《桥梁建筑的结构构思与设计技巧》的基础上，再度铸就本专著，奉献给读者。感谢出版社李鹏飞主任的大力支持及杨勇编辑的辛勤校对！在编写本书的过程中，笔者也参考了众多专业著作和专业资料，引用了一些网络图片，以使本书增色不少，在此对其原作者和相关人员一并致谢。

希望本书能够对那些热爱桥梁，并投身于桥梁事业的大专院校大学生、教师、桥梁与结构科研人员、设计院设计师及工程局工程师、建设项目管理人员等有所帮助。本书可作为路桥工程专业大学本科、专科或研究生教学教材（约需 20 学时讲授），也可作为土木工程（包括地铁工程）大学教育必选教材。

联系方式　E-mail:zhangshiding@126.com

张师定

2017 年 4 月 17 日于济南

修订于 2020 年 1 月上海

目　录

第1章 桥梁建筑、系统论与建设程序

桥梁学科综合了基础学科（数学、物理、化学）、工程科学（理论力学、材料力学、结构力学、弹性力学、弹塑性力学、流体力学与风工程、土力学与岩土力学）及桥梁美学等。

此外，桥梁学科还包括许多应用学科，如计算机应用、虚拟现实与仿真、工程机械、工程制图、建筑材料、工程测量与地质钻探等，是一个学科综合性非常强的专业。

桥梁规划、设计、建造及运营过程，往往需要多种专业工程师，包括规划师、建筑师、结构师、建造师、工程师、预算造价师，以及天文、地理地质、环境、环保、景观等专业人士共同完成，如此方能不留遗憾，方能比较完善与圆满。

1.1 桥梁建筑学的现状

目前，作者还未看到其他著作中有称"桥梁建筑学"之说，大概是有些著作只谈桥梁美学，或只谈具体的桥梁建筑艺术的缘故吧。就笔者所见教材中的论述，大概只包括：

（1）桥梁发展的非常粗略的描述。

（2）不够系统的桥梁体系的分类。

（3）简单的桥梁孔跨布置原则及横断面设计等。

（4）零散的结构形式及构件横截面形式分类。

（5）虽谈及桥梁美学，甚至景观设计，但尚未建立起系统的理论。而对结构受力优越的研究、力学与美学关系的研究、桥式方案设计构思及比选的理论研究等则寥寥无几。应该说，桥梁建筑学包括桥梁美学，但美学仅仅是其中的一部分，桥梁之美只有通过结构构思与建筑设计才能得以实现，它才是桥梁建筑学的内核。

在过去，数值计算主要采用计算尺或机械式计算机进行，计算手段非常有限，因而常常需要深入理解结构的受力性能（如传力路径），在弄清承重结构体系中哪些是重要构件、哪些是次要构件的前提下，对结构提出简化图式，使其处于当时人类所能达到的数值计算能力之范围内，才能得到满意的结果，有时，往往需要作出其他方面的牺牲，例如，采用静定结构或超静定次数较少的结构等；而在方案比较阶段，还要对不同的结构体系作出选择。客观上讲，这对重视桥梁概念设计有利，但也由于当时计算手段的落后，对于大跨、非线性、复杂体系的桥梁结构受力行为研究不够，从面制约了桥梁的发展。

随着当今科技的发展，电子计算机的运算速度已很高，容量也很大，且越来越广泛地应用于桥梁领域中，使得工程结构分析成为一件可以较为圆满解决的事情。常用软件包括同豪桥梁博士软件、同豪桥梁方案设计师软件、MIDAS CIVIL 软件、ANSYS 软件、同济启明星软件、同豪公路工程智能设计 BIM 系统等，从而使设计师从以前繁重的结构计算中摆脱出来，并能设计出诸如日本明石海峡大桥、丹麦大贝尔特桥、中国香港汀九大桥及青马大桥等著名桥梁建筑来。但鉴于计算机本身不能对效能差的结构体系做出有利的修改，这将导致其接受不合适的结构体系。因此，当今的设计师不能仅局限于能够使用结构分析软件，分析软件只是一种辅助实现手段，许多创造性的劳动需要设计师本人去做，只有通过对桥梁建筑技术广泛而深入的研究，才能使自己设计出的桥梁结构优越、技术可行、经济合理、美观协调，以弥补计算机的不足。

列举一个典型的例子：1963 年，著名结构设计大师林同炎设计了尼加拉瓜首都马那瓜市美洲银行大厦（见图 1.1）；1972 年 12 月 23 日，马那瓜市发生强烈地震，多座楼房倒塌，而美洲银行大厦虽处于地震震中，却承受了比设计地震作用 0.06g 大 6 倍的地震作用而未倒塌，仅墙体有很小的裂缝。原来，该建筑总体设计是由 4 个柔性筒组成，并对称地由连梁连接起来。该建筑在风荷载及设防烈度地震作用下，表现为刚性体系；当遇强烈地震时，通过连梁的屈服，4 个柔性筒彼此孤立起来，成为具有延性的结构体系，显著减弱了地震响应，防止了明显的扭转效应（由于结构对称布置）。该建筑堪称林同炎教授概念设计的代表作。

图 1.1　地震后在废墟中耸立的美洲银行大厦

科学系统地建立桥梁建筑学是当务之急，也是桥梁工程由零散、经验型走向系统、科学型的主要要求之一。

1.2　桥梁建筑学的特点

要讲桥梁建筑学的特点，或许只有将其与房屋建筑学进行对比方可显示出来。笔者以为，桥梁建筑学与房屋建筑学的异同之处也就是桥梁与房屋的异同之处。

房屋结构有如下特点：

（1）主要是围护结构。

（2）所处地形平坦，或需预先整平。

（3）地质变化不大。

（4）以受压为主。

（5）柱子（筒体或承重墙）等是其主要承重构件。

（6）恒载占总荷载的绝大多数。

（7）施工往往采用支架由下而上逐层建造。

而桥梁结构有如下特点：

（1）主要是跨越结构（外露），其跨度往往是房屋建筑所无法比拟的。

（2）往往跨越大河、峡谷，甚至海峡。

（3）其跨越的地形、地质均复杂多变。

（4）顺桥方向常呈狭长带状。

（5）桥跨主要承重构件以受弯剪（梁）、压（拱）或拉（索桥）为主。

（6）活载（车辆、行人等）占相当大的比例。

（7）施工方法多样，施工历程复杂，并可能发生复杂的体系转换。

这就决定了桥梁不同于房屋建筑的最大特点便是桥梁建筑造型首先必须满足静力平衡的要求，这种以受力为重心的建筑特点正是桥梁建筑学的特点。

作为反面例证，巴黎塞纳河上的"奥斯特利兹阿芒特桥"失败的建筑师设计图（见图1.2）[2]令人震惊，依笔者之见，正是由于这些曾经设计过房屋建筑的大名鼎鼎的建筑师对桥梁建筑特点缺乏了解，才酿成此果。

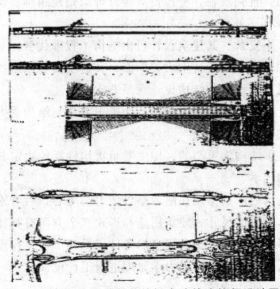

图 1.2　奥斯特利兹阿芒特桥失败的建筑师设计图

笔者不才，撰文提出桥式设计应遵循的二十条准则、桥梁孔跨布置应遵循的二十条准则、桥梁内力粗略分析方法及有关体系转换应遵循的十条准则、桥梁景观设计等，系统地阐述对桥梁建筑学的理解。

1.3 桥梁建筑学的内容

桥梁建筑学应该不仅仅是桥梁美学，还应该包括桥梁最优受力理论，并将其放在一个非常重要的位置上，同时，也包括桥梁总体设计、方案设计与比较等。

桥梁建筑学所需的基础理论知识有：工程力学（理论力学、材料力学、结构力学）。结构设计原理、水力学及土力学、桥梁发展史、桥梁总体设计与施工方法、建筑美学等。而桥梁建筑设计是以上基础理论与建筑技艺（景观建筑设计）的有机融合。

考虑到桥梁有关基础知识已在普通的桥梁工程教科书中多有论述，而桥梁美学，甚至景观建筑设计又有专著论述，故在此只做简要介绍，将重点放在桥式最优设计理论、桥梁孔跨布置、横断面形式选择以及方案设计与比选上，并以宁通公路泰州引江河大桥为例，简要介绍了该桥的方案构思及设计等。

1.4 桥梁与建筑

在漫长的古代和中世纪，从事建筑营造活动的工匠，既是建筑师，又是结构工程师。后来，随着建筑功能的大大增加及结构的复杂化，才出现了建筑师与结构工程师的分工。但是，桥梁就有所不同，直到现在，一位桥梁设计师既是建筑师，又是结构工程师。依笔者之见，究其原因大概有三条：

（1）桥梁的功能并不复杂，其建筑设计可由结构工程师代替。

（2）桥梁所受荷载较房屋建筑特别大，因而，其造型大多以结构受力合理为重心进行选择，也就是说，桥梁建筑设计与结构设计联系非常紧密。

（3）桥梁建筑设计与施工方法紧密相连，而施工方法与结构受力分析息息相关，这是桥梁工程的显著特点之一。

可见，桥梁建筑是以结构为重心的，即主要承重构件系统决定其外形。那么，桥梁建筑的艺术就是一种结构艺术。

结构艺术与建筑艺术的区别体现在前者是以传力为重心，后者则以赏心为中心。与建筑艺术相比，结构艺术在构件尺寸、建筑用途和形式三个方面有其特点：

（1）必须充分了解工程条件包括工程自然条件（勘察）与工程设计标准。

（2）构件尺寸相当大，需要按工程力学原理进行工程设计。

（3）用途比较简单，即功能单一。

（4）形式本身的设计是为了控制应力或变形，而非创造空间。

（5）结构清晰地标明荷载的传递与构件的连接。

1.5 桥梁与系统论

美国《国家科学教育标准》对科学素质的定义是：了解和深谙进行个人决策、参与公民事务和文化事务、从事经济生产所需要的科学概念和科学过程。

桥梁的确是一系统工程。其构思与规划、勘察与设计等无不从整体出发、系统地考虑问题。因此，桥梁建筑设计与构思应该以**系统论**（还包括**一般系统论、控制论、信息论、协同学、突变论与耗散结构论、分形理论、超循环结构论、辩证唯物论**等）作为理想的思维方式。了解系统论，相信会对建筑设计产生潜移默化的作用；而强化系统思维能力的途径是下围棋，因为**笔者提出命题：围棋=系统论模型=人脑神经网络模型=通用人工智能网络模型**。

这里，扼要介绍系统论的一般概念与原理。

既可由若干部分（要素）按一定的规律、以特定的结构形式组成有机的整体，并产生不同于各组成部分（要素）功能的特定功能，又可以将有机的整体分解为若干相互联系、相互作用的部分（要素），那么这个有机的整体被称为系统。

桥梁是一工程结构，它以有效地传递荷载来组织桥梁各构件，并产生可跨越障碍物、使交通便捷等新功能。因此，桥梁是一系统。一般桥梁系统如图1.3所示。

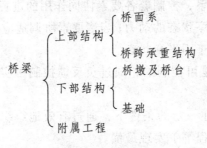

图 1.3　桥梁系统

所谓要素，是指系统内若干层次内或若干层次间相互关联、相互作用的部分、单元或成分。它是系统的基础与载体，决定着系统内部的联系、结构与功能等，因而也决定着系统的本质。

结构与功能、整体与部分是系统的重要参数。

一般系统论的基本原理包括：

[整体性原理]　一个系统的要素，可以成为一个系统，即子系统；同样，一个系统也可看作更大系统的子系统。可见，系统与要素是相对而言的。系统各要素集合在一起，共同协作，在共同完成各自任务（笔者建议称为子目标或子功能）的基础上，实现系统目标（系统功能）。系统的功能大于各要素功能之和。它是系统论的基本原理，其科学地揭示了要素与要素、要素与整体间的关系问题。

[相关性原理]　系统的各个组成部分（可作为子系统）间是既相互依赖，又相互独立的，各自拥有各自的特定目标（笔者建议称为子目标或子功能）。子目标的实现除了依赖该子系统各要素的努力外，还必须依靠其他子系统提供支持。一个子系统在实现自己目标的

过程中，又必须为其他子系统提供必要的支持或对其他子系统提出必要的制约。不但系统内部各要素间具有相关性，而且系统与外部环境也具有相关性：从关联的内容上分，有物质关联、能量关联与信息关联；从关联的确定程度上分，有肯定因果关联、统计因果关联与模糊因果关联；从关联的方向上分，有单向因果关联与双向因果关联等。

物质流与信息流是系统运转状态的重要标志之一。

[功能性原理]　任何一个系统都有自己的功能。系统为完成自己的功能而存在。系统为很好地完成自己的功能而发展着。

[层次性原理]　系统结构是由层次或要素按一定的规律进行排列组合而形成的。一个系统可有多个子系统，一个子系统又可有多个子子系统，即孙系统等等。系统具有可再分性，同时系统也具有可集成性。

[有序性原理]　系统结构层次与诸要素在激励与协同作用下，其在系统中的位置与排列顺序（空间排列的有序性与时间排列的有序性）总是尽量地适应功能的需要，并使系统功能最大化。

[动态适应性原理]　系统内部诸要素的相关性及系统与外部环境的相关性都与时间密切相关，都会随时间不断地变化；系统整体具有方向性和目的性，它控制着各要素的功能，协调着各要素之间的比例关系，控制着各要素协同作用的进行；诸要素之间的协同作用是系统整体由无序状态转向有序状态的动力；当诸要素协调适应时，系统处于整体平衡状态；当诸要素不协调时，系统处于不平衡状态。

[可调控性原理]　系统是可控制的，通过负反馈控制可实现其稳定性，通过正反馈控制可适应外界环境的变化。

[最优化原理]　总可以在一定的条件下，通过有效地组织系统各要素，使得系统在某个方面（如功能、结构、过程等）实现最优。

以上各原理并不是孤立存在的，而是相互解释、相互补充的。

笔者相信，系统论与桥梁建筑设计原理是相通的，只不过前者是一般性原理，而后者是特殊性理论。

1.6　桥梁工程建设程序

【流程】　项目中各个工作（过程）按其相互间工艺关系及组织关系进行的顺序排列与安排。

1. 设计流程与制造流程的不同

- 设计具有虚拟性。
- 制造具有实体性。

2. 设计过程的特点

- 开放性。

- 综合考虑。
- 综合权衡。
- 选择最优，即寻找平衡点。优化是设计必由之路。

3. 土木工程设计特点

- 不确定性。
- 创造性。
- 多专业性。
- 勘测与设计的结合。

公路工程总体系统架构如图 1.4 所示。

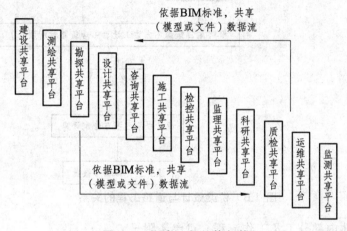

图 1.4　公路工程总体架构

桥梁工程纵向建设程序如图 1.5 所示。

　　预可行性研究（项目建议书）→可行性研究（可行性研究报告）
　　→项目咨询评估
　　→方案设计/初步设计→专家论证→（技术设计）→施工图设计/最终设计
　　→审查与咨询
　　→施工与安装阶段→运营（养护与维修）阶段

图 1.5　桥梁工程纵向建设程序

施工图设计——根据批准的初步设计或招标文件，依据工程建设条件及有关技术标准，进行详细设计计算，确定具体的布置、结构尺寸、构造分布与材料标准、质量标准、施工技术要求等，绘制出完整而详尽的设计文件，满足施工需要、指导施工。

施工阶段——依据设计图纸及意图，编制施工方案，组织人力、物力（原材料）、设备（机械）及资金，依据施工方案所确定的工艺流程，控制施工进度、质量及安全等，从而建成满足设计功能要求的工程实体，并经验收及交付等过程。

桥梁是路网的一部分。桥梁设计于道路工程中的关系如图 1.6 所示。

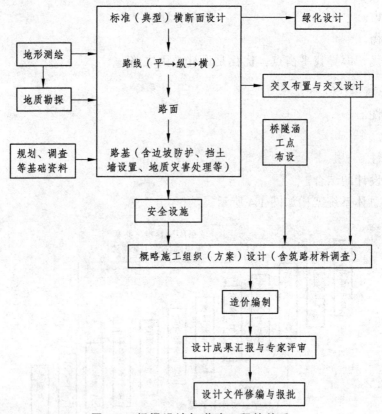

图 1.6 桥梁设计与道路工程的关系

桥梁设计团体内部分工及工作流程，可参考附录 C。

1.7 与桥梁建筑学相关的主要学科

与桥梁工程学发生关系的周边科学极为复杂，主要包括：

数学力学发展史、土木工程发展史与建筑发展史；

系统论、规划与建筑学、设计学、美学；

建筑材料与装饰材料、工程机械；

道路工程、交通/运输工程、车辆交通特性；

工程数学（微积分、线性代数、概率论与数理统计、泛函分析）；

工程力学（理论力学、材料力学、结构力学、弹性力学与有限元分析、土力学、工程地质、边坡稳定与基础工程、水力学、流体力学与桥涵水文）；

计算机科学（CAD）、BIM 技术、结构分析与工程制图；

大地测量与工程测量学；

风工程学与桥梁抗风与抑振、地震工程学与桥梁抗震；

工程控制与管理（合同、风险、质量、进度、投资、安全与环境等）；

结构设计原理、工程经济；

结构施工方法与施工顺序；

地理、气象与环境保护。

1.8   桥梁设计与设计科学的交叉

（1）与设计科学发生交叉的科学主要包括：

设计现象学：设计史、设计分类学、设计经济学。

设计心理学：设计思维、创造心理学。

设计行为学：设计方法学、设计能力研究、设计程序与组织管理、设计建模。

设计美学：设计技巧、设计艺术、设计审美、形态艺术。

设计哲学：设计逻辑学、设计伦理学、设计价值论、设计辩证法。

设计教育学。

（2）设计的评价体系主要包括：

• 设计的科学性评价体系：

功能体系——保护功能、力量功能、生存功能、发展功能。

材料体系——天然材料、人工材料、合成材料。

结构体系——位差结构、转动结构、滑动结构、机械结构。

• 设计的适用性评价体系：

技术体系——手工技术、机械化技术、自动化技术。

价值体系——原料价值、劳力价值、营销价值、智能价值。

安全体系——操作安全、环境安全、运转中的安全、使用中的安全。

• 设计的艺术性评价体系：

审美体系——造型美、色彩美、肌理美。

人机体系——人体尺度、心理尺度、文化尺度。

1.9   建筑师与结构工程师的分工与协作

科学是研究和发现自然和人类社会固有的规律；工程是以综合的学科知识为基础，实现或完成人类设定的某项实际功能；而建筑艺术实现的则是建筑的统一美、比例美、平衡美、和谐美、韵律美和协调美等。

科学不能被创新，只能被发现；工程则可以创新，可以根据不同的条件和要求灵活处理，寻求最合适的解决方案；建筑艺术也应遵循一般的准则，但针对不同的对象甚或不同的时期，可能会有所差异，不能固守成规。建筑艺术切忌单纯追求新奇、怪异，要做到"感性和理性的统一，客观和主观的统一，形式和内容的统一"。

当今的部分建筑师以艺术家、美学家自居，缺少对技术真正的理解，并无技术构思创新的灵感，缺乏与工程师广泛而真诚的合作，其建筑设计往往流于表面化，难以逃脱美学范畴，进而阻碍了建筑上的创新。

相反，有的结构工程师却"重视内在的东西、轻视外在的东西"，偏重于对技术本身和内在组织关系的思考，容易陷入烦琐的计算及复杂的细部处理过程中，并将涉及自然、社会和人的心理感受等建筑问题简单地归结为单向的技术问题，成为某种程度上的"唯技术论者"。

对于技术与艺术的关系问题，著名的结构工程师、建筑师奈尔维在《建筑的技术与艺术》一书中讲道：

> 一个技术上完善的作品，
> 有可能在艺术效果上很差；
> 但是，无论是古代还是现代，
> 桥梁建筑的结构构思与设计技巧，
> 却没有一个美学上公认的杰出杰作，
> 在技术上却不是优秀的。

这里，奈尔维太看重艺术了，而忽视了技术的重要性，因为，满足功能的结构不可能不美。作为反面教材，文献[2]已证明了一切。

另外，当前中国建筑作品乏善可陈的现象确与"重视艺术，轻视技术"的观念紧密联系，例如如同迷宫般的室内流线组织。对于奈尔维的这一观点，笔者当然不敢苟同。

与"重艺术、轻技术"的建筑师相反，"重技术、轻艺术"的工程师们却走向了另一个极端，如中国许多大城市里十字路口处修建的四通八达的螃蟹式人行天桥，其遮天蔽日之态、横行霸道之姿，对城市空间造成了无理侵占，不论是对行人、还是行车，都让人产生压抑的感觉。另外，不协调的孔跨布置、过分压缩桥孔、与环境格格不入的桥式选择等随处可见。

追求怪异桥型也成为有些投资方的要求之一。

著名的结构设计大师林同炎说："从科学出发做设计，达到艺术的目的。"笔者以为，林大师道出了技术与艺术关系的真谛。事实上，建筑学确是介于技术与艺术之间的学科。虽然建筑师偏重于艺术方面，而工程师偏重于技术方面；虽然有的建筑偏重于技术，而有的建筑却偏重于艺术。但评价一座建筑时，采取双重标准（即技术与艺术）是始终存在的，也是客观的、合理的。这就要求建筑师与工程师之间密切配合，要求建筑师充分重视技术的作用。

1.10 现代建筑设计原理

桥梁本属于建筑，但一般所讲的建筑原理却是针对工业与民用建筑而言，这丝毫不会影响将建筑设计的一般原理应用于桥梁建筑设计，而且，桥梁建筑理论必须吸收几千年来人类实践并予以研究而且正在实践研究当中的建筑学成就，正所谓"他山之石，可以攻玉"。建筑设计既是营造建筑实体的前提，也是一种艺术创作过程；既要考虑人们的物质生活需要，又要考虑人们的精神生活需求。在建筑设计过程中，必须综合考虑各种因素，统一解决各种矛盾。实践表明，建筑设计就是要处理好总体布局、景观设计、建筑功能、建筑技术、建筑艺术等问题。

1. 总体布局

从全局出发，综合考虑影响预想中的建筑物室内、室外空间的各种因素，作出总体安排，使建筑物内在功能要求与外界条件彼此协调、有机地结合。例如：建筑群中的单体建筑设计应在总体构思的原则指导下进行，并受总体布局的制约。因此，设计构思应遵循"由外到内"和"由内到外"的原则，先从总体布局着手，根据外界条件，解决全局性的问题，然后再进行单体建筑设计中各种空间的组合。在这个过程中，使单体建筑设计在体型、体量、高度（层数）、建筑形式、色彩、朝向、日照、交通等方面同总体布局及周围环境取得协调，并在单体建筑设计趋于成熟时，再行调整并确定总体布局。

在总体设计构思中，既要考虑使用功能、结构、经济和美观等内在因素，也要考虑当地的历史、文化背景、城市规划要求、周围环境、场地条件等外界因素。通常是先从体型着手，以表达设计者的构思。体型确定后，再研究内部的平面组织及空间组织。研究体型（对桥梁而言，就是指桥式，即桥梁孔跨布置及式样）是为了解决内因与外因之间的矛盾，解决功能与形式之间的问题。

总体设计尤其受桥址工程条件，如地形、地貌、地物、气候、水文、地质、地震、通航、跨线等的影响，在这一点上，桥梁与房屋建筑设计存在较大的不同。

2. 建筑功能

建筑设计的基本出发点就是使建筑物表现出对使用者的最大关怀。因此，建筑功能总是随着人类社会的发展和生活方式的改变而发展变化的。社会的进步、经济的发展、文明的提高，对建筑功能的要求越来越多、越来越高。如19世纪60年代起，行为科学和心理学开始被引入建筑学，使建筑功能的研究更细致、更深入本质；景观设计概念的提出也极大地丰富了建筑学。

（1）功能分区：一栋建筑一般都包括许多部分，而各部分的功能又不尽相同，因此，设计建筑物时，要根据各部分的各自功能要求及其相互关系，把它们组合成若干相对独立的分区，使建筑布局分区合理而清晰。例如：

- 对于使用中联系密切的分区要使之彼此靠近。
- 对于使用中互有干扰的部分，要加以分隔。
- 将主要使用分区和辅助使用分区分开。
- 将公共分区（对外性强的部分）和私密分区（对内性强的部分）分开。
- 将使用中"动"的分区与要求"静"区分开。
- 将洁净的分区与可能会产生烟、灰、气味、噪声乃至污染的分区分开。

（2）流线组织：人要在建筑环境中穿梭，物要在建筑环境中运行，所以，建筑设计要合理安排交通流线。合理的交通流线要保证各个分区相互联系方便、简捷，同时，避免不同的流线间互相交叉干扰。建筑应以人为本，因此，应以人流路线作为建筑中交通路线的主导线，把各分区之内外空间设计成有逻辑的、有序的、有联系的空间序列。

流线组织是互通式立交桥的关键内容之一。

（3）平面组合与空间组合。

（4）朝向、采光和通风。北半球的建筑为使冬季取得较多的日照，要尽量争取朝南向或偏南向；南半球则相反。潮湿炎热地区的建筑，为解决自然通风的问题，要选择好建筑方位，组织好建筑群体的通风和单体建筑内的"穿堂风"，以保持气流通畅。对于舒适度要求较高的室内环境问题，则应采用人工照明和可换气的空调设施予以解决，以弥补天然采光和通风的不足。

桥梁建筑的功能要远较房屋建筑为少，笔者认为桥梁建筑功能不外乎：一跨越；二交通；三观赏。

3. 建筑技术

（1）结构是建筑的骨架，同造型密切相关。

结构形式在很大程度上决定了建筑的空间体量和形式。建筑一方面受结构的制约，另一方面随功能的发展而演变。笔者以为，结构与功能是建筑设计的两大主题。在方案设计中，首先要考虑结构的形式是否能满足使用功能对建筑空间大小和层数大小的要求；同时要考虑技术的经济与合理性；此外，还须根据场地条件、当地材料供应情况、施工条件、技术水平等选择结构形式。

（2）设备主要有供暖设备、通风设备、空气调节系统、电气照明系统等。

桥梁结构为一跨越结构，所受荷载很大，其结构分析较为复杂，相应地，其配筋图远较房屋建筑复杂。

桥上的设备较少，一般最多设置照明系统、航空警示灯或航海/水警示灯、消防设施、检修动力设施、排污设施及通风除湿设备等。

铁路桥面设施还包括：轨道结构、接触网立柱、电力电缆槽、通信电缆槽及信号电缆槽等。

4. 建筑艺术

建筑兼有实用和美观的双重功效。但这种双重性的表现不总是平衡的，例如：

- 为生产服务的工业建筑，它的使用功能和生产效率是首要的，艺术处理处于次要地位。

- 为政治、经济、文化等活动服务的建筑，它们的艺术处理就居于较重要的地位。
- 纪念性建筑、雕塑等，其艺术要求则是主要的。

笔者以为，作为桥梁建筑，技术要比艺术重要一些，但两者确能兼顾时最好。

建筑形式的基本要素是空间和实体（对于桥梁，墩台与桥跨结构常将空间分割为若干块）。建筑的内部空间和外部体型互为依存，不可分割（大型互通式立交桥尤其应注意此点）。建筑形式除了遵循建筑形式美法则外，还要追求空间和技术的表现，并考虑以下一些主要因素：

- 造型　完美的建筑造型在于均衡稳定的结构、良好的比例和合适的体量。
- 性格　建筑的性格取决于建筑的性质和内容，建筑的功能要求在很大程度上决定了它外形的基本特征，即功能决定结构，建筑形式要有意识地表现功能所决定的外部特征。
- 时代感　建筑师在设计创作过程中，须协同有关专业的工程师们，掌握最新技术理论，利用新技术、新工艺、新材料、新结构和新的艺术手法，使建筑设计能反映出时代水平、具有时代感。
- 民族风格　与地方特色建筑常因不同地区、不同民族而反映出不同的风格；在探索建筑现代化的同时，还须考虑本地区的材料、结构、技术和民族的风俗、习惯、传统及经济条件，创造出富有民族特点和地方特色的新形式来。

5. 景观设计

景观设计是环境设计的一部分，除了单体建筑自身美之外，建筑的体型、体量、形象、材料、色彩等都应与周围环境协调。建筑设计构思要把客观存在的"境"与主观构思的"意"融合起来。一方面要分析环境对建筑可能产生的影响，另一方面要分析设想中的建筑对自然环境带来的影响，以系统论的观点，对区域景观进行综合设计。

1.11　结构与功能的区分与联系

依笔者理解，建筑学中的"结构"概念，往往指结构组成，或者说是土木工程部分，其主要包括：
- 结构本身的几何不变性。
- 材料选用。
- 结构式样与类型。
- 结构的传力与受力合理性。
- 结构的强度、刚度、稳定性及耐久性。
- 细部构造。
- 结构的施工方法等。

而狭义上的功能，是结构之外，包括几乎所有概念在内的一个概念，如：
- 布局。

- 交通量。
- 跨越障碍。
- 围护空间。
- 适用（舒适度）。
- 建筑光学、声学。
- 防火、防辐射。
- 通风、通水、通电、通信、通暖。
- 节能（隔热）。
- 美观（造型）、形式感、体量、节奏、韵律、色彩、质感、协调。
- 经济，等等。

从广义上讲，功能可包括结构组成之外的所有概念（这时的功能内涵已侵占了结构概念的大部分），也因为结构是为满足功能而建、结构是功能的外在表现，而功能是结构的实现目标、功能是结构的内在含义，因此，有人提出"功能主义"，过分地夸大了功能在建筑设计中的作用。若作个形象的比喻，则有：

<blockquote>
人有
   躯体与灵魂两面，
与之相似，
   建筑有
   结构与功能两面。
</blockquote>

笔者认为：结构与功能或技术与艺术两大概念是建筑学中的两大主题。

1.12　桥梁流线组织与功能分区

桥梁区域交通流线组织如图 1.7 所示。

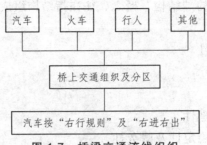

图 1.7　桥梁交通流线组织

桥梁交通功能分区主要有：
- 机动车道。
- 应急车道。

- 非机动车道。
- 人行道。
- 中央分隔带。
- 左侧路缘带。
- 护栏带。

桥梁跨越功能分析见图 1.8。桥梁的跨越功能分区/墩台布置/分跨所遵循的若干准则见第 6 章。

图 1.8 桥梁跨越功能分析

为满足桥梁总体功能的要求，还需要设置支座、伸缩装置、桥面铺装、桥面排水等构件。

桥面伸缩装置的主要功能是保证桥跨结构在活载作用、混凝土收缩与徐变、温度变化等因素影响下按其静力图式自由变形。伸缩缝横向设置在两主梁端（联与联间）之间以及梁端与桥台台背之间。

- 在平行、垂直于桥梁轴线的两个方向，均能自由伸缩变形。
- 使车辆在设缝处能平顺通过。
- 具有能够安全排水和防水的构造，能防止雨水、垃圾泥土等杂物渗入阻塞。
- 对于城市桥梁还应在车辆通过时噪声较小。
- 施工和安装方便，其部件要有足够的强度，且应与桥面铺装部分牢固连接。
- 对于敞露式伸缩缝，要便于检查和清除缝下沟槽内污物。

桥面铺装，又称行车道铺装，其功能包括：
- 保护主梁行车道板部分不受车辆轮胎（或履带）的直接磨耗。
- 分布车辆轮重等集中荷载，使主梁受力均匀。
- 防止主梁遭受雨水的侵蚀。

桥面沥青铺装结构，可由防水层和下面层、表面层组成。防水层和下面层（注意密水性和热稳定性）共同组成防水体系。

应根据桥梁类型、设计安全等级，并考虑工程环境条件等因素（如冰冻地区或海洋地区，有工业酸雾、雨影响等）确定防水层和下面层。

对特大桥、重要大桥，宜在混凝土桥面板顶面设下封层。

防水层材料有：涂膜、卷材等专用防水材料；沥青砂、沥青玛瑞脂、热融沥青碎石、稀浆封层等聚合物改性沥青类防水材料；环氧树脂下封层等反应性树脂类防水材料。

当下面层采用浇注式沥青混凝土时可视为防水层，但对在动荷载作用下可能出现负弯矩区域宜采取一定措施防止防水层开裂。

桥面排水要求：

• 桥面水通过横坡和纵坡排入泄水口，并汇集到纵向排水管排出。对于跨越一般河流的桥梁，桥面水可通过泄水管直接向下排放。

• 为了排出铺装结构内部积水，应在桥面铺装边缘设置 40 mm 宽、50 mm 深的小碎石渗沟，渗沟与泄水口相接，泄水口间距宜为 5～10 m。

• 对特大桥和重要桥梁，应加强排水设计。

参考文献

[1] 范立础. 桥梁工程. 北京：人民交通出版社，1988.

[2] 黄黎丽，译. 工程师. 建筑师和桥梁设计，国外桥梁，1997（4）.

[3] 邓浩. 建筑师的技术价值观. 新建筑，2001（5）.

[4] 赵宪尧. 城市桥梁美的创作、欣赏和评价. 中国土木工程学会市政工程专业委员会第一次城市桥梁学术会议论文集.

[5] 1987 年中国大百科全书总编辑委员会本卷编辑部. 建筑·园林·城市规划. 北京：中国大百科全书出版社，1988.

思考题

[1] 谈谈系统论与桥梁建筑设计的关系。

[2] 桥梁功能与房屋功能有何异同？桥梁功能与道路功能有何异同？

[3] 桥梁建筑师与房屋建筑师有何不同？

[4] 请体会功能分区与几何设计的关系。

第 2 章　桥梁发展概略

2.1　桥梁发展动因

桥梁如同其他一切事物一样，都是因实践的需要而发展起来的。自从有了路，便就有了桥。在历史上，每当运输工具发生重大变化时，对桥梁在载重、跨度等方面提出的新的要求推动了桥梁工程技术的发展；另外，材料的发展也是桥梁发展的动力之一；其次，桥梁施工技术的发展及桥梁设计理论的发展等均推动桥梁工程向前发展。

宏观而论，经济的发展会刺激交通运输业的发展，反过来，交通运输业的发展又会促进经济的发展。

总而言之，推动桥梁发展的四大因素如下：

（1）土木工程的发展。

（2）交通运输业的发展。

（3）建筑思想的进步。

（4）经济的发展。

2.2　桥梁发展要素

桥梁发展的主要标志便是跨度，再没有任何硬性参数比跨度更能显示桥梁发展的水平。通过代表性桥梁的跨度，就可以了解当时桥梁的建设水平。另外，运输工具、建筑材料、施工技术及设计理论也是桥梁发展的标志，同时，也是桥梁发展的动力。因此，桥梁发展要素应包括以下五个方面：

（1）运输工具。

（2）建筑材料。

（3）施工技术。

（4）设计理论。

（5）典型桥梁。

2.3　桥梁发展阶段划分

依照土木工程发展史的划分，桥梁工程发展史可划分为古代桥梁工程、近代桥梁工程和现代桥梁工程三个阶段，并以 17 世纪工程结构开始有定量分析作为近代桥梁工程的开端，以第二次世界大战后科学技术的突飞猛进作为现代桥梁工程的起点。

2.4 桥梁发展主要内容

桥梁发展分古代桥梁工程、近代桥梁工程及现代桥梁工程三个阶段来论述。在每个阶段内,分别论述桥梁发展的五大要素:运输工具、建筑材料、施工技术、设计理论及典型桥梁。每个要素内容以时间先后排序。通过桥梁发展史,可以了解建筑与结构、结构与技术等的相互作用与发展历程,做到推陈出新。

2.4.1 古代桥梁工程

1. 运输工具

相传,中华民族的始祖——黄帝,因看见蓬草随风吹转,发明车轮。于是,以"横木为轩,直木为辕"制造出车辆,对交通运输作出了巨大贡献,故尊称黄帝为"轩辕氏"。

2. 建筑材料

- 土、木及石。
- 青铜,产生于公元前 3 世纪(埃及等)及中国商代(公元前 16—前 11 世纪)。
- 瓦,产生于公元前 1066—前 771 年(中国西周时期)。
- 砖,产生于公元前 475—前 221 年(中国春秋战国时期)。
- 天然混凝土(罗马水泥),产生于公元前 200 年左右。

3. 施工技术

- 古代修桥应用简单的工具,依靠手工劳动。

4. 设计理论

- 公元前 475 年左右,中国战国初,一部最早记有木工、金工等工艺,并有城市、宫殿、房屋建筑规范的专著——《考工记》成书,它是研究中国古代科学技术的重要文献。
- 公元前 1 世纪,罗马人威特鲁著《建筑十书》,它是欧洲现存最早的建筑理论著作。
- 公元 1100 年,中国北宋建筑总监李诫编纂《营造法式》成书,它是中国古代最完整的一部建筑技术书籍。
- 公元 1455 年,意大利文艺复兴时期阿尔贝蒂著《论建筑》,体系完备,影响很大,施工技术和工具都有很大进步,工具除已有打桩机外,还有桅式和塔式起重设备以及其他新的工具。
- 公元 1637 年,中国明代宋应星著《天工开物》刊行,共 3 卷 18 篇,对砖瓦、陶瓦等生产技术均有记载,为中国古代较完整的生产技术百科全书。

5. 典型桥梁

- 公元前 2000 多年前,巴比伦曾在幼发拉底河上建造石墩木梁桥,其木梁可以在夜间撤除,以防敌人偷袭。
- 公元前 1184 年,中国周文王时期,在渭河上架设浮桥,据《诗经·大雅·大明》记载，它是中国最早的大河桥梁。

● 公元 282 年，中国西晋时代，在今河南洛阳七里涧建造旅人桥，为中国现知最早的石拱桥。

● 公元 583 年，中国隋代，在今西安再建灞桥；1834 年重修，为多跨桩基础、石制排架墩简支木梁桥；1957 年改建成钢筋混凝土板梁桥，现全长 389 m。

● 公元 595—605 年，中国隋代，在今河北赵县由李春创建安济桥（赵州桥），原长 50.82 m，现长 64.40 m，宽约 9 m，跨径 37.02 m，是世界著名单孔圆弧敞肩石拱桥，见图 2.1，被视为土木工程里程碑式建筑。

图 2.1　中国赵州桥

● 公元 1032—1033 年，中国北宋，在青州（今山东益都）建成虹桥，系叠梁结构木拱桥，已毁；《清明上河图》绘画作品中的"叠木成拱"虹桥见图 2.2。

图 2.2　《清明上河图》中的虹桥（上图）与"叠木成梁"桥（下图）

- 公元 1059 年，中国北宋，在泉州建成洛阳桥（万安桥），首创阀形桥基，牡蛎加固，今测全长 834 m，47 孔，为中国著名多孔石梁长桥。
- 公元 1151 年，中国南宋，在泉州建成安平桥，共 362 跨，桥长五里（今实测为 2 070 m），又名五里桥，为中国现存最长石桥。
- 公元 1169 年，中国南宋，在今广东潮安始建广济桥，由浮桥和梁桥连成，全长 517.95 m，桥面宽 5 m，为世界上第一座梁舟结合、可开合的大石桥。
- 公元 1192 年，中国金代，在今北京市郊建成卢沟桥，为 11 孔石拱桥，全长 265 m，桥卜有 485 只石狮，是中国北方著名古桥。
- 公元 1487 年，中国明代，在今云南永平建成霁虹桥，净跨径 57.3 m. 总长（113+4）m，为中国最早铁索桥之一，属著名土木工程。

2.4.2 近代桥梁工程

1. 运输工具
- 公元 1816 年，英国人 J. L. 马克尚首创碎石路面。
- 公元 1825 年，英国人 G. 斯蒂芬森制成了蒸汽机车并修建了世界上第一条机械牵引的铁路。
- 公元 1883 年，G. W. 戴姆勒、公元 1885 年 C. F. 本茨分别发明了汽车（Car）。
- 公元 1888 年，J. B. 邓洛普发明了充气轮胎。

2. 建筑材料
- 铁，产生于 17 世纪 70 年代，先有铸铁，分为灰口铸铁和白口铸铁（生铁），后有锻铁（熟铁）。
- 混凝土（一般用水泥、砂子、石子和水按比例拌和而成，硬结后有耐压、耐水、耐火等性能），产生于 1824 年。
- 钢（铁与碳的合金，先有低碳钢，后有合金钢），产生于 1856 年。
- 钢筋混凝土，产生于 1875 年。
- 预应力钢筋混凝土，产生于 1886 年。

3. 施工技术
蒸汽机逐步应用于抽水、打桩、挖土、轧石、压路、起重等作业。

19 世纪 60 年代，内燃机问世。

19 世纪 70 年代，电机出现。之后，很快就创制出各种各样的起重运输、材料加工、现场施工专用机械和配套机械，使一些难度较大的工程得以快速完成。

由于液压传动需要原油炼制品作为传动介质，近代液压传动技术是由 19 世纪崛起并蓬勃发展的石油工业推动起来的，最早实践成功的液压传动装置是舰船上的炮塔转位器，其后出现了液压六角车床和磨床。

20 世纪 30 年代末，一些通用车床才用上液压传动。第二次世界大战期间，一些兵器上用上了功率大、反应快、动作准确的液压传动和控制装置，大大提高了兵器的性能，也大大促进了液压技术的发展。战后，液压技术迅速转向民用，并随着各种标准的不断制定和完善，各类元件的标准化、规格化、系列化在机械制造、工程机械、材料科学、控制技术、农业机械、汽车制造等行业中推广开来。20 世纪 60 年代后，原子能技术、空间技术、计算机技术等的发展再次将液压技术推向前进，使它发展成为包括传动、控制、检测在内的一门完整的自动化技术。

4. 设计理论

• 公元 1631 年，即崇祯四年，著名造园家计成完成造园专著《园冶》，其全面论述了宅园、别墅的营造原理和具体手法，总结了造园经验，反映了中国古代造园的成就。

• 公元 1638 年，意大利学者伽利略出版了著作《关于两门新科学的谈话和数学证明》，论述了建筑材料的力学性质和梁的强度，首次用公式表达了梁的设计理论。

• 公元 1678 年，英国科学家 R. 胡克发表了根据弹簧实验观察所得的"力与变形成正比"这一重要物理定律。

• 公元 1687 年，牛顿《自然哲学的数学原理》，系统地总结了物质机械运动所遵循的三大定律，是自然科学发展史上的一个里程碑，直到现在还是土木工程设计理论的基础。

牛顿第二定律表达式：$F = m \cdot a$

• 公元 1744 年，瑞士数学家 L. 欧拉著《曲线的变分法》，建立了柱的压屈公式，算出了柱的临界压曲荷载，这个公式在分析工程构筑物的弹性稳定方面得到了广泛的应用。

• 公元 1747 年，巴黎桥路学校创立，培养修建道路、河渠和桥梁的工程师，表明土木工程学科已经形成。

• 公元 1773 年，法国工程师 C. A. 库仑写的著名论文《建筑静力学各种问题极大极小法则的应用》，说明了材料的强度理论、梁的弯曲理论、挡土墙上的土压力理论及拱的计算理论等。

• 公元 1822—1828 年间，柯西发表了一系列论文，建立了弹性力学的几何方程、平衡（运动）微分方程及广义胡克定律，奠定了弹性力学的理论基础。

• 公元 1825 年，纳维建立了结构设计之容许应力设计法。

• 公元 1847 年，美国 S. 惠普尔首先提出桁架的计算理论。

• 公元 1847 年，法国的 B. P. E. 克拉珀龙提出了连续梁的计算方法。

• 公元 1858 年，美国风景建筑师奥姆斯特德在主持纽约中央公园建设时，创造了"风景建筑师"一词，从而开创了"风景建筑学"。

• 公元 1864 年，J. C. 麦克斯韦提出了超静定结构的力学方程。

• 公元 1879 年，法国人 F. 埃纳比克发表钢筋混凝土理论，应用了极限平衡的概念，促进了钢筋混凝土的广泛应用。

• 公元 1879 年，A. 卡斯蒂利亚诺在他的著作中论述了利用变形势能求结构位移和计算超静定结构的理论。

- 公元 1874—1885 年间，O.莫尔发展了利用虚位移原理求位移的一般理论。

- 公元 1886 年，美国人 P. H. 杰克逊首次应用预应力混凝土作建筑构件。

- 公元 1888 年，奥地利 Josef Melan 教授提出 *The Move Exact Theory*，莫伊瑟夫据此建立悬索桥挠度理论。

- 公元 1914 年，A. 本迪克森最先提出了转角位移法。

- 公元 1925 年，泰尔扎吉完成《土力学》专著。

- 公元 1928 年，法国工程师 Freyssinet 提出：必须采用高强钢材和高强混凝土，以减少混凝土收缩与徐变所造成的预应力损失。同年，运用悬臂工法建造了 Plougastel 桥。

- 公元 1930 年，建立了罗伊斯—普朗特流动理论，或称增量理论。

- 公元 1932 年，H. 克罗斯首创力矩分配法。

- 公元 1934 年，斯坦因曼建立悬索桥综合挠度理论，提出悬索桥开敞式桥面及中央扣构造。

- 20 世纪 30 年代，由于对结构材料与结构破坏性能的研究逐步深入，在结构设计上考虑结构的破坏阶段工作状况，随之出现了破坏强度设计法，亦称极限荷载设计法。

- 公元 1939 年，奥地利 V. 恩佩格提出"部分预应力"概念：对普通钢筋混凝土附加少量预应力高强钢丝，以改善裂缝和挠度性状。

- 公元 1940 年，英国埃伯利斯提出建议：预应力混凝土结构的预应力与非预应力配筋都可以采用高强钢丝。

- 公元 1943 年，A. A. 伊柳辛提出了"小弹塑性形变理论"。

5. 典型桥梁

- 公元 1706 年，即康熙四十五年，中国在四川泸定县大渡河上建成大渡河铁索桥，如图 2.3 所示。其跨度 100 m，宽度 2.8 m，桥面共有 9 根铁链（外径约 9 cm），两侧各有两根铁链作扶手，桥面铁链上铺木板，供人或牲畜通行。

- 公元 1779 年，英国在塞汶河上建成世界上第一座跨度为 30.5 m 铸铁肋拱桥。

- 公元 1826 年，英国 T.特尔福德用锻铁建成跨度为 177 m 的麦内悬索桥。

图 2.3　著名的大渡河铁索桥

- 公元 1850 年，R. 斯蒂芬森用锻铁和角钢拼接成不列颠箱管桥。
- 公元 1875 年，法国建成世界上第一座钢筋混凝土桥，宽 3.96 m，长 16 m。
- 公元 1883 年，美国建成世界上最大跨的城市悬索桥——布鲁克林桥，主跨长达 486 m 其重要成就不仅在于刷新了当时的跨度纪录，而且在构造上采用了加劲钢桁架和很多根斜拉索（形成斜拉-悬吊混合体系），从而有效地抵御了暴风和周期性荷载产生的振荡。其悬索采用空中编缆法就地施工，被认为是现代悬索桥的开端。
- 公元 1890 年，英国福斯湾建成两孔主跨达 521 m 的悬臂式桁架梁桥（铁路桥）。
- 公元 1905 年，中国在京汉铁路上建成郑州黄河铁桥，长 3 000 多米，是当时国内最长的钢桁架桥。
- 公元 1909 年，美国建成曼哈顿桥，主跨 448 m，为第一座采用挠度理论进行分析计算的悬索桥，即在内力分析中将荷载使结构产生挠度的影响考虑进去，标志着长跨悬索桥在静力分析上趋于成熟。
- 公元 1918 年，加拿大圣劳伦斯河上建成魁北克桥，跨度 549 m，为当时世界上跨度最大的悬臂钢桁梁桥。
- 公元 1928 年，美国新泽西州首次建成苜蓿叶型完全互通式立交桥。
- 公元 1931 年，美国纽约建成乔治·华盛顿悬索桥，主跨 1 067 m。这是世界上有史以来第一座跨度超过 1 000 m 的桥梁。在其以 8 车道通车的 30 年内，它的加劲桁架尚未建造，以柔式悬索桥的轻盈姿态成功地抵抗了风力的袭击；公元 1966 年加设下层桥面。该桥标志着现代大跨悬索桥在观念和构造上的成熟，这为其在 20 世纪的推广奠定了基础。
- 公元 1932 年，澳大利亚建成悉尼港桥，为双铰钢拱桥，跨度 503 m，是世界上跨度和承载力最大的城市拱桥（见图 2.4）。其与悉尼歌剧院、大海等构成了一幅美丽的画面。

图 2.4 澳大利亚悉尼港桥

- 公元 1937 年，美国旧金山建成著名的美丽的金门悬索桥，主跨达 1 280 m（见图 2.5）。

图 2.5 美国旧金山金门大桥

• 公元 1937 年，中国建成杭州钱塘江桥，是中国自行建造的第一座公路、铁路两用（双层）钢桁梁桥，全长 1 453 m。

• 公元 1940 年，美国塔科玛海峡桥（悬索桥）建成，但同年内，该桥在速度仅为 19 m/s 的风的持续袭击下被破坏，这就是影响较大的塔科玛桥事故（见图 2.6）。

事后分析认为：① 具有钝边的加劲梁（高跨比为 1/350，宽跨比为 1/77）刚度（抗扭刚度及抗弯刚度）太小且密不漏风是造成这次风毁事故的主要原因；② 破坏形态为扭转—弯曲耦合颤振；③ 非破坏形态为涡激振动。

塔科玛桥事故令世界桥梁界为之震惊，并促使桥梁界对风的动力作用重视起来。事实上，桥梁结构风致振动属于"流体与固体相互作用"范畴。桥梁抗风主要途径：① 主梁良好的气动外形；② 保证桥梁扭转刚度；③ 利用风洞实验；④ 研究风环境、风荷载与结构响应，建立桥梁抗风理论。

该桥 1950 年以同样的跨度及桥式重建（见图 2.7），但加劲梁形式由钢板梁（钝边）改为钢桁梁。

图 2.6　美国塔科玛桥风毁事故

图 2.7　重建的塔科玛海峡桥

2.4.3　现代桥梁工程

1. 运输工具

汽车与火车是陆地运输的主要工具。高速列车、磁悬浮列车与高架轻轨列车运输等也对桥梁提出了新的要求。

2. 建筑材料

材料的发展方向是轻质化和高强化。

• 混凝土（包括素混凝土、钢筋混凝土、预应力钢筋混凝土及钢纤维混凝土等）及钢材得到广泛运用，二者成为桥梁的主要材料。

• 高性能混凝土（如高强度混凝土、自密实混凝土、复合高强与超高强混凝土）得到重视与应用。

• 高强预应力钢材（如 180 kgf/mm^2 级镀锌钢丝、环氧涂层钢筋/钢绞线等）广泛应用。

• 高性能钢材（如中国的 15 MnVNq-C 钢及 14 MnNbq 钢、日本的 HT-70 钢及 HT-80 钢）及耐候钢（如美国的 ASTM A588E 钢、中国的 NH35q 钢）得到开发与应用。

• 高强轻质复合材料不断涌现（如 FRP 及 CFRP 等）。

3. 施工技术

• 桥梁施工发展方向是机械化和标准化。

• 桥梁专用机械得到广泛运用。

• 焊接水平得到提高。

• 20 世纪 40 年代，在拱桥施工中发明了转体施工工法。

• 1950 年，德国 Dywidag 公司的 Finsterwalder 第一次成功地将悬臂施工工法应用在 Balduinstein 和 Neckarrews 这两座桥梁的施工建造中。

- 顶推法的构思来源于钢桥的纵向拖拉施工工法。顶推法用水平千斤顶取代了卷扬机和滑车，用板式滑动支座取代了滚筒。

- 1959 年，德国莱昂哈特教授在建造奥地利阿格尔桥时首次采用顶推法。

- 1964 年，顶推法得到进一步改进，即采用了分段预制，分段顶推、逐段接长、连续施工的工艺。

4. 设计理论

- 公元 1946 年，美国诞生了世界上第一台电子数字计算机。

- 公元 1953 年，中国土木工程师学会（中国土木工程学会前身）成立，茅以升担任第一任理事长。

- 20 世纪 50 年代后，苏联学者提出了极限状态设计法，用多系数（超载系数、材料匀质系数、工作条件系数）代替单一安全系数度量结构的安全度。

- 20 世纪 60 年代，美国 R. W. 克拉夫首先提出了有限元法，它为把连续体力学问题化作离散的力学模型开拓了宽广的途径。有限元法的物理实质是：把一个连续体近似地用有限个在节点处相连接的单元组成的组合体来代替，从而把连续体的分析问题转化为单元分析加上对这些单元组合的分析问题。

平衡方程 $[k]\{\delta\} = \{P\}$

- 20 世纪 60 年代，美国一些学者对建筑结构进行可靠度分析时，应用统计数学理论，提出了一个比较实用的方法，即一次二阶矩法，并为国际结构安全度联合委员会所采用。其后，结构可靠度理论不断发展，结构按极限状态法进行设计已成为可能。

- 静态的、确定的、线性的、单个的结构受力分析，逐步被动态的、随机的、非线性的、系统的分析所代替。

- 桥梁抗风（如风洞试验、振动控制及抗风设计等）、桥梁抗震（如隔震技术、抗震设计与加固等）不断发展。可以说，当代大跨桥梁的发展促进了力学发展，反过来，力学的发展又大力地支持了桥梁的发展，故有人戏称当今的超大跨桥梁为"高新科技产业"。

- 桥梁美学备受重视。将建筑学理论与桥梁结构特点相结合，桥梁建筑学正在走向成熟，本书便是在这一方面的努力。

- 有关索桥分析、设计及施工控制方面的文献不断涌现。

- 桥梁施工过程中的体系转换与最终恒载内力计算（即结构拓扑变化内力分析）研究成为热点。

- 模糊结构力学得到研究，详见文献[3]，其中提出了模糊结点、模糊边界、模糊作用与响应、模糊结构及模糊结构力学等概念，并以模糊单跨梁为例进行了分析。

- 伴随着计算机的使用，结构优化设计不断发展。

- 1958 年，麦金奈克桥建成通车，主跨 1 158 m 悬索桥跨中设置了牢固的中央扣，采用了开敞式桥面，该桥是斯坦因曼的代表作。

- 桥梁新结构（如反吊桥、展翅梁桥、索带桥、钢管混凝土拱桥、斜拉—悬吊混合体系桥等）、新理论不断涌现。

- 电子计算机的应用越来越广泛，专门的桥梁分析软件、绘图软件及专家系统越来越多，计算机仿真技术不断发展。

5. 典型桥梁（截至 2000 年）

- 19 世纪初，德国工程师 Dischinger 在设计一座铁路悬索桥时发现，只要在桥上加一些斜拉索就能使变形控制在容许范围内。1949 年他发表文章提出了许多现代斜拉桥的基本设想。公元 1955 年，Dischinger 的设想在瑞典的 Stromsund 桥上得到实现，其主跨 182.6 m，是现代斜拉桥的开端。

- 19 世纪初，芬利创造了现代悬索桥雏形。

- 公元 1957 年，中国建成第一座跨越长江的公路、铁路两用（双层）连续钢桁梁桥——武汉长江大桥，正桥长 1 155.5 m，连同引桥长 1 670 m，首次采用管柱钻孔桩基础。该桥价值：见证新中国建设成就的历史价值；凝聚无数中国人征服长江天堑的精神价值；贯通祖国大江南北的实用价值；体现当时中外桥梁建设最高成就的科学价值；融合东西方建桥文化精髓的艺术价值。

- 公元 1958 年，麦金奈克悬索桥建成通车，主跨 1 158 m，采用了开敞式桥面，并在跨中设置了牢固的中央扣。该桥是斯坦因曼的代表作。

- 公元 1962 年，在委内瑞拉马拉开波湖上建成 8×235 m 的多跨预应力混凝土斜拉桥。

- 公元 1964 年，美国建成韦拉扎诺桥，主跨达 1 290 m，且行车道数为 12 车道。

- 公元 1964 年，中国无锡创建拱圈结构分段拼装、拱肋截面采用波形的双曲拱桥。

- 公元 1968 年，中国建成南京长江大桥，正桥为双层钢桁梁桥，长 1 576 m，连同引桥，铁路桥总长 6 772 m，公路桥总长 4 589 m，为当时国内最长的公路、铁路两用桥。

- 公元 1974 年，巴西建成瓜纳巴拉湾桥，主跨达 300 m，是当时世界上最大的钢实腹梁桥。

- 公元 1975 年，法国建成圣纳泽尔钢斜拉桥，主跨 404 m，是当时世界上跨度最大的钢斜拉桥。

- 公元 1976 年，中国建成洛阳黄河公路桥，跨径 50 m，总长 3 429 m，桥面宽 11 m，为当时国内最长、跨径最大的预应力混凝土简支梁桥。

- 公元 1977 年，美国建成新河峡谷桥，拱跨 518 m，全长 921 m，为世界上跨度最大的上承式双铰钢桁拱桥。

- 公元 1978 年，中国唐山建成滦河新桥，为预应力混凝土梁桥，采用盆式橡胶支座，跨径 40 m，总长 979 m，是一座可抗 10 级烈度地震的公路桥。

- 公元 1978 年，阿根廷建成巴拉圭河公路桥，最大跨度 270 m，为世界跨度最大的预应力混凝土实腹梁桥。

- 公元 1980 年，中国建成重庆长江大桥，正桥长 1 121 m，预应力混凝土 T 形刚构，主孔跨度 174 m，为国内第一座大型城市桥。

- 公元 1980 年，中国广西建成亚洲跨度最大的来宾红水河桥，跨度为 48 m+96 m+48 m，是国内第一座预应力混凝土铁路斜拉桥。

• 公元 1980 年，英国建成亨伯尔桥，见图 2.8，主跨 1 410 m，是当时世界上跨度最大的悬索桥，拥有 4 车道。

图 2.8　英国亨伯尔桥

• 公元 1980 年，南斯拉夫萨格勒布建成克尔克 II 号桥，见图 2.9，上承式无铰拱公路、管道两用桥，主跨 390 m，矢高 60 m，是世界上跨度最大的钢筋混凝土拱桥。

图 2.9　南斯拉夫克尔克 II 号桥

• 公元 1982 年，中国建成济南黄河斜拉桥，全长 2 023 m，中跨 220 m，是当时国内最大跨度公路预应力混凝土斜拉桥，主要设计者是李守善设计大师和万珊珊高级工程师。
• 公元 1983 年，西班牙建成卢纳桥，主跨 440 m，是世界上跨度最大的预应力混凝土斜拉桥。
• 公元 1988 年，日本建成南备赞濑户大桥，跨径为 274 m + 1 100 m+274 m，是跨度最大的公铁两用悬索桥。
• 公元 1990 年，中国上海建成南浦大桥，见图 2.10，主跨 423 m，斜拉桥。
• 公元 1993 年，中国上海建成杨浦大桥，主跨 602 m，为当时世界跨度最大的斜拉桥。
• 公元 1994 年，法国建成诺曼底大桥主跨 856 m 主梁采用混合式，为当时世界跨度最大的斜拉桥，见图 2.11。

图 2.10 中国上海南浦大桥

图 2.11 法国诺曼底大桥

• 公元 1995 年，中国建成汕头海湾大桥，主跨 452 m，为加劲梁采用预应力钢筋混凝土结构的悬索桥。

• 公元 1995 年，中国贵州建成江界河大桥，其为单跨 330 m 的桁架拱桥。

• 公元 1996 年，中国建成丰都长江大桥，主跨 450 m，为一座加劲梁采用桁架式、锚碇采用隧洞式、大缆采用外扩式的悬索桥。

• 公元 1996 年，中国香港建成汀九大桥，其为四跨三塔斜拉桥，分跨为 127 m+448 m+475 m + 127 m。

• 公元 1996 年，中国广西建成邕江大桥，其主跨为 312 m 的钢管混凝土拱。

• 公元 1997 年，中国建成西陵长江大桥，主桥为单孔悬索桥，跨度达 900 m，加劲梁采用全焊正交异性板扁平钢箱梁。

• 公元 1997 年，中国建成万县长江大桥，见图 2.12，为钢管劲性骨架箱形混凝土拱桥，跨度 420 m，因其拱跨世界第一。

• 公元 1997 年，中国建成虎门大桥，主桥主跨为 888 m 的悬索桥，引桥为主跨 270 m 的预应力钢筋混凝土连续刚构桥。

• 公元 1997 年，中国香港建成青马大桥，见图 2.13，主跨 1 377 m，为世界上跨度最大的公铁两用悬索桥。

图 2.12 中国重庆万州长江大桥

（a）全 貌

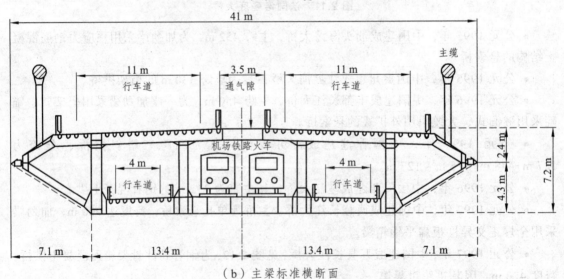
（b）主梁标准横断面

图 2.13 中国香港青马大桥

• 公元 1997 年，中国乌江上建成了首座跨径为 288 m 的斜拉悬吊协作桥。

• 公元 1998 年，丹麦建成大贝尔特悬索桥，主跨 1 624 m，矢跨比为 1/9，加劲梁采用三跨连续结构。

• 公元 1998 年，日本建成明石海峡大桥（悬索桥），见图 2.14，主跨达 1 991 m，为当今世界上跨度最大的桥梁。

图 2.14　日本明石海峡大桥

• 公元 1999 年，中国建成江阴长江大桥，主桥为单跨悬索桥，跨度为 1 385 m。
• 公元 2000 年，中国建成芜湖长江大桥，公铁两用，主桥为钢桁架斜拉桥，主跨为 312 m。

2.5　世界桥梁跨度纪录

从近代至现代，世界桥梁跨度不断被刷新，跨度纪录成为桥梁发展历史中的一个重要里程碑。表 2-1 给出了世界跨度纪录的发展概况。

表 2-1　世界跨度纪录的发展概况

序号	年份	国名	桥　名	桥式	跨度/m
1	1779	英国	柯尔勃洛克代尔（Coelbrookdale）	铸铁拱	30.5
2	1796	英国	桑德兰（Sandland）	铸铁拱	72
3	1826	英国	曼内海峡（Menai Strait）	悬吊桥	177
4	1834	瑞士	弗里堡（Fribourg）	悬吊桥	274
5	1848	美国	俄亥俄惠灵（Ohio Wheeling）	悬吊桥	308
6	1883	美国	布鲁克林（Brooklyn）	悬吊桥	486
7	1890	英国	福斯海湾（Forvh Firth）	悬臂桁架	521.2
8	1917	加拿大	魁北克桥（Quebec）	悬臂桁架	548.8
9	1929	美国	大使桥（Ambassador）	悬索桥	564
10	1931	美国	乔治·华盛顿（George Washington）	悬索桥	1 067
11	1937	美国	金门（Golden Gate）	悬索桥	1 280
12	1964	美国	卡拉扎诺（Verrazano）	悬索桥	1 289
13	1981	英国	亨伯尔（Humber）	悬索桥	1 410
14	1998	日本	明石海峡	悬索桥	1 991

2.6 中国建设的桥梁概况

1. 中国建设的斜拉桥（跨度 200 m 以上）（见表 2-2）

表 2-2 中国建设的斜拉桥

序号	桥名	地理位置	竣工年	用途	跨径/m	桥宽/m	行车道数	结构型式
1	南京长江第二大桥	江苏省	建成	公路	146.5+628+246.5	32.0	6	双塔双索面钢箱梁
2	武汉白沙洲大桥	湖北省武汉市	2000	城市	50+189+618+180+50	26.5	6	双塔双索面混合梁
3	青州闽江大桥	上海市	建成	城市	50+200+605+200+90	23.5	4	双塔双索面叠合桥
4	杨浦大桥	上海市	1993	城市	99+144+502+144+90	30.35	6	双塔双索面叠合桥
5	徐浦大桥	广东省	1997	城市	242+590+242	35.95	8	双塔双索面叠合桥
6	汕头岩石大桥	广东省	1998	公路	47+47+100+518+100+47+47	30.75	8	双塔双索面混合梁
7	荆沙长江大桥	湖北省武汉市	建成	公路	200+500+200（北汊）160+300+97（南汊）	26.5	4	双塔双索面 PC 梁
8	鄂黄长江大桥	湖北省鄂州市	建成	公路	55+200+480+200+55	27.7	4	双塔双索面 PC 梁
9	汀九大桥	香港	1998	公路	127+448+475+127	2×18.88	8	双塔双索面叠合梁
10	军山长江大桥	湖北省武汉市	建成	公路	48+204+460+204+48	33.5	6	双塔双索面钢箱梁
11	重庆大佛寺长江大桥	重庆市	建成	公路	3×50+198+450+198+3×50	33.5	6	双塔双索面 PC 梁
12	重庆长江大桥	重庆市	1996	公路	53+169+444+169+53	24	4	双塔双索面 PC 梁
13	铜陵长江公路大桥	安徽省	1995	公路	80+90+190+432+190+90+80	20	4	双塔双索面 PC 梁
14	汲水门大桥	香港	1997	公、铁	160+430+160	35	铁路：双线公路：6车道	双塔双索面钢桁梁
15	南浦大桥	上海市	1991	城市	40.5+76.5+94.5+423+94.5+76.5+40.5	30.35	4	双塔双索面叠合梁
16	陨阳汉江大桥	湖北省	1994	公路	43+43+414+43+43	15.6	2	双塔双索面 PC 梁

序号	桥名	地理位置	竣工年	用途	跨径/m	桥宽/m	行车道数	结构型式
17	润扬长江公路大桥北汊桥	江苏省	建成	公路	175.4+406+175.4	35.4	6	双塔双索面钢箱梁
18	武汉长江二桥	湖北省	1995	公路	180+400+180	29.4	6	双塔双索面PC梁
19	广东番禺大桥	广东省番禺市	1999	公路	70+91+380+91+70	37.7	6	双塔双索面PC梁
20	鹤洞大桥	广东省广州市	1998	城市	144+360+144	30.3	6	双塔双索面叠合梁
21	夷陵长江大桥	湖北省宜昌市	建成	公路	3×40+348+348+3×40	23	4	三塔单索面PC梁
22	海口世纪大桥	海南省	2003	公路	147+340+147			双塔双索面PC梁
23	涪陵长江公路大桥	重庆市	1997	公路	149+330+149	20	4	双塔双索面PC梁
24	高平大桥	台湾省	建成	公路	180+330	34.5	6	单塔双索面混合梁
25	珠海淇澳大桥	广东省	1999	公路	40.5+136+320+136+40.5	33	6	双塔双索面PC梁
26	鄱阳湖口大桥	江西省湖口县	2000	公路	65+123+318+130	25.1	4	双塔双索面PC梁
27	芜湖长江大桥	安徽省	2000	公、铁	180+312+180	21	铁路：双线 公路：4车道	双塔双索面钢桁梁
28	岳阳洞庭湖大桥	湖南省	建成	公路	130+310+310+130	20	4	三塔双索面PC梁
29	东营黄河大桥	山东省	1987	公路	60.5+136.5+288+136.5+60.5	19.5	4	双塔双索面钢箱梁
30	广东会马大桥	广东省	建成	公路	281+281	28.5		单塔双索面PC梁
31	温州瓯江大桥	浙江省	1997	公路	135+270+135	32	6	双塔双索面PC梁
32	天津永和大桥	天津市	1987	公路	25+100+260+100+25	14.5	2	双塔双索面叠合梁
33	犍为岷江大桥	四川省犍为县	1990	公路	52+66+240+66+52	14.6	4	双塔双索面钢箱梁
34	三县洲闽江大桥	福建省福州市	1999	城市	238+（76+56+47）	30	4	单塔双索面PC梁
35	武汉汉江四桥	湖北省	1999	城市	232+75.4+34+28.6	23.5		单塔双索面PC梁

序号	桥名	地理位置	竣工年	用途	跨径/m	桥宽/m	行车道数	结构型式
36	重庆石门大桥	重庆市	1998	公路	200+230	25.5	4	单塔双索面PC梁
37	蚌埠淮河大桥	安徽省	1989	公路	38+76+224+76+38	15	2	双塔双索面钢桁梁
38	凤台淮河大桥	安徽省蚌埠市	1989	公路	38+76+224+76+38	15	2	双塔双索面叠合梁
39	济南黄河大桥	山东省	1982	公路	40+94+220+94+40	19.5	4	双塔单索面PC梁
40	长沙湘江大桥	湖南省	1990	公路	105+210+105	30.1	4	双塔双索面钢箱梁
41	长沙盘山浏阳河大桥	湖南省	1994	公路	206	30.5	4	双塔双索面PC梁
42	上海泖港大桥	上海市松江县	1982	公路	85+200+85	12	2	双塔双索面PC梁
43	大洋河桥	辽宁省	1993	公路	100+200+100	12	2	双塔双索面叠合梁
44	攀枝花烟草岗金沙江大桥	四川省	2004	公路	149+200+51	23.9		单塔双索面PC梁
45	重阳大桥	台湾省	建成	公路	92+200+92	27.5		双塔双索面叠合梁

2. 中国建设的悬索桥（见表2-3）

表2-3　中国建设的悬索桥

序号	桥名	地理位置	竣工年	用途	跨径/m	桥宽/m	行车道数	结构型式
1	润扬长江公路大桥	江苏省	建成	公路	470+1 490+470	35.4	6	单跨双铰箱梁
2	江阴长江公路大桥	江苏省	1999	公路	336.5+1 385+309.34	32.5	6	单跨双铰箱梁
3	青马大桥	香港	1997	公、铁	355+1 377+300	41.0	铁道:双线公路:6车道	双跨钢桁梁
4	宜昌长江公路大桥	湖北省	建成	公路	246.255+960+246.255	30.0	4	单跨双铰箱梁
5	西陵长江大桥	湖北省宜昌市	1996	公路	225+900+255	20.6	4	单跨双铰箱梁

序号	桥名	地理位置	竣工年	用途	跨径/m	桥宽/m	行车道数	结构型式
6	虎门大桥	广东省东莞市	1997	公路	302+888+348.5	35.8	6	单跨双铰箱梁
7	厦门海沧大桥	福建市	1999	公路	230+648+230	32.0	6	三跨连续钢桁梁
8	鹅公岩长江大桥	重庆市	建成	城市	180+600+180	30.0	6	三跨连续钢桁梁
9	忠悬长江大桥	重庆市	建成	公路	主跨 560	19.5	4	单跨双铰钢桁梁
10	丰都长江大桥	重庆市	1997	公路	164.5+450+130	19.5	2	单跨双铰钢桁梁
11	达孜大桥	西藏	1984	公路	主跨 500	4.5	1	单跨双铰
12	汕头海湾大桥	广东省	1996	公路	154+452+154	23.8	6	三跨双铰混凝土箱梁
13	金湖大桥	福建省泰宁县	1989	公路	主跨 284	6.5	1	单跨双铰
14	邕江组合吊桥	广西	1986	军用	主跨 274	3.7	1	单跨双铰钢桁梁
15	紫泥大桥	福建省龙海市	1995	公路	76+208+76	10	2	单跨双铰
16	奉节梅溪河大桥	重庆市	1988	公路	主跨 200	11	2	单跨双铰
17	南平九峰大桥	福建省南平市	1984	人行	主跨 200	4	6	单跨双铰

3. 中国建设的拱桥（见表 2-4）

表 2-4　中国建设的拱桥

序号	桥名	地理位置	竣工年	用途	跨径/m	桥宽/m	行车道数	结构型式
1	万县长江大桥	重庆市	1997	公路	420	24	4	钢骨钢筋混凝土箱型拱
2	广州丫髻沙大桥	广东市	2000	城市	76+360+76	32.4	6	中承式钢管混凝土系杆拱
3	江界河大桥	贵州省瓮安县	1985	公路	30+330+30	13.4	2	预应力混凝土桁式拱

序号	桥名	地理位置	竣工年	用途	跨径/m	桥宽/m	行车道数	结构型式
4	邕宁邕江大桥	广西邕宁	1996	公路	312	18.9	4	钢骨钢筋混凝土双肋拱
5	奉节梅溪河大桥	重庆市	2001	公路	310	17.5	4	钢骨钢筋混凝土双肋拱
6	淳安南浦大桥	浙江省杭州市	2002	公路	303	12.4		中承式钢管混凝土拱
7	武汉汉江三桥	湖北省	1998	公路	280	18.5	4	下承式钢管混凝土拱
8	三岸邕江大桥	广西邕宁	1998	公路	270	32.8	6	钢管混凝土双肋拱
9	三门健跳大桥	浙江省三门市	2001	公路	245	22.5		中承式钢管混凝土双肋拱
10	宜宾金沙江小南门大桥	四川省	1990	公路	240	19.5	4	钢骨钢筋混凝土拱
11	武汉汉江五桥	湖北省	1998	公路	240	18.5	4	中承式钢筋混凝土系杆拱
12	落脚河大桥	贵州省	2000	公路	240	13.5		中承式钢筋混凝土提篮拱
13	铜瓦门大桥	浙江省象山县	建成	公路	238	10	2	钢筋混凝土提篮拱
14	连徐高速京杭运河大桥	江苏省	建成	公路	235	33.5	6	中承式钢筋混凝土提篮拱
15	许沟大桥	河南省洛阳市	建成	公路	220	24	4	上承式钢筋混凝土箱型拱
16	六景郁江大桥	广东省	建成	公路	220	28	4	下承式拱梁组合
17	涪陵乌江大桥	重庆市	1989	公路	63.2+200+47.4	12	2	钢骨钢筋混凝土箱型拱
18	三山西大桥	广东省南海市	1995	公路	45+200+45	28	4	中承式钢管混凝土拱

4. 中国建设的连续刚构桥（跨度 200 m 以上）（见表 2-5）

表 2-5　中国建设的连续刚构桥

序号	桥名	地理位置	竣工年	用途	跨径/m	桥宽/m	行车道数	结构型式
1	虎门辅航道桥	广东省东莞市	1997	公路	150+270+150	15×2	6	连续刚构
2	元江大桥	云南省	建成	公路	58+182+265+194+70	22.5	4	连续刚构
3	下白石大桥	福建省宁德市	建成	公路	145+2×260+145	12×2	4	连续刚构
4	马鞍山嘉陵江大桥	安徽省	2002	公路	146+3×250+146	11.5×2	4	连续刚构
5	重庆嘉陵江黄花园大桥	重庆市	1999	城市	137.16+3×250+137.167	15×2	6	连续刚构
6	黄石长江公路大桥	湖北省	1995	公路	162.5+3×245+162.5	20	4	连续刚构
7	江津长江大桥	重庆市	1997	公路	140+240+140	22	4	连续刚构
8	重庆嘉陵江高家花园大桥	重庆市	1999	城市	140+240+140	15.36×2	6	连续刚构
9	泸州长江二桥	四川省	建成	公路	140+240+55.0	25	4	连续刚构
10	重庆龙溪河大桥	重庆市	建成	公路	140+240+140	11.5×2	2	连续刚构
11	杭州钱塘江下沙大桥	浙江省	建成	公路	127+3×232+127	33	6	刚构-连续体系
12	南澳跨海大桥	广东市南澳县	1998	公路	122+221+122	17.1	4	连续刚构
13	北碚东阳嘉陵江大桥	重庆市	建成	公路	135+220+135	27.5	4	连续刚构
14	九江长江大桥	江西省九江市	1993	公、铁	180+216+180	18	铁路：双线　公路：4车道	桁拱组合体系
15	济南黄河第二大桥	山东省	1999	公路	65+160+210+160+65	35.5	6	钢构-连续体系
16	金厂岭澜沧江大桥	云南省	建成	公路	130+200+86	22.5	4	连续刚构

参考文献

[1] 中国大百科全书（土木工程卷）：
  ① 钱冬生. 桥梁工程发展史.
  ② 史尔毅. 土木工程发展简史.
  ③ 黄国新，张纪衡. 土木工程大事年表.
  ④ 张佐周. 道路工程发展史.
  ⑤ 陈英俊，王道堂. 结构力学.
  ⑥ 李继华. 结构可靠度.
北京：中国大百科全书出版社，1987.

[2] 张师定. 桥梁发展史略. 科技交流，1995（2）.

[3] 张师定. 模糊结构力学及其在桥梁设计中的应用. 科技交流，1995（2）.

[4] 张师定. 带权重的模糊规划及其在结构优化设计中的应用[A]. 成都：中国系统工程学会模糊数学与模糊系统委员会第五届年会论文选集[C]，1990.

思考题

[1] 影响桥梁发展的因素有哪些？

[2] 桥梁发展主要因素有哪些？

[3] 桥梁无支架施工方法分别产生于何年代，它对桥梁发展有何推动作用？

第3章　桥梁结构合理形式所遵循的规律

3.1　桥梁与房屋的区别与联系

在漫长的古代和中世纪，从事建筑营造活动的工匠，既是建筑师，又是结构工程师。后来，随着房屋功能的大大增加及结构的复杂化，才出现了建筑师与结构工程师的分工。但是，桥梁就有所不同，直到现在，一位桥梁设计师既是建筑师，又是结构工程师。依笔者之见，究其原因大概有三条：

- 桥梁的功能并不复杂，其建筑设计可由结构工程师代替。
- 桥梁所受荷载较房屋建筑特别大，因而，其造型大多以结构受力合理为重心进行选择，也就是说，桥梁建筑设计与结构设计的联系非常紧密。
- 桥梁建筑设计与施工方法紧密相连，而施工方法与结构受力分析息息相关，这是桥梁工程的显著特点之一，详见本书 5.8 部分。

桥梁的受力特点等决定了桥梁建筑理性的特点。因此，有必要深入研究结构的最优组成规律，这是建筑设计赖以生存的根本。

【定义】　标准　所谓标准，是指在一定的范围内，为获得最佳秩序及最佳社会效益，基于科学、技术和实践经验的综合成果，而对行为或过程及其结果规定共同的、可重复使用的指导原则、操作细则或特征性文件。

【定义】　标准设计　按有关法律规定或技术规范的要求，其行为或成果必须作为标准的设计文件或设计过程。

推广采用工程标准设计的意义有：

- 可密切结合区域自然条件和技术发展水平，合理利用区域自然资源和设备条件，方便设计、施工、使用和维修，便于实现工业化生产。
- 保证设计质量，缩短设计周期 50%~65%，节约设计费用。
- 加快施工准备，方便预制构件，实现装配化生产，既有利于保证施工质量，又能降低建筑安装费用，缩短施工周期。
- 可使工艺标准化，易提高工人技术水平，均衡地组织生产，提高劳动生产率，节约材料，有益于较大幅度地降低建设投资，一般情况下，可节约投资 10%~15%，高者可达 30%以上。
- 可大量重复使用，获得最佳社会效益。

3.2 桥梁系统分析

桥梁的确是一系统工程。其构思与规划、勘察与设计、施工与管理等无不从整体出发、系统地考虑问题。因此,桥梁建筑设计与构思应该以系统论(还包括一般系统论、控制论、信息论、协同学、突变论与耗散结构论、分形理论、超循环结构论、辩证唯物论等)作为理想的思维方式。了解系统论,相信会对建筑设计产生潜移默化的作用。

这里,扼要介绍系统论的一般概念与原理。

【系统】 既可由若干部分(要素)按一定的规律、以特定的结构形式组成有机的整体,并产生不同于各组成部分(要素)功能的特定功能,又可以将有机的整体分解为若干相互联系、相互作用的部分(要素),那么,这个有机的整体被称为系统。

所谓要素,是指系统内若干层次内或若干层次间相互关联、相互作用的部分、单元或成分。它是系统的基础与载体,决定着系统内部的联系、结构与功能等,因而也决定着系统的本质。

一个系统的要素,可以成为一个系统,即子系统;同样,一个系统也可看作更大系统的子系统。可见,系统与要素是相对而言的。

结构与功能、整体与部分是系统的重要参数。

系统应遵循如下原理:

【整体性原理】 要素与系统不可分割;各要素间要进行有机的联系,并相互协调,才能发挥整体功能;系统的功能大于各要素功能之和。它是系统论的基本原理,其科学地揭示了要素与要素、要素与整体间的关系问题。

【相关性原理】 系统内部各要素间具有相关性;系统与外部环境具有相关性;从关联的内容上可分为:物质关联、能量关联与信息关联;从关联的确定性上可分为:肯定因果关联、统计因果关联与模糊因果关联;从关联的方向上可分为:单向因果关联与双向因果关联。另外,笔者认为:从系统内部各要素间关性的强弱上分,也可分为强关联、中等关联与弱关联等。

【层次性原理】 层次性原理认为:系统结构是由层次或要素按一定的规律进行排列组合而形成的,不同的排列组合就形成不同的系统结构、产生不同的系统。

【有序性原理】 系统结构层次与诸要素在协同作用下,其在系统中的位置与排列顺序(空间排列的有序性与时间排列的有序性)总是尽量地适应功能的需要(功能决定结构,结构须满足功能的要求),并使系统功能最大化。

【动态适应性原理】 系统内部诸要素的相关性及系统与外部环境的相关性都与时间密切相关,都会随时间不断地变化;系统整体具有方向性和目的性,它控制着各要素的功能,协调着各要素之间的比例关系,控制着各要素协同作用的进行;诸要素之间的协同作用是系统整体由无序状态转向有序状态的动力;当诸要素协调适应时,系统处于整体平衡状态;当诸要素不协调时,系统处于不平衡状态。

【可调控性原理】 系统是可控制的，通过负反馈控制可实现其稳定性，通过正反馈控制可适应外界环境的变化。

【最优化原理】 总可以在一定的条件下，通过有效地组织系统各要素，使得系统在某个方面（如功能、结构、过程等）实现最优。

桥梁是一工程结构，它以有效地传递荷载来组织桥梁各构件，并产生可跨越障碍物、使交通便捷等功能。一般桥梁系统如表 3-1 及图 3.1 所示。

表 3-1　桥梁系统的划分

		桥跨承重结构
桥梁工程	上部结构	桥面系
	下部结构	桥墩/台/塔
		基　础
	附属工程	防护、照明、景观绿化、设备等

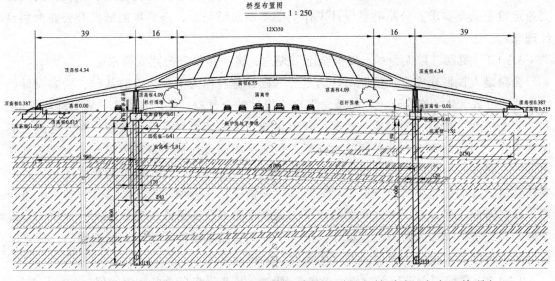

图 3.1　跨街人行天桥"飞碟"方案总体设计（弧形梁与拱形肋因相似而协调）

桥梁结构是一个系统，可以分解。桥梁结构依据其内在规律，可以分解为一个树形结构，形成桥梁本相，详见附录 F。

不对结构（模型）进行合理分解及编码，就不可能建立合理的模型数据结构，也就不可能研发出高水平、满足需要、有一定通用性、方便数据共享的软件来。

3.3　桥梁勘测设计的特点

勘察设计是工程建设的前提和基础，是工程建设的灵魂。公路工程勘察设计工作的质量，直接影响公路的使用功能和寿命、环境保护、行车安全和工程造价等。近年来，各级交通运输主管部门和公路建设从业单位，认真贯彻国家有关法律、法规和建设程序，全面落实科学发展观，按照公路勘察设计新理念的要求，积极引进和开发应用新技术，大胆创新，勇于实践，有力地促进了公路勘察设计水平的提高，为公路建设又好又快发展提供了可靠保证。但是近年来一些工程存在勘察设计周期不合理、地质勘察工作量不足、地质勘察与设计脱节、项目总体协调不力等问题，导致工程变更增多，有的甚至影响到工程质量和安全。为保证工程质量和安全，控制工程造价，切实提高公路勘察设计水平，现就进一步加强公路勘察设计工作，提出如下意见。

3.3.1 总结经验，进一步创新提升公路勘察设计理念

先进的理念是引领公路建设又好又快发展的前提。自 2004 年交通部提出"六个坚持六个树立"的公路勘察设计新理念以来，各地结合本地区实际，深入贯彻落实公路勘察设计新理念，建设了一批安全、环保、舒适、耐久、经济的优质公路工程。面对当前公路建设的新形势，按照交通运输部提出的加快转变发展方式，推行现代工程管理，加快发展现代交通运输业的新要求，公路勘察设计工作更要不断总结经验，进一步创新提升公路勘察设计理念。

3.3.1.1 贯彻"以人为本，安全至上"理念，进一步提升公路安全水平。

公路是人民群众安全、便捷出行的重要基础设施。作为工程建设的基础，勘察设计始终要将"以人为本，安全至上"的理念贯穿于设计的全过程。要认真落实"地形地质选线"和"安全选线"原则，掌握地质状况，对不良地质灾害体要尽量予以绕避，做好路线方案比选工作；因地制宜，合理采用技术指标，优化平纵面设计，尽量避免出现长大纵坡和高填深挖。同时，对交通工程及沿线设施要加强其针对性设计。对特殊复杂桥梁隧道工程，要认真组织开展公路桥梁和隧道工程安全风险评估工作，确保结构安全可靠、技术经济合理。针对当前气候异常、水灾频发的情况，要高度重视公路沿线气象、水文、地质等建设条件的调查工作，加强防护工程设计，进一步提高公路基础设施的防灾抗灾能力，尽最大努力减少公路的水损坏，确保公路"生命线"的畅通和安全。

3.3.1.2 贯彻"生态环保、资源节约"理念，促进公路交通可持续发展。

生态环境是人类生存和发展的基本条件，是经济和社会发展的基础。为此，在设计中特别是在选取路线方案时要认真贯彻"生态环保选线"的原则，在满足规范标准的前提下，使路线尽量与地形相拟合，路基尽可能避免高填深挖，隧道尽可能实现"零开挖进洞"，以减少对自然生态环境的破坏。路线在经过水源地保护区、风景名胜区、自然保护区、水土保持敏感区等区域时，要做好环境影响、水土保持评价工作，采取避让和保护措施。

资源是人类生存发展的物质基础，也是可持续发展的重要保证，特别是土地更是关系国计民生的重要战略资源，耕地是百姓赖以生存的基础。我国土地资源十分紧缺，珍惜保护耕地是基本国策。为此，在设计中应当统筹利用线位资源，将减少土地占用、在穿越农田路段，严格要求对高架桥方案与路基方案进行同等深度比较，减少矿产资源压覆作为路线方案选择和优化的重要指标，合理确定建设规模和方案，提高土地的集约利用程度，减少对土地的分割，尽可能不占或少占耕地，合理设置取弃土场，尽量复耕还田。另外，按

照发展循环和低碳经济的要求，在沿线房屋设施、隧道照明等供配电设计中，积极推广利用风能、太阳能、地热等清洁能源和节能设备；在养护维修和改扩建项目设计中，积极采用沥青、水泥混凝土路面再生利用技术等，以节约利用资源。

3.3.1.3 贯彻"全寿命周期成本"理念，合理控制公路建设成本。

树立全寿命周期成本的理念，就是要从项目生命周期全过程去看待成本，既要注重项目初期的建设成本，也要注重后期的维修和养护成本。

（1）要把提高建设质量和工程耐久性放在首位，确定符合实际需要和经济能力的工程建设方案，同时要避免贪大求洋，更不能未经批准擅自提高标准、扩大建设规模。

（2）要把严格控制工程投资作为约束性目标，始终贯穿到项目设计、建设的各个环节，在精心设计、优化设计方面下功夫，合理确定投资规模，有效控制建设成本。

（3）要及时吸收养护和运营管理中的好经验好做法，尽可能减少后期维护费用，延长使用寿命。

（4）通过这些措施以及提高技术含量，用好建设资金，以达到最佳的技术经济效益。

3.3.2 进一步加强地质勘察与外业调查工作，确保基础资料全面、实用、可信

外业勘察资料尤其是地质勘察资料是设计的基础和依据，直接影响工程方案的确定。为此，要进一步加强地质勘察和外业调查工作，确保基础资料全面、实用、可信。

3.3.2.1 勘察设计单位应根据相关技术标准规范的要求，针对项目区域地形地质特点及工程建设需要，提出外业勘察特别是地质勘察的工作量、勘察重点及勘察费用，编制外业勘察与地质勘察指导书，并报项目建设管理单位批准。经批准的指导书，建设管理单位应报省级交通运输主管部门备案，以便项目建设管理单位、交通运输主管部门监督检查，确保外业勘察工作保质、保量、规范进行。今后，凡是由于勘察设计单位未完成地质勘察指导书所确定的工作量、或项目建设管理单位把关不严而引发重大、较大设计变更的，交通运输主管部门不予确认，并追究相关单位的责任。

3.3.2.2 外业勘察验收工作是开展设计工作的基本要求和条件。为此，项目建设管理单位或交通运输主管部门，要组织有关单位和专家认真做好外业勘察验收，特别是地质勘察专项验收工作。今后，凡是勘察工作量没有完成、深度不足者，不得组织验收，验收不合格者不得开展内业设计工作。

3.3.3 明确各方责任，加强总体设计

【项目总体设计】 指完成（工程建设）项目的总体目标和实现目标的技术路径的设计过程，包括合理选定主要技术标准、线路走向和建设方案，明确系统构成，并选定系统集成方案、保证系统可靠性，明确工期、投资和其他控制目标，建立内部控制设计流程等工作内容。

总体设计是勘察设计的总纲，既要体现公路使用功能、质量、安全、环保、节约的基本要求，又要处理好主体工程与附属工程、各专业之间的衔接与协调配合，是一项系统工程。为此，在勘察设计阶段务必要加强总体设计工作，以保证设计成果的完整性、合理性、统一性。如图 3.2 所示。

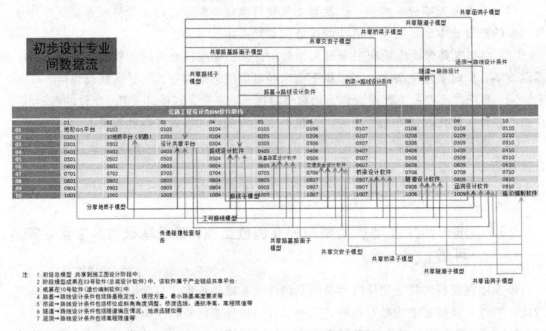

图 3.2　公路工程初步设计阶段各专业模型系统架构

3.3.3.1　对于有多个勘察设计单位参与的建设项目，项目建设管理单位首先要确定综合实力强、技术水平高的设计单位以作为总体设计单位；其次要做好对总体勘察设计大纲和事先指导书的审查确认，并督促各参与设计单位严格执行；同时，要及时协调解决总体设计过程中遇到的问题，对总体勘察设计大纲和事先指导书执行不力的单位要提出整改要求。

3.3.3.2　总体设计单位要组织参与设计的单位编制总体勘察设计大纲和事先指导书，报项目建设管理单位审查确认后执行。同时，要做好各工程专业间的相互协调及合理衔接，杜绝总体设计只是"简单汇总"的倾向。

公路外业调查资料管理——沿道路中心线踏勘，查看征地线范围及可能影响（如调线）区域内之地物与地貌，对比图纸中地形图（GIS 模型）与现场实物，对其有差异处及不良地质、特殊岩土、料场与弃土场等影响选线及沿线工点设置之信息等，采取现场采集、即时补充现场基础信息（包含与道路的关联信息），为道路设计与施工提供服务的过程。该技术过程已被上海同豪土木公司"固化"到"公路工程智能设计 BIM 系统"中。

3.3.3.3　各参与设计单位要严格按照批准的总体勘察设计大纲和事先指导书的要求，认真做好各自承担的设计任务，积极配合总体设计单位做好总体设计工作。

3.3.3.4　省级交通运输主管部门进行设计文件预审或审查时，要将总体设计作为审查的重点认真加以审查。对总体设计不到位、设计原则不统一，总体设计只做"简单汇总"的，应责令改正。今后，对报部的设计文件，部将把总体设计作为初步设计文件的审查内容，对不符合要求者将予以退回重新补充完善。

3.3.4 强化过程管理，提高勘察设计质量

加强设计工作过程的管理是保证设计质量的必要手段。为此，设计单位要进一步加强勘察设计过程的管理和控制。

3.3.4.1 设计单位要建立健全内部质量保证体系，严格按照设计质量管理流程开展勘察设计，依据通过验收的外业勘察资料和地质勘察资料进行内业设计。

3.3.4.2 项目建设管理单位要给勘察设计单位一个合理的勘察设计周期，以保证设计质量。今后，除平原区等地形地质条件相对简单的项目外，初步设计有效工作周期一般不少于120个工作日，施工图设计有效工作周期不少于180个工作日；对地形、地质条件及工程方案复杂的项目，设计周期根据实际情况相应增加。

3.3.4.3 省级交通运输主管部门进行初步设计预审、审查工作时，要将设计是否充分应用外业勘察成果资料纳入审查范围。凡是设计文件未利用外业勘察资料或结合不紧密的，要一律退回重做，以杜绝外业勘察与内业设计严重脱节问题的再次发生。

3.3.4.4 加强施工图设计审查工作。省级交通运输主管部门进行施工图设计审查时，要将初步设计批复意见和审查咨询意见落实情况作为审查的重点予以严格核查。今后，凡是施工图设计未执行初步设计批复意见且无合理理由，造成重大、较大设计变更且由此增加投资的，应依法追究相关单位及人员的责任，增加的投资不得纳入工程决算。

3.3.4.5 要大力推行设计标准化。对桥梁上下部结构、路基路面、交通工程设施等成熟的技术、成功的经验和典型结构，各地要认真加以总结，并结合实际，研究制定标准图，促进设计施工标准化，以提高设计施工质量和效率。在桥梁方案比选中，将钢结构桥梁方案与其他方案一起进行技术经济比较，加大钢结构桥梁应用推广力度。

3.3.4.6 要加强建设过程中设计与施工的密切配合衔接。路基边坡开挖后，设计单位要根据实际地质情况，优化边坡坡率、边坡防护、绿化与排水方案；隧道进洞后，要根据围岩实际等级，细化衬砌方案等，认真做好后续服务和动态设计。桥梁施工顺序与体系转换过程等内容，设计图纸与施工方案必须一致。

3.3.5 健全设计变更管理制度，规范设计变更管理

加强设计变更管理工作是完善设计、提高建设质量、预防腐败的重要手段。各级交通运输主管部门应按照《公路工程设计变更管理办法》（交通部令2005年第5号）的要求，健全完善设计变更管理制度，进一步规范设计变更管理工作。

3.3.5.1 要严格执行设计变更审查审批程序。对重大、较大设计变更要组织专家进行

研究论证，报经原设计批复部门审查批准后方可实施。

3.3.5.2 要明确设计变更审批时限。对一般设计变更的审批，项目建设管理单位要在5～10个工作日内办结；对较大、重大设计变更的审批，相关交通运输主管部门应在接到申请之日起10个工作日内完成符合性审查，并出具予以受理或不予受理的书面意见，对于予以受理的还要告知批复的时限。

3.3.5.3 要严格控制投资。对未经审查批准的设计变更，费用不得纳入决算。

3.3.5.4 要建立健全工程设计变更台账。项目建设管理单位要建立设计变更管理台账，定期汇总设计变更情况。相关交通运输主管部门要随机抽查、定期检查，实施动态监管。

3.3.5.5 对重大、较大设计变更审批要实行"阳光化"操作。要将设计变更审批情况向社会公开，接受建设各方和社会的监督，防止出现不合理变更和腐败现象的发生。

3.3.6 重视和加强工程科研项目的管理

加强工程科研项目管理，提高公路建设技术水平结合工程项目实施，开展科技攻关是推动工程技术进步，提高工程建设科技含量和技术水平的重要手段。因此，要进一步重视和加强工程科研项目的管理。

3.3.6.1 要结合工程项目特点、技术难点，有针对性地确定工程科研项目，以解决工程技术难题，确保工程顺利实施。

3.3.6.2 要严格执行工程科研项目申报和审查程序。今后，对拟列入工程投资规模的科研项目，要按照有关要求，严格筛选，阳光操作，并将科研项目清单、背景、内容等形成专题报告随初步设计文件一起上报。初步设计审批部门对其要进行认真审查，严格把关，以保证科研的针对性和实用性，避免为科研而科研、重复研究、研究与使用脱节等现象发生。

3.3.6.3 要加强科研项目的管理。研究项目实施过程中，相关交通运输主管部门要加强跟踪和指导。研究项目完成后，省级交通运输主管部门要及时组织验收，对部批复项目中的研究项目，部公路局将派人参加验收。对于通过验收的研究项目，省级交通运输主管部门要将研究成果和研究报告报部公路局备案，以便加以推广应用，提高研究成果的使用效益，促进行业技术进步。

3.4 桥式最优设计理论研究

3.4.1 结构设计概念

谈到桥梁建筑设计，就不得不提到结构设计概念，它是结构概念设计的重要组成部分（工程可行性研究从略）。它虽然不如数学公式那么严密，但其内涵却博大精深。笔者以为，概念设计大师、预应力先生——林同炎正是有对结构内在规律的洞察，才不拘一格，设计出诸如以下传世佳作：

- 美洲银行大厦——框筒结构；
- 莫斯康会议中心——系杆拱结构；
- 波多黎各的 Ponce 圆形剧场——双曲抛物线壳；
- 亚利桑那市场大厅——双曲抛物面马鞍形悬索屋盖；
- Rio Colorado 桥——反吊桥；
- 旧金山航空港高架桥——展翅梁；
- Ruck·A·Chucky 桥——曲线斜拉桥。

……

定义【3.1】 工程结构 由若干构件相互联结并支撑于大地上的几何不变体系。

- 基本构件受力状态有：拉、压、弯、剪、扭及其组合等。
- 基本构件按其受力特点分为：梁、板、柱、拱、壳与索（拉杆）六大类。
- 工程结构中常用的基本类型有：梁、板、柱、桁架、拱、排架、框架、折板结构、壳体结构、网架结构、悬索结构、剪力墙、筒体结构、悬吊结构、板柱结构、墙板结构、充气结构等。

定义【3.2】 工程结构设计 处理工程结构的安全性、适用性、经济性及美观的过程，可分为结构构思与结构计算两阶段。

定义【3.3】 结构构思 在满足结构功能要求的前提下，通过综合处理各种矛盾（功能、结构、设计与施工技术、经济与美观之间），合理地组织各构件，以解决结构的传力系统及方式，使结构成为几何不变体系、均衡与稳定、传力路径短、应力均匀，有韵律感与节奏感，与周围环境协调等的过程。

结构构思的过程是从大量的未知领域或多种选择中确定需要的目标，如结构总体布置、外形尺寸、工程材料及施工方法等，它需要创造性地将知识（科学）与技巧（艺术）结合起来。正如中国现代设计法研究会戚昌滋先生提出的建设工程现代设计论方法学：

- 系统论方法学（系统分析是现代设计的前提）。
- 功能论方法学（功能实现足现代设计的宗旨）。
- 信息论方法学（信息处理是现代设计的依据）。
- 优化论方法学（广义优化是现代设计的目标）。
- 智能论方法学（智能运用是现代设计的核心）。
- 控制论方法学（动态分析是现代设计的深化）。
- 突变论方法学（突变创造是现代设计的基石）。
- 对应论方法学（相似模拟是现代设计的捷径）。
- 离散论方法学（离散处理是现代设计的细解）。
- 模糊论方法学（模糊定量是现代设计的发展）。
- 艺术论方法学（赏心悦目是现代设计的美感）。

其中，提出创造性设计法则共 12 条：

- 综合法则。
- 离散法则。
- 还原法则。
- 对应法则。
- 移植法则。
- 强化法则。
- 换元法则。
- 迂回法则。
- 组合法则。
- 逆反法则。
- 造型法则。
- 群体法则。

构思过程中应能注意到各种关系与联系，做到分析与综合的结合：

- 既要看到总体，又要注意到细部。
- 既要注意到现在，又要考虑到未来。
- 既要处理好核心问题，又要照顾到次要问题。
- 既要理解结构的内部关系，又要妥善处理与周边的相互作用。
- 既要考虑到设计的可行性，又要考虑到施工的可行性。
- 既要考虑到运营，又要考虑到维修与改建。
- 既要考虑到结构，又要考虑到功能。
- 既要适用，又要耐久。
- 既要经济，又要安全。
- 既要讲技术，又要讲艺术。
- 既要考虑到自身的美观，又要考虑到与周围环境的协调（景观设计）。

结构构思是建筑师的主要工作内容。由于它的复杂性与创造性，最优设计难以实现，但设计结果也应力求在合理的范围内。

定义【3.4】 结构计算 分为结构分析、应力分析及结构验算，以给出结构各构件之尺寸及连接设计，使结构安全可靠，即使结构强度、刚度及稳定性等均应满足要求的过程。

计算的过程主要是分析和评估结构在给定荷载作用下的响应，一方面确定结构的内力、应力和变形等，另一方面评估结构是否满足设计规范的要求。由于计算的过程通常不含有未知的因素，计算遵循固定的程序与模式（如有限元法分析及内力/应力验算）等，因此，与构思的过程相比，计算过程应更容易些。目前，这一任务主要是由计算机来完成，具体流程如图 3.3 所示。

图 3.3 "结构构思"与"结构计算"流程

准则【3.1】 良好的结构方案是良好结构设计的重要前提。

因为在结构设计中，无论多么完美的结构计算都无法弥补未经结构构思而形成的结构方案中的不足。相反，良好的结构方案却能够部分弥补结构计算中的不足。由此可见结构构思的重要性。

对于技术复杂或规模较大的桥梁，都要求进行桥式方案的比选，这是合乎科学的程序。

定义【3.5】 桥梁 供铁路、道路、渠道、管线或行人等跨越河流、山谷或其他交通线路等障碍物时使用的工程结构物。

桥梁作为一工程结构，其功能可由其定义一目了然，即桥梁的功能是跨越河流、山谷或其他交通线路等。尽管桥梁的功能归根到底总是"跨越"，然而，桥梁的结构形式却丰富多彩，常把"桥梁的形式"简称为桥式。

桥梁中桥式的概念应该与建筑中体型的概念相对应。

定义【3.6】 桥式 指桥的结构体系，横截面形式及特征性构造等，尤其以桥跨结构形式所占的比重最大。

可见，研究桥式就是要研究桥的结构体系、横截面形式及特征性构造。这三者最能反映桥的形式。

3.4.2 最优桥式所遵循的一般规律

桥梁结构合理形式并非有特定的单一的结构形式，因此，研究其特性应从总体上把握其规律，然后，以其为标准评价来讨论桥式的优劣。

实际上，桥梁结构合理形式所遵循的一些规律已零散地存在于桥梁建设者的头脑中，并自觉或不自觉地运用于实践，挖掘其规律并使之系统化是非常有意义的。以下有关桥梁力学与美学的准则便是笔者在桥梁建筑设计中的体会与理解，而其中的一些规律不仅仅适用于桥梁，也适用于其他工程结构物。

准则【3.2】 功能公理 结构应满足全部功能的要求。

准则【3.2】给出了桥式最基本的要求——功能要求。

若笼统地讲，桥梁的功能是跨越，但细致地分析，桥梁结构一般应满足下列功能要求：

（1）能承受正常施工和正常使用过程中可能出现的各种作用力（包括自重、车辆或行人荷载、外加变形和约束变形以及温度的作用等）。

（2）在正常使用过程中具有良好的工作性能，如不产生过大的变形和过宽的裂缝等。

（3）具有足够的耐久性，即在结构的设计寿命期内不发生严重的风化、腐蚀和老化。

（4）在偶然事件发生时及发生后，能保持必要的整体稳定性。

这里包含了结构的安全性、适用性和耐久性等，其统称为结构的可靠性。

为方便建筑设计，笔者将桥梁功能划分为跨越功能和交通功能。桥梁功能分解与主要影响因素如表3-2所示。

表3-2 桥梁功能分解及主要影响因素分析

功能分解	主要影响因素
跨越功能	桥梁分跨；结构式样；水文与地质；地形与地貌；通航或跨线等跨越障碍物；结构可靠性设计
交通功能	交通量调查、分析与预测；交通规划、效率与安全；流线组织与设计；交通道面几何设计（桥面排水）；桥面与车轮的相互作用；交通设施与标线设计
美观功能	建筑造型；装饰设计与景观设计

修建桥梁，目的是让道路跨越障碍物而得以延续（交通功能），其跨越功能是桥梁最基本的功能之一。桥梁的跨越功能决定了桥梁必须有桥跨结构，而为了支撑桥跨结构，必须有支撑结构。桥梁要使其上的车辆或行人等安全、舒适地通过，因此，桥梁需能承受车辆、行人等荷载，且不产生过大的变形而影响使用。正是桥梁功能的要求，才使得为满足桥梁功能要求所修建的结构被称为桥梁。

桥梁主要技术指标见表3-3、表3-4、表3-5及表3-6。

表3-3 公路主要技术指标

公路等级	高速公路			一级公路			二级公路		三级公路		四级公路
设计车速/（km/h）	120	100	80	100	80	60	80	60	40	30	20
车道宽度/m	3.75	3.75	3.75	3.75	3.75	3.5	3.75	3.5	3.5	3.25	3.00
一条车道的设计通行能力约值/[pcu/(h·ln)]	1 600	1 400	1 200	1 300	1 100	900	550 ~ 1 600		400 ~ 700		—
桥涵设计汽车荷载等级	公路-I 级								公路-II 级		
沥青路面设计年限	15						12		10		8
道路交通量预测年限	20						15				10
路面设计荷载	BZZ-100										
路基设计洪水频率	1/100						1/50		1/25		—

设计汽车外廓尺寸	汽车类型	总长/m	总宽/m	总高/m	前悬/m	轴距/m	后悬/m
	小客车	6	1.8	2	0.8	3.8	1.4
	大型客车	13.7	2.55	4	2.6	6.5+1.5	3.1
	铰接客车	18	2.5	4	1.7	5.8+6.7	3.8
	载重汽车	12	2.5	4	1.5	6.5	4
	铰接列车	18.1	2.55	4	1.5	3.3+11	2.3

表 3-4　桥梁规模（或复杂程度）分类

桥梁分类	多孔跨径总长 L/m	单孔跨径 L_k/m
特大桥	$L>1\,000$	$L_k>150$
大　桥	$100 \leqslant L \leqslant 1\,000$	$40 \leqslant L_k \leqslant 150$
中　桥	$30<L<100$	$20 \leqslant L_k<40$
小　桥	$8 \leqslant L \leqslant 30$	$5 \leqslant L_k<20$

表 3-5　桥梁设计洪水频率

公路等级	特大桥	大桥	中桥	小桥
高速公路、一级公路	1/300	1/100	1/100	1/100
二级公路	1/100	1/100	1/100	1/50
三级公路、四级公路	1/100	1/50	1/50	1/25

表 3-6　桥梁设计使用年限

公路等级	特大桥、大桥	中桥	小桥	斜拉索（吊索）、系杆的更换	支座、伸缩缝、栏杆的更换
高速公路、一级公路	100	100	50	20	15
二级公路、三级公路	100	50	30		
四级公路	100	50	30		

由准则【3.2】可推出如下准则【3.3】。

准则【3.3】　功能决定结构　功能为目标函数；标准（指标）为约束条件；而结构便是该规划之优越解。优越结构能够安全、高效、全面地实现功能要求。

桥梁是工程产品。含有桥梁功能之产品方被称为桥梁。

产品功能可以分为使用功能与审美功能。使用功能是指产品的实际使用价值；审美功能是利用产品的特有形态来表达产品的不同美学特征及价值取向，让使用者从内心情感上与产品取得一致和共鸣的功能。

使用功能和审美功能是一件产品功能的两个方面，依据其侧重点的不同，可以将产品概括为如下三种类型，即功能型产品、风格型产品和身份型产品。一般来说，桥梁属于功能型产品。

准则【3.4】 结构几何不变性准则 一般工程结构都必须是几何不变体系。

为了保证车辆、行人等安全、舒适地通过桥梁，桥梁结构在主要受力面内（竖向）应保证几何不变，在次要受力面内（横向）亦应保证足够的刚度，这是桥梁成为工程结构的基本条件。

判别一体系是否为几何不变体系的过程称为机动分析。

若系统在外力作用下都能保持平衡，它就是几何不变的。

定义【3.7】 几何不变体系 受到任意荷载作用时，若不考虑材料的变形，则其几何形状与位置均能保持不变的体系。

几何不变的平面体系的组成规则有几条：

（1）三刚片规则 三个刚片用不在同一直线上的三个单铰两两相联所组成的体系是几何不变的。

（2）二元体规则 在一个刚片上增加一个二元体所形成的体系是几何不变的。

（3）两刚片规则 两个刚片用一个铰和一根不通过此铰的链杆相联所组成的体系是几何不变的，或两个刚片用三根不全平行也不交于同一点的链杆相联所组成的体系是几何不变的。

上述规则中所提到的二名词——刚片及二元体见如下定义：

定义【3.8】 刚体 在机动分析中，由于不考虑材料的变形，因此可以把一根构件或已知是几何不变的那部分看作一个刚体，在平面体系中又称为刚片。大地便是一种特殊刚体。

定义【3.9】 二元体 两根不在一直线上的链杆联结一个新结点的构造。

对于铰接系统，几何不变要求满足下式：

$$\left.\begin{array}{l}平面结构\ N = 2n \\ 空间结构\ N = 3n\end{array}\right\}\tag{3-1}$$

式中　N——杆件数；

　　　n——铰数。

准则【3.5】 均衡与稳定公理 一般工程结构必须保持静力平衡，即结构稳定。

处于地球重力场内的一切物体，只有当其重心最低且左右均衡时，才会给人稳定的感觉。从力学与美学角度上讲，这就要求结构均衡。均衡分为静态均衡（对称均衡与不对称均衡）与动态均衡（如飞鸟式、螺旋形、具动感的曲线等）。

保持静力平衡是桥梁结构安全与美观的前提条件。一般结构须满足下列平衡方程：

$$\left.\begin{array}{l}\sum F_x = 0 \\ \sum F_y = 0 \\ \sum F_z = 0\end{array}\right\}\tag{3-2a}$$

$$\left.\begin{array}{l} \sum M_x = 0 \\ \sum M_y = 0 \\ \sum M_z = 0 \end{array}\right\} \qquad (3\text{-}2b)$$

式中 F_x——x 轴方向分力；

F_y——y 轴方向分力；

F_z——z 轴方向分力；

M_x——x 轴方向力矩；

M_y——y 轴方向力矩；

M_z——z 轴方向力矩。

判定结构平衡状态是否稳定的能量准则：

$$\left.\begin{array}{l} \delta^2 \Pi > 0,\ 平衡状态是稳定的 \\ \delta^2 \Pi = 0,\ 平衡状态是随遇平衡 \\ \delta^2 \Pi < 0,\ 平衡状态是不稳定的 \end{array}\right\} \qquad (3\text{-}3)$$

式中 Π——结构的总势能。

准则【3.6】   传力路径公理   合理的结构在荷载作用下，其传力路径较短。

定义【3.10】   传力路径   笔者建议，将构件中主拉（压）应力迹线定义为传力路径，将结构在使用荷载（包括恒载）作用下，各主要受力构件传力路径之和定义为该结构的传力路径总长。

根据该准则，即要求：

$$\min L = \sum \int \mathrm{d}s_i \qquad (3\text{-}4)$$

式中 L——结构传力路径总长；

s_i——各构件之传力路径。

将由式（3-4），写成变分形式：

$$\delta L = 0 \qquad (3\text{-}5)$$

由于桥梁为一狭长结构，其主要传力面为竖向，而横向为次要传力方向。因此，妥善处理好竖向传力途径是关键问题，同时，照顾到横向传力问题。

对于拉（压）杆，其主应力迹线均平行于杆件轴线，因此，传力路径等于杆件的长度。而对于纯受弯杆件，任一横截面内均有拉应力及压应力，其主拉（压）应力迹线亦平行于杆件轴线，其传力路径等于杆件的长度。但梁常为弯剪耦合构件，梁内任意一点均处于二向受力状态。其主应力迹线呈曲线，见图 3.4。

可见，其传力路径复杂，此时可将梁比拟为"桁架"（拉-压结构），其各构件传力路径之和可定义为梁的传力路径。对于弯剪扭耦合构件，可将其比拟为"空间桁架"。可见，拉（压）杆件传力路径较受弯杆件短得多，它是传力最简捷的构件。而力在普通梁中所走的是最坏的弯路，仅从力学上来看，梁不是理想的构件。

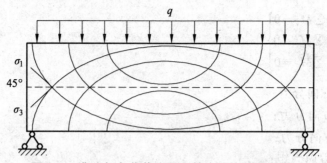

图 3.4　满跨匀布荷载作用下简支梁主应力迹线

　　一个优越的结构,应当根据最短的传力路径来组织各构件,因为结构的传力路径越短、越直接,其工作效能就越高,所耗材料也就越少;尤其是结构承受的荷载越大,就越应当合理地组织各构件,使其传力路径简捷,这也是准则【3.19】的依据。

　　不论是桥跨结构(荷载要在桥跨范围内以最短路径传到支撑结构)还是支撑结构(上部结构传来的荷载要以最短路径通过支撑结构传至大地);不论是横截面内(如受弯箱梁在弯矩平面内的传力路径主要是沿腹板传递,因此,其主筋应配置在靠近腹板的范围内为好等)还是细部构造(如拱上立柱与箱拱连接处横隔板沿立柱竖向设置较径向设置传力简捷;带挂孔的悬臂梁桥采用受拉型铰较传统受压型铰施工吊装时方便,牛腿的受力与梁的受力吻合,细部构造优越等),传力路径简捷、明快者为较好的形式。

　　牛腿主应力迹线见图 3.5 所示。

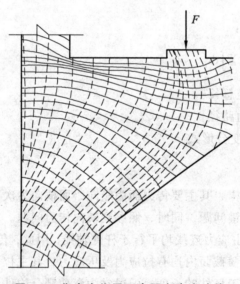

图 3.5　集中力作用下牛腿主应力迹线

　　若单从"传力路径最短"这一准则出发,则不难发现:悬带桥是传力路径最短的桥式。常见桥式竖向传力路径如图 3.6 所示。

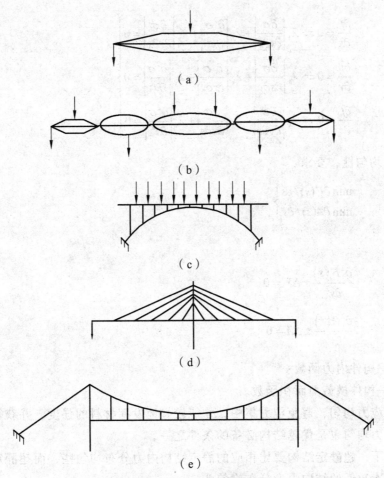

図 3.6 常见桥式传力路径

准则【3.7】 应力均匀准则 结构应力应均匀流畅。

对于杆系结构，应力均匀流畅包括沿杆件长度方向内力均匀、杆件横截面内应力均匀及结点、边界处应力均匀等。即要求：

$$
\left.
\begin{aligned}
&\min\left|\partial\sigma(x,y,s)/\partial s\right| \\
&\min\left|\partial\sigma(x,y,s)/\partial x\right| \\
&\min\left|\partial\sigma(x,y,s)/\partial y\right|
\end{aligned}
\right\}
\tag{3-6}
$$

一般也有下式：

$$
\min f(\sigma(x,y,s)) = \lambda s\left|\partial\sigma(x,y,s)/\partial s\right| + \lambda x\left|\partial\sigma(x,y,s)/\partial x\right| + \lambda y\left|\partial\sigma(x,y,s)/\partial y\right|
\tag{3-7}
$$

式中 $\sigma(x,y,s)$——构件应力函数，s 轴为构件轴向，x 及 y 轴相互垂直，与 s 轴形成空间直角坐标系；

$\lambda_s,\lambda_x,\lambda_y$——分配给各轴方向应力变化率的权重；

$$\frac{\partial f}{\partial x}=0 \Rightarrow \lambda_s\left|\frac{\partial \sigma}{\partial s \partial x}\right|+\lambda_x\left|\frac{\partial^2 \sigma}{\partial x^2}\right|+\lambda_y\left|\frac{\partial \sigma}{\partial y \partial x}\right|=0$$

$$\left.\frac{\partial f}{\partial y}=0 \Rightarrow \lambda_s\left|\frac{\partial \sigma}{\partial s \partial y}\right|+\lambda_x\left|\frac{\partial^2 \sigma}{\partial x \partial y}\right|+\lambda_y\left|\frac{\partial^2 \sigma}{\partial y^2}\right|=0\right\}$$ （3-8）

$$\frac{\partial f}{\partial s}=0 \Rightarrow \lambda_y\left|\frac{\partial \sigma}{\partial y \partial s}\right|+\lambda_x\left|\frac{\partial \sigma}{\partial x \partial s}\right|+\lambda_s\left|\frac{\partial^2 \sigma}{\partial s^2}\right|=0$$

对于内力均匀性，要求：

$$\left.\begin{array}{l}\min \partial F(s)/\partial s\\ \min \partial A(s)/\partial s\end{array}\right\}$$ （3-9）

于是，有

$$\frac{\partial^2 F(s)}{\partial s^2}\pm \Delta F=0$$ （3-10）

$$\frac{\partial^2 A(s)}{\partial s^2}\pm \Delta A=0$$ （3-11）

式中　$F(s)$——构件内力函数；

　　　$A(s)$——构件横截面面积函数。

只有结构应力均匀，避免应力集中，才能较好地发挥材料的强度，并获得经济效益。另外，结构应力均匀也是优越结构必备的条件之一。

一般情况下，超静定结构要比相应的静定结构内力分布均匀些，而超静定次数高的结构要比超静定次数低的结构内力分布均匀些。

借助于弯矩概念或弯矩图，可帮助我们了解结构的传力路径及各构件的应力均匀性，比较不同桥式的工作原理，深入了解和掌握各种桥式的发展演变及相互联系，从而探求尽可能减小结构中弯矩大小及弯曲应力大小的各种途径，寻求满足功能要求，适应桥址地形、地貌、地质及水文等条件的合理桥式。例子如图 3.7 所示。

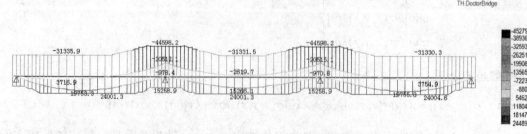

图 3.7　三跨连续梁竖向弯矩包络图（运营阶段荷载基本组合）与弯矩抗力曲线

准则【3.6】与准则【3.7】是从力学角度衡量桥式优劣的重要优化准则。

然而，早在 20 世纪 40 年代，就曾提出以下几条优化准则：

（1）同步极限准则　最优设计的构件在受力后各部分应同时达到极限状态。

（2）满应力设计准则　最优设计的结构，其每一构件应在至少一种工况下达到它的容许应力限值。

（3）最轻设计准则　一般的满应力设计可能相当接近于，甚至就等于最轻设计。最轻设计必须满足的条件是：当任何一个自由设计变量作单位变化时，结构的刚度收益和重力支出的比值应彼此相等，即都等于某一常数。也可以说，在最轻结构中，自由设计变量都被调整到具有相等的优化效率。这意味着对结构刚度贡献大的设计变量，应该多负点重力。即

$$\sum_j \left[-\lambda_j \frac{\partial G_j}{\partial x_i} \right] / \frac{\partial W}{\partial x_i} = 1 \qquad (3\text{-}12)$$

式中，λ_j 是对应于第 i 个有效约束 G_j 的拉格朗日乘子。

笔者认为：体系优化才是第一位的，构件截面优化是第二位的。体系优化远比个别构件优化效益大。

另外，对工程造价（或建筑安装费）追求最省，也是建筑师或结构工程师期望的目标之一。换句话说，建筑师或结构工程师也希望自己的产品/作品有良好的性价比（性能/价格）。

由准则【3.6】与准则【3.7】可推出准则【3.8】、准则【3.9】与准则【3.10】，它为寻求最优结构指明了方向。

准则【3.8】　承受轴向拉力或压力的结构，简称为"拉/压结构"可能是合理结构。

对于中心受拉（压）杆件，其应力分布满足下式：

$$\left. \begin{array}{l} \partial \sigma(x,y,s)/\partial s \approx 0 \\ \partial \sigma(x,y,s)/\partial x \approx 0 \\ \partial \sigma(x,y,s)/\partial y \approx 0 \end{array} \right\} \qquad (3\text{-}13)$$

可见，"拉/压结构"应力均匀流畅、传力简捷，材料强度能够得到较好的发挥，因此，"拉/压结构"可能是合理结构。

诸如桁架、拱（壳）、柱（筒）、悬索结构、钢管网架、密索式斜拉桥、整体张拉式结构（由压杆群和拉索系组成的空间结构体系）等均为拉/压结构，而最后者——整体张拉式结构正是人们理性探索的结果。

北京工业大学陆赐麟教授在寻求最佳预应力钢结构形式的研究与探索中曾对理想的预应力钢结构作过预测和描述：

"这种新型结构既不是建立在普通结构的基础上，更不是普通结构中个别杆件的改善，而是重新建立完全区别于普通结构图形的新式结构体系。可以设想，在这种结构体系中具有最多数量的柔性拉杆，这些拉杆由于预应力的作用，既可承受拉力，又可承受压力。基本为轴心受压的构件代替了受弯构件，轴心受压的杆件又都受预应力的作用而在受载前产生内部预拉应力……只有这种新型体系的建立，才能彻底地、大量地节约钢材，充分地利用材料强度。"

笔者不禁为陆赐麟教授敏锐的眼光及无限的畅想所折服。

准则【3.9】 承受轴向拉力的跨越结构可能是大跨优越结构，即索结构可能是大跨优越结构。

目前，用于桥梁的索结构包括悬索桥、斜拉桥及拱桥（吊杆采用柔索者）等。

桥跨结构可以是受拉、受压或受弯。现分别概论其优、缺点：

（1）受弯的桥跨结构不方便施工，应力不够均匀，材料强度不能很好地发挥，传力路径长，现有的受弯材料比强度不高。因此，受弯的桥跨结构不适宜于大跨。

（2）受压的桥跨结构虽应力较均匀，材料强度能较好地发挥，传力路径较短，但存在失稳问题，不方便施工，且受压材料比强度不高，对于大跨桥梁，几何非线性的影响使其所受内力巨增，因而不经济。可见，受压的桥跨结构还算不上较好的结构体系。

（3）受拉的桥跨结构，虽存在振动、疲劳等问题，但其应力均匀，架设方便，材料强度能得到很好地发挥，传力路径较短，受拉的材料比强度高，当考虑几何非线性影响时，其内力大大减小，带来显著的经济效益。因此，索结构适宜于大跨。

大跨桥梁受力较大，迫切需要优化结构。对于大跨桥梁，往往选择索桥，这样一来，以调整索力为手段的优化设计成为主流。众所周知，拉压构件受力均匀，为理想的构件，而受弯或压弯构件，其界面应力不匀，是优化的主要对象。

弯曲能量最小法是以结构弯曲应变能 $\sum \int M^2 ds / EI$（组成结构各部分弯曲应变能之和）作为目标函数，通过合理选择索力，使结构弯曲应变能达到最小。

$$\min \sum \int \frac{M^2}{EI} ds \qquad (3\text{-}14)$$

弯矩最小法是以结构（包括梁、塔、墩或拱）弯矩的平方和 $\sum \int r M^2 ds$ 作为目标函数，通过合理选择索力，使结构各构件弯矩平方和达到最小（即减小弯矩峰值）。

$$\min \sum \int M^2 / ds \qquad (3\text{-}15)$$

结构体在外力作用其相应的位移上所做的功（外功）将以能量的形式蓄积在结构体内，这种能量称为应变能（弹性应变能）。工程结构体系优化是结构研究的主题之一，而索结构优化的理论基础是结构弯曲应变能最小原理。刚性支承连续梁法是索力优化的主要方法之一，但其理论基础如何？笔者提出无穷多跨连续梁力学模型及如下命题：

【命题】 对于无穷多跨、等跨度、等弯曲刚度 EI 之连续梁，在满布均匀荷载作用下，只有当其所有支承刚度为无限大，即刚性支承时，该连续梁的弯曲应变能最小，对应的所有支承力为最佳支承力，该连续梁处于最优状态。

该命题非常重要，是索结构，甚至是索桥优化的重要定理。

命题的证明：

（1）杆系结构的应变能

结构在作用下，其各构件内部会产生一定的应变，从而在其内部积聚一定的应变能。

杆系结构的应变能

$$W = \sum \int M^2 \mathrm{d}s / 2EI + \sum \int N^2 \mathrm{d}s / 2EA + \sum \int kQ^2 \mathrm{d}s / 2GA + \sum \int T^2 \mathrm{d}s / 2GJ \qquad (3\text{-}16)$$

式中　　M，N，Q，T——结构构件沿杆轴分布之弯矩、轴力、剪力及扭矩；

　　　　EI，EA，GA，GJ——结构构件沿杆轴之抗弯刚度、拉压刚度、抗剪刚度及抗扭刚度；

　　　　$\mathrm{d}s$——沿杆轴积分；

　　　　k——剪力不均匀系数；

　　　　$\sum$——对结构所有杆件之应变能求和。

　　由于拉压构件应力均匀，应变能稳定，为受力优良构件。对于平面杆系结构，最关心受弯构件的弯矩分布，即如何减小受弯构件的弯曲应变能，成为结构优化设计的焦点。

　　弯曲能量最小法是以结构弯曲应变能 $\sum \int (M^2 / EI) \mathrm{d}s$（组成结构各部分弯曲应变能之和）作为目标函数，通过合理选择索力，使结构弯曲应变能达到最小。

　　即要求

$$\partial W / \partial T_i = 0 \qquad (3\text{-}17)$$

式中　　T_i——第 i 号索索力。

　　弯矩最小法是以结构（包括梁、塔、墩或拱）弯矩的平方和 $U = \sum \int M^2 \mathrm{d}s$ 作为目标函数，通过合理选择索力，使结构各构件弯矩平方和达到最小（即减小弯矩峰值）。

$$\partial U / \partial T_i = 0 \qquad (3\text{-}18)$$

（2）无穷跨刚性支承连续梁

　　等跨度、等弯曲刚度 EI 之刚性支承 n 跨连续梁三弯矩方程[1]为

$$M_{i-1} + 4M_i + M_{i+1} = -6(B_i + A_{i+1}) / L \qquad (3\text{-}19)$$

式中　　M_{i-1}, M_i, M_{i+1}——$i-1$ 号、i 号、$i+1$ 号支座处梁截面弯矩，$i = 1$，2，$\cdots$，$n-1$；

　　　　B_i，A_{i+1}——连续梁三弯矩方程参数，分别是第 i 跨、第 $i+1$ 跨内荷载及跨度的函数；

　　　　L——跨度。

　　当为无穷多跨等跨等 EI 刚性支承连续梁时，在满跨均布荷载 q 作用下，可以认为

$$M_{i-1} = M_i = M_{i+1}（即支点处梁截面弯矩 M_{\bar{z}}） \qquad (3\text{-}20)$$

$$B_i + A_{i+1} = qL^3 / 24 \qquad (3\text{-}21)$$

那么，将式（3-21）及（6）代入式（3-19）得

$$M_{\bar{z}} = qL^2 / 12 \qquad (3\text{-}22)$$

等跨等 EI 之刚性支承连续梁支座沉降三弯矩方程为

$$M_{i-1} + 4M_i + M_{i+1} = -6EI \left(\varDelta_i - 1 - 2\varDelta_i + \varDelta_{i+1} \right) / L^2 \tag{3-23}$$

其中，$\varDelta_{i-1}, \varDelta_i, \varDelta_{i+1}$ 分别为第 $i-1$、i、$i+1$ 号支座竖向沉降位移。

综合考虑跨间荷载及支座沉降，连续梁三弯矩方程为

$$M_{i-1} + 4M_i + M_{i+1} = -6(B_i + A_{i+1}) / L^{-6} EI(\varDelta_{i-1} - 2\varDelta_i + \varDelta_{i+1}) / L^2$$

（3）无穷跨弹性支承连续梁五弯矩方程

$$\beta M_{i-2} + (1-4\beta)M_{i-1} + (4+6\beta)M_i + (1-4\beta)M_{i+1} + \beta M_{i+1}$$
$$= -6(B_i + A_{i+1}) / L - \beta(R_{i-1} - 2R_i + R_{i+1}) \tag{3-24}$$

式中　$\beta = 6EI / KL^3$ \qquad\qquad\qquad\qquad\qquad\qquad\qquad（3-25）

$$\varDelta_i = (M_{i-1} - 2M_i + M_{i+1} + R_{i+1})L / KI \tag{3-26}$$

式中　K——弹性支座刚度；

R_{i-1}, R_i, R_{i+1}——荷载作用下基本结构（多跨简支梁）第 $i-1$、i、$i+1$ 号支座之反力。

可见，当 K 趋于无穷大时，β 趋于零，式（3-24）退化为式（3-19）。

另外，当 $R_{i-1} = R_i = R_{i+1}$ 时，式（3-24）仍然退化为式（3-19），表明当连续梁做刚体移动时，支座移动量对结构弯矩不会产生影响，从而也不会发生弯曲应变能的改变。

（4）无穷跨连续梁的应变能极值状态研究

依据式（3-16）及（3-19），笔者提出连续梁单跨弯曲应变能：

$$W = \int_0^l \frac{M(x)^2 \, \mathrm{d}x}{2EI}$$

其中，连续梁第 i 跨弯矩函数 $M(x) = M_{i-1} + (M_i - M_{i-1})x / L - q(L-x)x / 2$。

积分得

$$WEI = M_{i-1}^2 L / 2 + (M_i - M_{i-1})^2 L / 6 + q^2 L^5 / 240 +$$
$$(M_i - M_{i-1})L / 2 - M_{i-1}qL^3 / 12 - (M_i - M_{i-1})qL^3 / 24 \tag{3-27}$$

当为无穷多跨连续梁时，$M_i = M_{i-1}$[见式（3-20）]，代入式（3-27）得

$$WEI = M_{i-1}^2 L / 2 + q^2 L^5 / 240 - M_{i-1}qL^3 / 12 \tag{3-28}$$

对式（13）求偏导数

$$\partial(WEI) / \partial M_{i-1} = M_{i-1}L - qL^3 / 12$$

令 $\partial(WEI) / \partial M_{i-1} = 0$，则

$$M_{i-1} = qL^2/12 \tag{3-29}$$

式（3-29）表明，满跨均布荷载作用下各支点弯矩为 $qL^2/12$ 时的结构状态为无穷跨连续梁应变能达到极值状态的一个解。

综合分析三弯矩方程及五弯矩方程，对比式（3-22）与（3-29），可见

$$M_{i-1} = M_{支}, \quad R = qL \tag{3-30}$$

可见，对于无穷跨、等跨度、等弯曲刚度 EI 之连续梁，在满布均匀荷载 q 作用下，只有当其所有支承刚度为无限大，即刚性支承（或各支座发生相同的位移）时，该连续梁的弯曲应变能最小，对应的所有支承力为最佳支承力，支点弯矩为 $qL^2/12$，该连续梁处于最优状态。该定理得到证明。

（5）简支梁与连续梁的应变能关系

对于简支梁，$M_i = M_{i-1} = 0$，则其弯曲应变能

$$W_s = q^2L^5/240EI \tag{3-31}$$

对于多跨刚性支承连续梁，由式（3-28）及式（3-29）得

$$W_c = q^2L^5/1\,440EI \tag{3-32}$$

可见 $\qquad\qquad\qquad W_s/W_c = 6 \tag{3-33}$

式（3-33）表明：简支梁的应变能是同等跨度多跨连续梁之一跨的 6 倍。

虽然无穷跨连续梁是没有的、严格承受均布活荷载的结构并不多、等截面连续梁很少见，但许多跨等跨弹性支承连续梁是存在的，如斜拉桥之加劲梁、悬索桥之加劲梁、系杆拱（吊杆采用柔索）之系梁、弹性地基梁等，忽略次要因素，抓住主要因素，其均可近似简化为多跨弹性支承连续梁，从而应用上述定理，进行结构总体优化设计与施工控制。

指定受力状态的索力优化方法的代表是刚性支承连续梁法。这种方法将斜拉桥加劲梁在恒载作用下弯矩呈刚性支承连续梁状态作为优化目标（成桥目标状态），将加劲梁与拉索交点处设以刚性支承进行分析，计算出各支点反力，利用斜拉索索力的竖向分力与刚性支点反力相等的条件确定最优索力。其优点是力学概念明确，计算简单，且成桥索力接近"稳定张拉力"，有利于减少徐变对成桥内力的影响。但是，该方法只顾及了梁的受力状况，而忽略了塔的受力状况，若张拉不当，就会在塔内引起较大的恒载弯矩。

同时，笔者提出的定理也表明，在长期作用下，加劲梁各吊点竖向位移基本相等也是设计师追求结构优化的目标之一。

【斜拉桥合理成桥状态】 指成桥时（混凝土斜拉桥是指混凝土收缩徐变基本完成），主梁和塔的线形符合设计状态，各计算截面弯矩较小、斜拉索受力相对均匀，各斜拉索应力水平大致相同，且斜拉索规格品种数量尽量减少。俗称"塔直、梁平、索匀"。

注：成桥状态各参数的计算，并不考虑车辆荷载的影响。

准则【3.10】 预应力索结构可能是大跨理想结构。

在预应力索结构中，预应力使索系处于张紧与稳固状态，使结构体系具有承载能力及刚度（而不是降低或调整内力）。这种不以增加自重为代价而增强结构刚度及承载能力的特点正是预应力索结构的优越所在。

如双曲悬索结构及笔者提出的全索桥新桥式（见第8章）便属于预应力索结构。

可见，优越结构排序如下：

第一位：受拉结构。

第二位：拉-压结构。

第三位：受压结构。

第四位：受弯结构。

受弯梁之优越排序：连续刚构→连续梁→简支梁→悬臂梁。

值得一提的是：中国香港的汀九斜拉桥[7]是一座预应力索结构（见图3.7），其孔跨布置为三塔四跨连续斜拉桥（127 m+ 448 m+475 m+ 127 m），其特点主要有：

（1）本桥为四索面体系。

（2）为控制中塔的位移，采用中塔两侧各设一对锚索，由中塔塔顶斜拉至边塔靠近主梁处，并提高中塔的高度。

（3）桥塔选用独柱型，传力简捷，而塔身在横向采用钢横梁、钢斜撑和横向拉索进行加宽，以承担主梁。

图3.7　中国香港汀九斜拉桥

准则【3.11】　结构连续公理　合理的结构整体性好（超静定结构尤其如此），构件体形变化平顺，结点处或边界处过渡平滑。

这不仅是美观的要求，更是准则【3.7】——应力均匀的要求，因为构件体形变化平顺，结点处或边界处过渡平滑、结构整体性强是力流平顺的必要条件，同时，也可提高结构的承载能力和刚度，这也是当今桥梁普遍少设铰的原因所在。

准则【3.12】　合理的结构应尽量使其各构件承受均布荷载，如受弯构件承受横向均布（满跨）荷载，而避免集中荷载等。

在桥梁设计中，为减小车辆轮载的集中作用，常于桥面上铺一定厚度的桥面层，以扩散轮载的集中作用，使主要受力构件承受较为均匀的荷载；为扩散支座对梁产生的支承力的集中作用，常于支座处设置横隔梁或横隔板等，同时，这也是"传力转向"的要求。另外，拱桥中采用较密的立柱或吊杆、吊桥中采用较密的吊索、斜拉桥采用较密的斜拉索等，均是使主要受力构件承受较为均匀荷载的典型范例。

这是应力均匀，传力简捷之要求。

上文中提到了力的扩散的概念，其指作用在结构某一部分上的非自身平衡的力系，向结构其他部分传递，直至与外力或约束反力相平衡的过程。

准则【3.13】 韵律感与节奏感准则 合理的结构应有韵律感和节奏感。

自然界或人工建筑物中的许多事物或现象，由于有秩序地变化或有规律地重复出现，往往激起人们的美感，这种美通常称为韵律美。

由准则【3.3】可知，功能决定了结构。因此，结构并非由杂乱的构件拼凑而成，而是按功能要求有机地结合起来，这样形成的巨大的、永久的、固定的、可视的合理结构必然不能令人漠视其在人类生活环境中的精神作用与美学价值，其韵律感和节奏感油然而生。

桥梁作为典型的暴露结构，其韵律美表现为：

- 桥梁孔径的变化；
- 墩高的变化；
- 式样的变化；
- 桥面的弯曲与起伏；
- 斜拉索的辐射；
- 大缆优美的曲线；
- 拱的弯曲……

和谐的韵律（连续韵律、渐变韵律、起伏韵律及交错韵律）与节奏使美丽的桥梁看上去如无声而美妙的音乐（见图3.8）。

图3.8 曲线布置、流畅优美的中国杭州湾大桥

准则【3.13】是衡量桥式美观的重要准则。

有关桥梁轮廓尺寸的协调比例关系见如下准则【3.14】。

准则【3.14】 桥梁轮廓协调准则

（1）梁桥或拱桥相邻跨度的比值（小跨比大跨）宜在 0.4~1.0 内，在接近 0.618 时，桥跨变化会显得平顺、流畅，有韵律感与节奏感。

（2）梁桥墩高与跨度之比宜在 0.25~0.85 内，在接近 0.618 时，桥高与跨度的比例最为和谐。

（3）常见拱桥结构形式如图 3.9 所示。

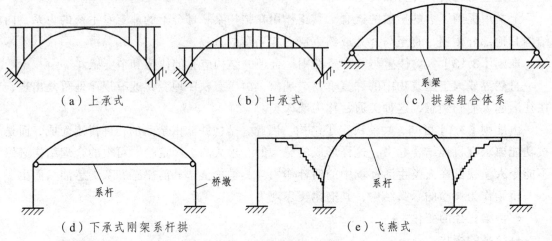

（a）上承式　　　　　　（b）中承式　　　　　（c）拱梁组合体系

（d）下承式刚架系杆拱　　　　　　　　（e）飞燕式

图 3.9　常见拱桥体系形式

钢管混凝土拱桥总体布置：

● 拱肋截面形式如图 3.10 所示。其中：跨度 50~80 m，常采用单管拱截面；80~150 m，常采用哑铃式拱截面；150~300 m，常采用桁架式拱截面；≥300 m，常采用变高度桁架式拱截面。

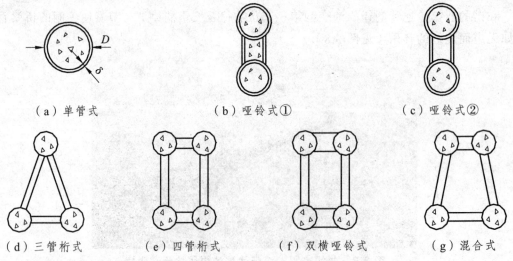

（a）单管式　　　　　（b）哑铃式①　　　　　（c）哑铃式②

（d）三管桁式　　　（e）四管桁式　　　（f）双横哑铃式　　　（g）混合式

图 3.10　钢管混凝土拱肋

● 主拱矢跨比：1/4~1/6（上承式），1/3.5~1/5（中承式），1/4.5~1/5.5（下承式）。

- 拱轴线宜采用抛物线或悬链线。悬链线拱轴系数：1.2～2.8（上承式），1.2～1.9（中承式），1.2～1.5（下承式）。
- 飞燕式钢管混凝土拱桥：边中跨比 0.18～0.3，中跨矢跨比 1/3.5～1/4.5。
- 提篮式拱桥主拱内倾斜角度：5°～10°。
- 上承式钢管混凝土拱桥拱上立柱间距（顺桥向）：$L_0/8 ～ L_0/15$。

中（下）承式钢管混凝土拱桥拱上立柱或吊杆间距（顺桥向）：$L_0/14 ～ L_0/18$。

（4）双塔斜拉桥边跨与中跨之比宜在 0.33～0.5 内（混凝土主梁——0.4～0.45，钢主梁——0.3～0.4，组合梁——0.4～0.5，混合梁——0.3～0.45），索塔高度（自桥面算起与中跨之比宜在 1/4～1/6 内。

单塔斜拉桥边跨与中跨之比宜在 0.5～1.0 内（混合梁时取低值），索塔高度（自桥面算起与大跨之比）宜在 1/2.7～1/3.7 内。

双塔斜拉桥主梁梁高与中跨跨度之比：1/100～1/220（混凝土主梁），1/125～1/200（组合梁），1/180～1/330（钢主梁）。

斜拉索在主梁上的间距：8～16 m（钢梁或组合梁），6～12 m（混凝土梁）。

主梁宽高比不小于 8。当主梁截面外形为带风嘴或分流板的流线型外形、倾斜边腹板箱梁时，有利于提高桥梁颤振临界风速。

桥宽与中跨之比不小于 1/30。

桥塔（墩）宽（顺桥向）高比不宜小于 4，其横截面宽厚比宜取 3，以便提高其驰振临界风速。

注：以上关于斜拉桥总体设计参数取值范围，均未考虑设置边跨辅助墩的有利影响。

（5）悬索桥大缆矢跨比宜在 1/9～1/11 内，边跨与中跨之比宜在 0.25～0.45 内（其下限由考虑塔顶主索鞍两侧缆力的差值不超过 10%而得），主缆中心距与主跨跨径比值宜大于 1/60。

（6）带单悬臂的简支梁，悬臂长与简支跨长之比宜取 0.41 左右。

（7）带双悬臂的简支梁，悬臂长与简支跨长之比宜取 0.35 左右。

（8）带双悬臂的两跨（跨度相同连续梁，其悬臂长与跨度之比宜取 0.33 左右。

（9）三跨连续梁，其边跨长与中跨之比取 0.8 左右时较好。

（10）中间跨为等跨的多跨连续梁，其边跨与中跨跨度的比值宜在 0.65～0.75 内。

注：第 8、9、10 条均只适用于建造过程中未发生体系转换之情形。

准则[3.14]中 6～10 条可由结构力学知识较容易地得到，其条件是：梁的 EI 相同，所受荷载为满布均布荷载，并让支点处负弯矩与跨（中跨）中之正弯矩绝对值相等，对于三跨连续梁，让边跨跨中弯矩与中跨跨中弯矩相等。

准则【3.14】中的 6～8 条对盖梁的分跨及墩柱的布置有参考价值。

准则【3.14】是结构美观、经济、受力合理三者统一协调的典型表现。

准则【3.15】 形式感与量感准则 合理的结构应有形式感和量感。

定义【3.11】　形式感　艺术领域中形式因素本身对于人的精神所产生的某种感染力。如：

（1）水平线条给人的感受是亲切、委婉。

（2）垂直线条给人的感受是庄严、高昂。

（3）斜线具力感、动感和方向感。

（4）波形线条可以产生流动感、跳跃感。

（5）悬挑线条可以产生灵巧感、腾飞感。

（6）水平线条使人联想到平静的水面，一望无际的平原。

（7）垂直线条使人联想到向上生长的树木、挺立苍穹的高山。

（8）半圆曲线会使人联想到挂在空中的彩虹。

（9）两个半圆曲线的组合会使人联想到展翅飞翔的海鸥。

（10）正放的三角形给人以稳定、安全的感觉，而倒放的三角形会使人感到危险与不安；圆形给人以纯情、圆润、光滑、完美的感受，而圆球或椭圆球被认为是完美的物体；矩形给人以理性、中规中矩的感受。

笔者认为，建筑体形美就是指建筑几何存在确定的、可用数学方程来表达的几何关系。正是有规律的几何图形，才激发起人们的美感。例如，可用数学方程表达的几何线、面、体主要有：

（1）正方形、长方形、三角形、正六边形、正八边形、圆、椭圆、双曲线、抛物线。

（2）球面、椭球面、双曲面、抛物面、椭圆锥面、椭圆柱面、双曲柱面、抛物柱面、等距线、渐屈线、渐开线、包络线、三角函数曲线。

（3）箕舌线、笛卡儿叶形线、蔓叶线、环索线、尼哥米德蚌线、帕斯卡蜗线、卡西尼卵形线、心脏线、双纽线、普通旋轮线（摆线），圆外旋轮线（外摆线）、圆内旋轮线（内摆线）、长（短）辐圆外旋轮线（外次摆线）、长（短）辐圆内旋轮线（内次摆线）、阿基米德螺线、对数螺线、双曲螺线、连锁螺线、圆的渐开线、回旋曲线、悬链线、曳物线、玫瑰线、概率曲线、标准正态分布曲线、一般正态分布曲线、阻尼振动曲线。

（4）圆柱螺旋线、圆锥螺旋线、螺旋面。

（5）正方体、长方体、桶形体、圆锥（台）、棱锥（台）、圆柱体、椭球体、球体（台）、正四面体、正八面体、正十二面体、正二十面体等。

桥梁外在的墩、塔、梁、拱、索、大缆、甚至栏杆等均给人产生强烈的感染力。例如，美丽的金门大桥（见图 3.11）——美国人心中的偶像、精神的依托，它给人以强烈的美感。

图 3.11　美丽壮阔的美国金门大桥

准则【3.16】 桥梁特有的美学特征准则

桥梁除了具有其他建筑的美感,如征服/改造大自然之感、成就感、使用价值带来的美感等外,其尚有有别于其他建筑结构的美学特征,如:

- 通达之美。
- 凌空之美。
- 流畅之美。
- 刚柔之美。
- 暴露之美。

(1)桥梁由此岸到达彼岸,使道路通达。其实,这就是其功能美——通达之美。

(2)桥梁为一跨越结构,其腾空飞架的探索让人感受到了凌空之美。桥梁较路基有通透感,对自然的影响较小。

(3)桥梁为一带状结构,长大桥中的竖曲线设置使桥面看上去连续流畅,纤细轻快。

(4)桥梁结构兼顾了刚柔之美:

- 梁、拱之纤细、亲切、委婉。
- 墩、塔之雄壮、庄严、高昂。
- 斜索之力感、动感、方向感。
- 大缆之起伏飘动、流畅、张力感。

(5)桥梁结构的外露性使人们容易由其外观而看到其力的传递,从而获得安全、和谐、力线明确的心理诱惑力,给人以信赖、快慰和满足,这便是造型美、安全美及成就美。

准则【3.17】 桥梁与环境的协调准则 桥梁结构的造型、体量与色彩等应与周围环境,如河流、海洋、湖泊、峡谷、房屋、庙宇、道路、雕塑、园林、农田、旷野或天空等协调。

桥梁造型及体量与周围环境协调的类型有以下几种:

(1)当桥梁规模较大、气势宏伟时,突出桥梁之美。

(2)当桥梁较小或影响其他重要物体之美时,桥梁顺从他物之美。

(3)当桥梁与周围景观相当协调时,选择桥梁与他物争奇斗妍。

如图 3.12 所示的悉尼桁架拱桥与悉尼歌剧院之间的协调。

图 3.12 美丽的澳大利亚悉尼港大桥与悉尼歌剧院

如图 3.13 所示的横卧的延河桥与耸立的宝塔之间的协调。

图 3.13 横卧的延河桥与耸立的宝塔

【环境】 指影响人类生存和发展的各种天然的和经过人工改造的自然因素的总体，包括大气、水、海洋、土地、矿藏、森林、草原、野生生物、自然遗迹、人文遗迹、自然保护区、风景名胜区、城市和乡村等。

在桥梁的前期规划阶段，需要考虑国家的有关法律法规。

与桥梁较为密切的法律有：

《建筑法》《公路法》《铁路法》《城市规划法》《草原法》《防洪法》《节约能源法》《矿产资源法》《煤炭法》《水法》《水土保持法》《土地管理法》《野生动物保护法》《渔业法》《环境保护法》《环境噪声污染防治法》《水污染防治法》《海洋环境保护法》《大气污染防治法》《固体废物污染环境防治法》等。

以上法律中，影响桥梁规划与建筑设计的主要条款有：

• 禁止在河道、湖泊管理范围内，建设妨碍行洪的建筑物、构筑物，倾倒垃圾、渣土，从事影响河势稳定、危害河岸堤防安全和其他妨碍河道行洪的活动。

• 防洪区内，需要建设跨越/穿越/比邻江河、湖泊、水库等水体的桥梁、码头、道路、渡口、管道、缆线、取水、排水等工程设施时，应当符合防洪标准、岸线规划、航运要求和其他技术要求。

其中，防洪区是指洪水泛滥可能淹及的地区，分为洪泛区、蓄滞洪区和防洪保护区。洪泛区是指尚无工程设施保护的洪水泛滥所及的地区；蓄滞洪区是指包括分洪口在内的河堤背水面以外临时储存洪水的低洼地区及湖泊等；防洪保护区是指在防洪标准内受防洪工程设施保护的地区。

• 修建铁路、公路和水工程，应尽量减少破坏植被；废弃的砂、石、土必须运至规定的专门存放地堆放，不得向江河、湖泊、水库和专门存放地以外的沟渠倾倒；在铁路、公路两侧地界以内的山坡地，必须修建护坡或采取其他整治措施；工程竣工后，取土场、开挖面和废弃的砂、石、土存放地的裸露土地，必须植树种草，防止水土流失。

• 经过已有的噪声敏感建筑物集中区域而建设高速公路和城市高架、轻轨道路等，有可能造成环境噪声污染的，应当设置声屏障，或者采取其他有效的控制环境噪声污染的措施。

说起色彩来，其实色彩本无美丑之分，只是当它与物体结合或与其他颜色配合时，才会显出美丑。色彩有三要素：冷暖度、明暗度及浓淡度。各种色彩的冷暖感见表 3-7。色彩对人的情绪的影响见表 3-8。色彩引起人的抽象的联想见表 3-9。

配色除要求桥梁各部分色彩协调外，尚应使其与周围环境，甚至蓝天白云、青山碧水、高楼大厦、农田小舍等协调。雄伟的桥梁常常选取红色作为主色调，其配色一般按表 3-10 选取。

表 3-7 色彩的冷暖

暖　色	红色、橙色、橙黄、黄色
中间色	黄绿、绿色、紫色、红紫
冷　色	蓝绿、绿蓝、蓝色、蓝紫

表 3-8 色彩对人之情绪的影响

	暖　色	亲切、喜悦、活泼、活跃
冷暖度	中间色	平静、平凡、协调
	冷　色	阴沉、悲哀、凄凉、停顿、沉思、宁静
	单　色	衬托其他颜色而取得协调
明暗度	高明度	爽朗、轻快、明朗、轻薄
	中等明度	稳　重
	低明度	忧郁、笨重、沉重
浓淡度	高浓度	华丽、新鲜、进步
	中浓度	稳重、舒畅
	低浓度	朴素、古雅、保守
明暗度和浓淡度	高明度低浓度	柔　和
	低明度高浓度	坚　强

表 3-9 色彩引起人的抽象的联想

红	热情、活泼、强壮、积极、自我中心、自信、危险
橙	温和、喜悦、舒畅、友情、疑惑、妒忌
黄	希望、愉快、明朗、幸福、自信、外向
绿	和平、安全、新鲜、成长、理想、公平、宽容
蓝	冷静、理智、悠久、清澈、深远、神秘、保守
紫	优雅、高贵、庄严、神秘、不安、呆滞
白	洁白、清洁、清澈、神圣、永恒、命运
灰	平凡、失意、谦逊、不安
黑	严肃、神秘、命运、永恒、恐怖、不祥、憎恶

表 3-10　红色的配色

相似色	红橙、橙色、紫红
对比色	黄色、绿黄、黄绿、浅黄绿、绿色、浅蓝色、蓝绿、浅绿蓝、蓝色、浅紫蓝、蓝紫
不协调色	浅橙色、浅黄橙、黄橙、浅橙黄

事实上，红色有着浓郁的中国传统文化。中国红作为中国人的文化图腾和精神依托，其渊源可追溯到古代对太阳虔诚的膜拜。汉代太阳为国家图腾。太阳象征永恒、光明、生机、繁盛、温暖和希望，自然红色也就拥有了太阳的象征意义。例如，红色引申为喜庆、大方、朝气等。因太阳之色为红黑双色，汉代最早的祭祀、婚嫁服饰便称之为玄瑞，直译为黑红之义。

中国红是中国人的魂，尚红习俗的演变，记载着中国人的心路历程，历经世代承启、沉淀、深化和扬弃，传统精髓逐渐嬗变为中国文化的底色，象征着热忱、奋进、团结的民族品格。

中国红吸纳了朝阳最富生命力的元素，采撷了晚霞最绚丽迷人的光芒，蒸腾着熊熊烈火的极温，凝聚着血液最浓稠活跃的成分，糅进了相思豆最细腻的情感，浸染了枫叶最成熟的晚秋意象。

中国红（又称绛色），作为三原色之一，以此为主色调衍生出中国红系列：娇嫩的榴红、深沉的枣红、华贵的朱砂红、朴浊的陶土红、沧桑的铁锈红、鲜亮的樱桃红、明妍的胭脂红、羞涩的绯红和暖暖的橘红。

中国红与青花蓝、琉璃黄、国槐绿、长城灰、水墨黑和玉脂白共七色构成一道缤纷的中国传统色彩风景线。

中国红意味着平安、喜庆、福禄、康寿、尊贵、和谐、团圆、成功、忠诚、勇敢、兴旺、浪漫、性感、热烈、浓郁、委婉，意味着百事顺遂、驱病除灾、逢凶化吉、弃恶扬善等。

正式场合的瑞服中国红氤氲着古色古香的秦汉气息，延续着盛世气派的唐宋遗风，沿袭着灿烂辉煌的魏晋脉络，流转着独领风骚的元明清神韵。其丰富的文化内涵，盘团成一个错综复杂的中国结，如红桥、红楼、红顶、红花、红苹果、红心、红衣服、红屋顶、红颜等，高度概括着龙的传人生生不息的历史。

笔者认为，桥梁形体美是第一位，而色彩美是第二位。

准则【3.17】　景观建筑学在桥梁建筑中的应用。

准则【3.18】　桥式与地形协调准则

桥址地形一般可分为山区、平原及城区三种类型：

（1）山区常以连绵不断的山脉为背景，其体量与桥梁相比可谓相当大，其向上天际轮廓线造型对人的视觉诱导力及动态感很强，此时，宜修建拱桥或吊桥。

（2）平原区地形平坦，通视良好，宜修建梁桥或斜拉桥。

（3）城区青大量的房屋建筑及公共设施，背景轮廓线有疏有密，有高有低，人流拥挤，车流多变，环境较为繁杂，因此，宜修建简洁流畅的梁桥。

鲜艳、醒目、颇具跳动感的中国台湾关渡桥（见图3.14），与周围山区地形相当协调，并成为桥址区域景观中的主角。

图 3.14　中国台湾关渡桥与美丽的阿里山

准则【3.19】　造型与受力的关系准则

笔者认为，当跨度不大时，由于桥梁受力不大，其造型发挥的余地就大，能够很好地供人观赏；而当跨度较大时，由于桥梁受力较大，其造型当以结构受力合理为重心进行选择，而这种造型并不是不美，这是技术与艺术的统一。换句话来说，力学是选型的依据，几何形态是自然科学规律的艺术表现。

准则【3.20】　可靠性准则

合理的结构应使结构在设计寿命期内安全可靠，即结构的强度、刚度、稳定性及耐久性均应满足要求。

结构的设计寿命期是指在正常设计、正常施工、正常使用和正常养护及维修的条件下所规定的结构使用时间。

众所周知，在外荷载和其他因素作用下，结构的每一构件均会受到不同水平和不同种类应力的作用，把这种应力与根据材料试验所得出的材料强度进行比较，使前者乘以一定的安全系数仍小于后者，这就是强度设计，其实质是把荷载因素与材料强度因素进行比较。

而稳定问题与强度问题不同，所谓结构或构件失稳是指荷载因素在构件中所产生的内力并不很大，但在与荷载正交的某个方向却会因偶然的扰动、偏心加载、构件缺陷等原因产生很大的位移，使结构或构件失去正常工作的能力，这就叫结构或构件失稳。其实质是研究与荷载正交方向的位移问题。

现代轻质高强建筑材料（如碳纤维复合塑料索及高强混凝土等）的出现及桥梁向超大跨方向的发展，必然使结构强度与刚度之间的矛盾日益突出。在不增大构件横截面面积的前提下，又要保证结构的刚度和稳定性的唯一办法便是寻求更为优越的结构体系，如前所述，以受拉为主的索桥系成为当前桥梁研究的热点。

结构的可靠性设计是基于极限状态的分析：

$$\left.\begin{array}{l} Z = R - S > 0 \quad 结构处于可靠状态 \\ Z = R - S = 0 \quad 结构处于极限状态 \\ Z = R - S < 0 \quad 结构处于失效状态 \end{array}\right\} \tag{3-34}$$

式中　Z——结构的功能状态，称为功能函数；

　　　R——构件抗力；

　　　S——荷载作用下结构或构件截面上的综合效应。

• 桥梁结构承载能力极限状态有：

（1）整个结构或结构的一部分作为刚体失去平衡，如倾覆或滑移等。

（2）结构构件或连接处因受力超过材料强度而破坏（包括疲劳破坏），或因过度变形而不适于继续承载。

（3）结构转变为机动体系。

（4）结构或构件丧失稳定性，如压屈等。

• 桥梁结构正常使用极限状态有：

（1）影响正常使用或外观的变形。

（2）影响正常使用或耐久性能的局部破坏（包括裂缝）。

（3）影响正常使用的振动。

（4）影响正常使用的其他特定状态。

• 桥梁结构破坏—安全极限状态有：

（1）局部破坏结构转变为机动体系。

（2）局部破坏结构的关键部位因受力超过材料强度而破坏。

（3）局部破坏结构的构件丧失维持弹塑性平衡的稳定性或作为刚体失稳。

（4）局部破坏结构的一部分或整体丧失维持刚体平衡的稳定性。

表 3-11　公路桥梁设计状况、极限状态及作用组合关系一览

序号	设计状况	承载能力极限状态/作用组合		正常使用极限状态/作用组合	
1	持久状况	√	基本组合	√	频遇组合或准永久组合
2	短暂状况	√	基本组合		根据需要
3	偶然状况	√	偶然组合		—
4	地震状况	√	地震组合		—

一般来说，超静定结构要比相应的静定结构刚度大些、内力均匀些，而且，超静定结

构在多余联系被破坏后，仍能维持结构的几何不变性。但并非超静定次数越高越好，例如适当设计构件间之刚度比，设铰、伸缩缝、甚至分离的超静定结构，有时会起到受力均匀、温度应力不大、收缩徐变产生的次内力小等效果。

至于耐久性问题，常常被人们忽略。然而，世界范围内的大量桥梁需检测、评定、加固或维修这一事实，提醒人们对耐久性须重视。

钢筋混凝土结构构件的耐久性可根据混凝土的炭化速度和钢筋的锈蚀速度进行评估。在正常使用条件下，当混凝土保护层的炭化深度已达钢筋的表面，钢筋全面自然锈蚀，锈蚀面积占到总面积的50%以上，且采用一般维修措施或局部处理也不能恢复其原有性能时，认为结构构件达到耐久性极限状态。

钢结构构件的耐久性可根据钢材的锈蚀程度进行评估。在正常使用条件下，当受力钢筋保护膜全面破坏，钢材自然腐蚀截面超过10%，且采用一般维修措施及局部处理也不能恢复其原有的性能时，认为钢结构构件达到耐久性极限状态。

依笔者之见，做好以下几点是提高耐久性所必需的：

（1）采用较高强度等级的混凝土（密实性好）或高性能混凝土。

（2）做好暴露于大气中的钢构件的防腐问题或采用耐候钢。

（3）适当加大混凝土保护层厚度，加强混凝土施工接缝的连接强度。

（4）保证后张有粘结筋的压浆质量。

（5）不言自明，优良的施工质量是保证结构耐久性的关键。

考虑了环境因素和预期的维护水平后，结构的设计应使结构在其设计工作年限内的劣化不影响对结构期望的功能。为此，需考虑如下因素：

（1）预期或可预见的适用目的。

（2）要求的设计准则。

（3）预期的环境条件。

（4）材料和制品的组成、特性和性能。

（5）结构体系的选择。

（6）构件形状和结构细部构造。

（7）制作质量和控制水平。

（8）特别的保护措施。

（9）设计工作寿命期内要进行的维护。

耐久性设计内容：

（1）结构总体选型与布置（概念设计）。

（2）基于耐久性的材料选取（材料设计）。

（3）基于耐久性的结构构造（结构设计）。

（4）严酷环境下的附加措施（防腐设计）。

（5）基于耐久性的施工质量要求（施工控制）。

（6）使用阶段的维护与检测（运营控制）。

混凝土结构的耐久性设计一般应包括：

（1）确定结构的设计使用年限、环境类别及其作用等级。

（2）概念设计——有利于减轻环境因素对结构的作用、结构选型、布置和构造。

（3）混凝土材料和钢筋的选用——按结构耐久性需要对材料提出质量要求。

（4）根据耐久性要求确定混凝土保护层厚度。

（5）防水、排水等构造措施。

（6）混凝土裂缝控制要求。

（7）严重环境作用下需要采取的多重防护措施与防腐蚀附加措施。

（8）基于耐久性的施工工艺与质量验收要求。

（9）结构使用阶段的维护与检测要求。

结构（或构件）的耐久性是指构成结构（或构件）的材料在使用过程中，抵抗来自自身和环境的长期破坏作用，而维持其原有性能，并可正常使用的能力。土木工程结构的耐久性与所遭受的破坏因素间的关系见表 3-12。

表 3-12 土木工程结构的耐久性与所遭受的破坏因素间的关系一览表

影响耐久性的分项名称	破坏因素分类	破坏因素	评定指标
钢筋锈蚀	物理/化学	水、氧气、氯离子、电流	电位锈蚀率
碱集料反应	物理/化学	氧化钙、水、活性集料	膨胀率
碳化	化学	二氧化碳、水	碳化深度
抗渗性	物理	压力水、静水	渗透系数、抗渗等级
抗冻性	物理/化学	水、冻融作用	耐久性系数、抗冻等级
冲磨气蚀	物理	流水、泥砂	磨蚀率
化学侵蚀	化学	酸、碱、盐	*
老化	化学	阳光、空气、水、温度交替	*
耐热	物理/化学	冷热交替、晶型转变	*
耐火	物理	高温、火焰	*
腐朽	生物	水、氧气、菌	*
虫蛀	生物	昆虫	*

注：（1）*——可参考构件强度变化率或开裂、变形、破坏等情况进行评定。
（2）事实上，对于任何一件物品，都要求其"安全（绝对）、适用（可妥协）、经济与美观（主观）"。

表 3-13　大桥钢结构防腐涂装体系案例

结构部位	涂料（涂层名称）	涂装道数	干膜总厚度 /μm
箱型构件封闭内表面	喷砂 $S_a = 2.5$，$R_z = 40 \sim 80$ μm		
	醇溶性无机硅酸锌车间底漆	1	25
箱型构件未封闭内表面	喷砂 $S_a = 2.5$，$R_z = 40 \sim 80$ μm		
	环氧富锌底漆	1	80
	环氧厚浆漆	1	150
	环氧面漆	1	50
构件外表面	喷砂 $S_a = 2.5$，$R_z = 40 \sim 80$ μm		
	环氧富锌底漆	1	75
	环氧云铁中间漆	1	125
	丙烯酸脂肪族聚氨酯面漆或 丙烯酸聚硅氧烷面漆	2	80
普通螺栓、螺帽、 垫圈、螺钉	热浸锌	1	600 g/m^2
高强螺栓副	与其连接处构造外表面相同，在施工完成 后统一涂装		
高强螺栓栓接面	喷砂 $S_a = 3.0$，$R_z = 40 \sim 80$ μm		
	HES-2 无机硅酸锌防滑防锈漆	1	80 ~ 160 （空气喷涂）

如果说前面的各条准则是从力学角度及美学角度等探讨结构构思的话，那么，本准则【3.20】则是验证构思是否成立。正如本章前言所述，由于桥梁建筑设计与结构计算联系紧密，因此，在桥梁的实际设计过程中，方案构思与结构计算应交叉进行，相互协作。而对于新的桥式，有的甚至需做模型试验进行研究论证。

3.5　桥跨主要承重构件的工作效率

针对单个构件，衡量其优劣的指标便是工作效率。这里，分别研究了受弯构件、主缆、斜拉索及拱的工作效率指标，提出提高其工作效率的途径或措施。

（1）衡量受弯截面形状优劣的重要参数是截面效率指标ρ，其为截面核域大小与截面高度的比值，即

$$\rho = k/h \tag{3-35}$$

【截面核域】　结构截面中的特殊区域，其边界由具有以下特殊性质的点组成：当集中压力荷载作用在该点上时，总能使该截面某一点（边）的压应力（正应力）为零。

表 3-14 给出了一些截面形式的效率指标。

表 3-14　受弯截面效率指标

截面形状	ρ值	核域形状
圆	0.25	圆
矩 形	0.33	菱 形
空 心 板	0.44 ~ 0.55	—
T 形	0.4 ~ 0.45	—
带马蹄的 T 形	0.45 ~ 0.55	—
I 形、箱形	0.50 ~ 0.60	—

截面 ρ 值越大，就越经济。一般希望截面 ρ 值为 0.45 ~ 0.5。

（2）受拉的主缆是悬索桥的主要承重构件，其效率系数定义为

$$\eta = ([\sigma] - \sigma_0)/[\sigma] \qquad (3\text{-}36)$$

式中　η——主缆效率系数；

　　　$[\sigma]$——主缆容许应力（kPa）；

　　　σ_0——主缆自重产生的应力（kPa）。

主缆的效率系数反映了主缆能够承受除自重之外的荷载大小的能力。

对于悬索桥，有下式：

$$\eta = 1 - k\gamma l \frac{\sqrt{(1/n)^2 + 16}}{8\sigma_t} \qquad (3\text{-}37)$$

式中　k——安全系数，常取 2.5；

　　　γ——主缆比重（kN/m³）；

　　　l——主跨跨度（m）；

　　　n——矢跨比，$n = f/l$；

　　　σ_t——钢丝极限强度（kPa）。

可见，采用大的矢跨比、较小的安全系数、高的主缆材料极限强度及小的比重等，是提高主缆效率的有效措施。

（3）对于斜拉桥来说，斜拉索的功能主要是对梁提供竖向支撑，其效率可定义为斜拉索竖向分力与总索力的比值（见图 3.15），即

$$\eta = T_V/T \approx \sin\alpha \qquad (3\text{-}38)$$

式中　η——斜拉索效率；

　　　T——斜拉索索力；

T_V——斜拉索索力的竖向分量；

α——斜拉索倾角。

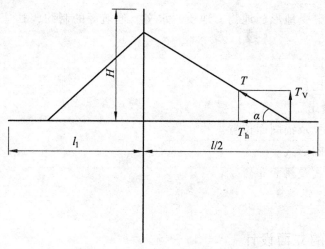

图 3.15　斜拉桥斜拉索的工作效率

可见，采用较高的桥塔、接近扇形的索形布置等，可提高斜拉索的工作效率。

（4）受压的拱圈（肋）是拱桥的主要承重构件，其效率系数可定义为

$$\eta = ([\sigma] - \sigma_0)/[\sigma] \tag{3-39}$$

式中　η——拱圈（肋）效率系数；

　　$[\sigma]$——拱圈（肋）容许应力（kPa）；

　　σ_0——拱圈（肋）自重产生的应力（kPa）。

拱圈（肋）的效率系数反映了拱圈（肋）能够承受除自重之外的荷载大小的能力。

对于拱桥，有下式：

$$\eta = 1 - k\gamma l\sqrt{n^{-2} + 16(b+1)^2}/8\Phi\sigma \tag{3-40}$$

$$n = f/l$$

$$b = 4/3\frac{\sqrt{(m+1)/2} - 1}{\sqrt{(m+1)/2} + 1}$$

式中　m——拱轴系数；

　　f——拱肋矢高；

　　Φ——考虑拱肋面内失稳折减系数；

　　σ——拱肋混凝土极限抗压强度；

　　k——安全系数。

可见，采用高强轻质材料、较小的拱轴系数、较小的安全系数、面内稳定性高的体系（如系杆拱桥）等是提高拱圈（肋）的工作效率的有效途径。

3.6 悬索桥主缆最优总体设计

悬索桥孔跨布置受地形、地物、地质、水文、通航等的制约，其总体方案设计主要包括以下内容：

（1）悬吊跨的选取。

（2）主跨矢跨比。

（3）边跨/中跨比。

（4）散索鞍位置及锚固面位置。

（5）桥塔及基础形式。

（6）加劲梁形式及桥面布置。

（7）吊杆布置。

3.6.1 主缆的立面设计

主缆的立面设计是最关键的设计项目之一，如图 3.16 所示。

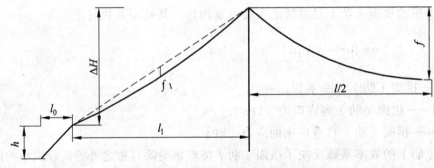

图 3.16 悬索桥主缆的立面布置

按照笔者提出的桥式最优设计理论，主缆设计应遵循如下三条准则，方可达到卓越：

- 索力均匀准则。
- 散索稳定准则。
- 高效率准则。

主缆索力均匀包括跨内索力均匀及桥塔处索力均匀等。

主跨内索力均匀，就是要求桥塔处的索力与跨中索力的差值限制在一定的范围内，一般要求差值不大于 10%。

主跨悬索方程：

$$y = 4fx^2/l^2 \tag{3-41}$$

$$y' = 8fx/l^2 \tag{3-42}$$

$$\tan\alpha = y'|_{x=l/2} = 4f/l \tag{3-43}$$

$$T/H = H/\cos\alpha/H$$

$$= \sqrt{1 + (\tan\alpha)^2}$$

$$= \sqrt{1 + (4f/l)^2}$$

$$T/H \leqslant 1.1$$

$$\sqrt{1 + (4f/l)^2} \leqslant 1.1$$

$$f/l \leqslant 1/8.7 \tag{3-44}$$

式（3-44）给出了矢跨比的最大值。

桥塔处索力均匀，就是要求桥塔两侧主缆索力差值不超过一定的范围，最好是相等的。

边跨悬索方程：

$$y = 4f_1 x(x - l_1) \ /l_1^2 + \Delta Hx/l_1 \tag{3-45}$$

$$y' = 8f_1 x/l_1^2 + (\Delta H - 4f_1)/l_1$$

$$\tan\xi = y'\big|_{x=0} = \Delta H/l_1 - 4f_1/l_1$$

$$\tan\alpha_1 = y'\big|_{x=l_1} = 8f_1/l_1 + (\Delta H - 4f_1)/l_1 = (\Delta H + 4f_1)/l_1$$

$$\Delta H = f + \Delta H'$$

$$\Delta H' = 0$$

$$4f/l = (f + 4f_1)/l_1$$

$$l_1/l = 0.25 + f_1/f \tag{3-46}$$

式（3-46）是保证桥塔两侧主缆索力相等的条件式。由此亦可看出，边跨与中跨之比不宜小于 0.25。

当边跨与主跨所受荷载集度相等时

$$H = ql_1^2/8f_1 = ql^2/8f$$

$$f_1/f = l_1^2/l^2$$

$$l_1^2/l^2 - l_1/l + 0.25 = 0$$

$$l_1/l = 0.5 \tag{3-47}$$

可见，边跨与中跨之比取 0.5 时，可保证桥塔两侧主缆索力相等。

目前，大概是由于受传统简易吊桥（主缆采用单根钢丝绳）设计的影响，往往忽略现代吊桥主缆散索过程中的稳定性要求，盲目、随意地设定散索鞍发散点）位置及锚固面（锚固点）位置，给结构及施工带来不安全因素。针对此现状，文献[11]给出了以下稳定判定准则（形式略有变化）：

为保证主缆在散索过程中索股处于完全稳定状态，一般须满足下式：

$$\delta > \xi + \beta / 0.46 \tag{3-48}$$

$$\delta > \xi + \theta \tag{3-49}$$

式中　δ——主缆发散中心线的倾角；

　　　ξ——主缆进入散索鞍处的倾角；

　　　β——发散主缆的横向扩散角；

　　　θ——发散主缆的竖向扩散角。

这里，笔者欲结合主缆线形，给出散索稳定的另一种表达式。

由式（3-48）得

$$\tan\delta > \tan(\xi + \beta / 0.46) \approx \tan\xi + \tan(\beta / 0.46)$$

$$h/l_0 > \Delta H / l_1 - 4f_1 / l_1 + d / l_0$$

$$h/l_0 > f / l_1 + \Delta H' / l_1 - 4f_1 / l_1 + d / l_0$$

$$(h-d)/l_0 - \Delta H' / l_1 > f / l_1 - 4f_1 / l_1 \tag{3-50}$$

令　　　　　$\mu = f / l$

　　　　　$\mu_1 = f_1 / l_1$

　　　　　$m = l_1 / l$

　　　　　$n_0 = (h-d)/l_0$

　　　　　$n = \Delta H' / l_1$

式中　h——主缆发散长度（发散点至锚固点）的垂直距离；

　　　d——主缆水平扩散宽度；

　　　$\Delta H'$——中跨跨中主缆中心至主缆发散点的垂直距离。

那么

$$n_0 - n > \mu / m - 4\mu_1 \tag{3-51}$$

式（3-51）便是满足主缆散索过程完全稳定的条件式。

可见，对于悬索桥来说，主缆线形确与主缆的受力、稳定、工作效率（见 3.3 节）

等息息相关：由索力均匀性得出了最大矢跨比、最小边跨与中跨比、理想的边跨与中跨比；由散索稳定性得出了包括主跨矢跨比、边跨矢跨比、边跨／中跨比、散索几何参数、散索鞍垂跨比等在内的几何关系式；由主缆工作效率系数可得出提高主缆效率的有效措施。

3.6.2　悬索桥的最优跨度

在悬索桥桥跨体系中，主缆是主要承重构件。研究主缆的承载机理是寻求最优跨度的重要途径（暂不考虑下部结构）。

3.6.2.1　主缆设计表达式

主缆承担的最大拉力 $H_{\max} = 0.125(A_a Y_a + q_{梁} + q_{二期恒} + q_{活}) | (16 + h^{-2})^{1/2}$　　　（3-52）

令　　　　　　　　　$H_{\max} = A_a \sigma_a$　　　　　　　　　　　　　　　　　　（3-53）

则　　　　　　　$A_a = (q_{梁} + q_{二期恒} + q_{活}) / [8\sigma_a / (16 + n^{-2})^{1/2} - \gamma_a]$　　　（3-54）

或　　　　　　$l = 2\pi\sigma_a / [(q_{梁} + q_{二期恒} + q_{活}) / D^2 + \pi\gamma_a / 4](16 + n^{-2})^{1/2}$　　（3-55）

式中　　l——悬索跨径（m）；

　　　　f——大缆矢度（m）；

　　　　矢跨比 $n = f/l$；

　　　　A_a——主缆面积，$A_a = \pi D^2 / 4$，当主缆为 m 根直径为 d 的缆组成时，则有 $\pi D^2 / 4 = m\pi d^2 / 4$，

　　　　　　　　因此，$d = D / m^{1/2}$；

　　　　车道荷载集度（按车道宽 3 m 计）：

　　　　则 $q_{道} = 10.5 \text{ kN/m}$

$$q_{活} = Bq_{道} / 3$$

式中　　σ_a——主缆的容许应力；

　　　　γ_a——大缆的比重（kN/m³）。

3.6.2.2　跨度与主缆直径的关系研究

$$\mathrm{d}l / \mathrm{d}D = 4\pi\gamma_a (q_{梁} + q_{二期恒})\sigma_a / (q_{梁} + q_{二期恒} + q_{活} + \pi D^2 \gamma_a / 4)^2 (16 + n^{-2})^{1/2} \quad （3\text{-}56）$$

$$\mathrm{d}^2 l / \mathrm{d}D^2 = 4\pi\gamma_a \sigma_a (q_{梁} + q_{二期恒} + q_{活}(q_{梁} + q_{二期恒} + q_{活} - 3D^2 \gamma_a / 4) /$$
$$(q_{梁} + q_{二期恒} + q_{活} + \pi D^2 \gamma_a / 4)^2 (16 + n^{-2})^{1/2} \quad （3\text{-}57）$$

令 $\mathrm{d}^2 l / \mathrm{d} D^2 = 0$，得

$$D_{最优} = [4(q_梁 + q_{二期恒} + q_活)/3\gamma_a]^{1/2} \tag{3-58}$$

将式（3-58）代入式（3-55），得

$$l_{最优} = 4.09\sigma_a / \gamma_a (16 + n^{-2})^{1/2} \tag{3-59}$$

式（3-59）便是笔者发现的悬索桥最优跨度计算式。

注：这里的最优点实际为拐点。

3.6.2.3　最优跨度的评价

由式（3-59）可以得到如下结论：

（1）悬索桥最优跨度只与主缆材料比强度及主缆矢跨比有关，与其他参数无关。

（2）悬索桥最优跨度与主缆材料容许抗拉强度成正比，与主缆比重成反比。

（3）悬索桥最优跨度随矢跨比的增大而增大，随矢跨比的减小而减小。

（4）用数字例子做分析：取预应力钢材 $\sigma_a = 1\,860\,000 \text{ kPa}/2 = 930\,000 \text{ kPa}$，$\gamma_a = 78.5 \text{ kN/m}^3$，$n = 1/8$，则求得 $L_{极值} = 5\,417 \text{ m}$（见图 3.17）；取 $q_梁 + q_{二期恒} + q_活 = 123 + 46 + 6 \times 10.5 \times 0.93 = 201 \text{ kN/m}$，则 $D_{极值} = 1.85 \text{ m}$（此时，主缆自重集度为 211 kN/m），若采用两根主缆，则每根主缆直径为 $1.85/2^{1/2} = 1.31 \text{ m}$。

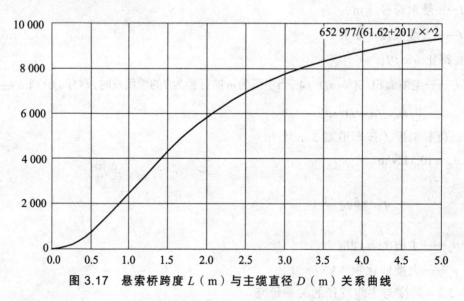

图 3.17　悬索桥跨度 L（m）与主缆直径 D（m）关系曲线

相应地，由式（3-59）绘出悬索桥最优跨度与矢跨比关系曲线，见图 3.18。

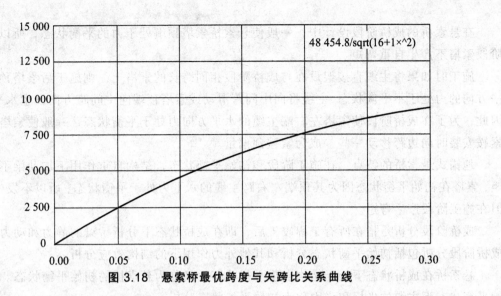

图 3.18 悬索桥最优跨度与矢跨比关系曲线

取 CFRP 索 $\sigma_a = 2\,600\,000$ kPa/2 $= 1\,300\,000$ kPa，$\gamma_a = 19$ kN/m³，$n = 1/10$，则求得 $L_{极值} = 25\,983$ m。

（5）可见，在目前钢材作为主缆的前提下，不考虑下部结构成本影响的话，悬索桥的最优跨度为 5 417 m。这为研究超大跨桥式指明了目标与对象。

（6）悬索桥主缆工作效率[2]：

$$\eta = 1 - \gamma_a l (16 + n^{-2})^{1/2} / 8\sigma_a \qquad (3\text{-}60)$$

求算采用最优跨度时主缆的工作效率得

$$\eta = 49\% \qquad (3\text{-}61)$$

可见，选择最优跨度时，主缆的工作效率为一定值 49%。

若取主缆的工作效率为 75%，则相应的主缆跨度 $= L_{极值} \times 51\%$。 $\qquad (3\text{-}62)$

令 $\eta = 0$，通过式（3-60），可得悬索桥跨度的强度极限表达式

$$L_{极限} = 8\sigma_a \gamma_a (16 + n^{-2})^{1/2} \qquad (3\text{-}63)$$

对比式（3-59）与（3-63），得

$$L_{极值} / L_{极限} = 0.51 \qquad (3\text{-}64)$$

施工悬索桥加劲梁的方法有刚接法（边吊装梁段边刚接加劲梁）及铰接法（在吊装各梁段过程中不刚接各梁段，而在施工完所有加劲梁段后，才将加劲梁全长范围内各梁段刚接起来）。

铰接法的特点为加劲梁只是作为荷载作用于吊杆上，在施工阶段加劲梁不产生内力。所以采用铰接法施工的悬索桥，在施工阶段分析中可以不建立加劲梁模型，而直接将加劲梁作为荷载施加在吊杆上。

在悬索桥的成桥阶段设计中，一般使悬索桥索塔顶端处于力的平衡状态，所以，成桥阶段索塔不产生自重弯矩。

施工时如果将主缆直接架设在与成桥阶段相同跨长的索塔上，则施工后索塔顶端在水平方向的力处于不平衡状态，主缆将向中间跨滑动或索塔顶端向中间跨方向发生水平位移。因此，为了在成桥阶段使索塔左右端主缆的水平方向力处于平衡状态，一般使索塔顶端的索鞍安装时向边跨移动一些，成为索鞍预偏量。

地锚式悬索桥的特点：在施工阶段和初始平衡状态，结构自重作用下加劲梁不发生弯矩，索塔在初始平衡状态因为其顶端左右跨主缆的水平力处于平衡状态，所以不发生弯矩，但在施工阶段产生弯矩。

成桥阶段分析是指在所有工程竣工后，即在成桥状态下分析桥梁的静力和动力反应。成桥阶段分析包括初始平衡状态分析和其他外力作用下的结构效应分析。

悬索桥在成桥状态下处于结构自重平衡状态，又称为悬索桥的初始平衡状态。计算初始平衡状态下主缆的坐标和张力称为初始平衡状态分析。

成桥状态下，主缆及吊杆施加了足够大的张力，当其他荷载（如车辆荷载、风荷载等）作用时，结构效应显示为线性。所以，可以将初始平衡状态下主缆及吊杆的张力转化为几何刚度，以便对其他荷载作用效应采用线性化分析。将初始平衡状态下构件的内力转换为几何刚度后做线性化分析的方法称为线性化有限位移法。

为了确认施工时的安全性以及施工临时设施的设计，需要对各施工阶段进行分析。因为施工阶段结构的位移很大，结构表现出很明显的非线性反应，所以要对各施工阶段使用大位移理论（几何非线性理论），建立针对变形后的平衡方程组。悬索桥的施工阶段分析是从成桥阶段采用逆施工顺序进行的。

3.7 斜拉桥轮廓尺寸比例研究

3.7.1 斜拉桥边中跨比

斜拉桥最外侧的索由于其倾角最小，效率就最差。一般应使最外索的效率不低于 40%，那么

$$H/\sqrt{H^2+(l/2)^2} \geqslant 0.4 \tag{3-65}$$

$$H/l \geqslant 0.22 \tag{3-66}$$

当桥塔较高时，最外索效率可达到 50%，这时，有

$$H/\sqrt{H^2+(l/2)^2} = 0.5 \tag{3-67}$$

$$H/l = 0.29 \tag{3-68}$$

若取桥塔两侧水平拉力差值限定在 0~20%，范围内，索形为平行型（竖琴形），荷载

取满跨匀布，那么，很容易得出：

$$\sum T_{H1} / \sum T_H = \sum q l_1 / \left(\sum q l / 2 \right) = l_1 / (l/2) = 100\% \sim 90\%$$

$$l_1 / l = 0.5 \sim 0.45 \tag{3-69}$$

当然，当边跨自重较大时，边跨与中跨比（l_1/l）可取得小一些，这时有

$$l_1 / l = 0.5 \sqrt{q / q_1} \tag{3-70}$$

林元培先生在其著作《斜拉桥》中指出，斜拉桥的跨度比与塔高选取是出于经济上的考虑，而这里，笔者却从受力出发，得出与之相近的结论。如果二者都没有错的话，那么，就可以这样说：已建成的大多数斜拉桥的边跨与中跨之比及塔高与中跨之比的选择，既是经济的，也是受力合理的；从另一方面看，这证明了结构受力合理性与经济性之间的统一。

3.7.2 斜拉桥最优跨度

斜拉桥是一种柔性结构，在受力时呈现明显的非线性效应[1]，包括：

（1）主梁小变形（内力不大）大变位（斜拉索伸长）之几何非线性。

（2）主梁弯矩及挠度的增量与其轴力呈非线性。

（3）桥塔弯矩及挠度的增量与其轴力呈非线性。

（4）给斜拉索施加张力，一部分使斜拉索沿轴向弹性伸长，另一部分则改变索的垂度，张力与垂度间呈非线性。

超大跨度斜拉桥外索垂度效应明显，承载效率低，影响斜拉桥整体刚度，制约了斜拉桥跨度的进一步发展。

3.7.2.1 恩斯特公式

考虑斜拉索的非线性，如图 3.19 所示。

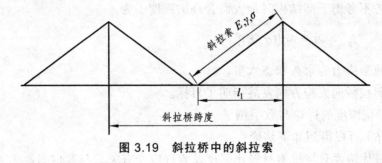

图 3.19 斜拉桥中的斜拉索

由恩斯特公式得出斜拉索的等效弹性模量

$$E_{eq} = E / (1 + \gamma^2 l_1^2 E / 12 \sigma^3) \tag{3-71}$$

式中　E_{eq}——该斜拉索在应力为 σ 时的等效弹性模量；

　　　E——斜拉索弹性模量；

　　　γ——斜拉索单位体积重量；

σ——斜拉索在该工况下的拉应力；

l_1——斜拉索在水平面上的投影长度，笔者称为斜拉索跨度。

3.7.2.2 斜拉索的最优等效弹性模量

设计中，索的选材一定，则 E、γ 确定；设计中，保持 σ 不变。则由式（3-17）可见，E_{eq} 与 l_1 呈现非线性关系。

对式（3-71）求一阶偏导数，得

$$\partial E_{eq} / \partial l_1 = -\gamma^2 l_1 / 6\sigma^3 (1/E + \gamma^2 l_1^2 / 12\sigma^3)^2 \qquad (3-72)$$

可见，随着斜拉索跨度的增大，该斜拉索等效弹性模量在降低。

对式（3-72）求一阶偏导数，得

$$\partial^2 E_{eq} / \partial l_1^2 = -\gamma^2 l_1 (1/E - \gamma^2 l_1^2 / 4\sigma^3)^2 / 6\sigma^3 (1/E + \gamma^2 l_1^2 / 16\sigma^3)^3 \qquad (3-73)$$

令 $\partial^2 E_{eq} / \partial l_1^2 = 0$，求斜拉索等效弹性模量与斜拉索跨度关系变化的拐点，得

$$L_1 = 2\sigma[(\sigma/E)/\gamma]^{1/2} \qquad (3-74)$$

或 $$\sigma = (E\gamma^2 l_1^2 / 4)^{1/3}$$

将式（3-74）代入式（3-71），得

$$E_{eq} = 0.75E \qquad (3-75)$$

表明：斜拉桥设计时，每根斜拉索的等效弹性模量不宜低于其弹性模量的 75%。

3.7.2.3 斜拉桥最优跨度

斜拉桥跨度可近似看做该跨最外侧斜拉索跨度的 2 倍。于是，由式（3-74）可得斜拉桥的最优跨度（不考虑下部结构时最大而合理的跨度）为

$$l_{最优} = 2l_1 = 4\sigma[(\sigma/E)]^{1/2} / \gamma \qquad (3-76)$$

注：取斜拉索应力为永久状态水平。

该公式为斜拉桥向大跨方向发展指明了目标。

3.7.2.4 最优跨度的讨论与数字例子

由式（3-76）可以得到如下结论：

- 斜拉桥最优跨度只与拉索材料比强度及容许应变有关，与其他参数无关。
- 斜拉桥最优跨度与拉索材料比强度及容许应变平方根成正比。
- 由式（3-75）可见，斜拉桥设计时，每根斜拉索的等效弹性模量不宜低于其弹性模量的 75%。
- 用数字例子做分析：取斜拉索[2]预应力钢材 $\sigma = 1.86 \times 10^6$ kPa$/2.5 = 744\,000$ kPa，$\gamma = 78.5$ kN/m^3，$E = 1.95 \times 10^8$ kPa，代入式（3-71），则其函数图像如图 3.20 所示。

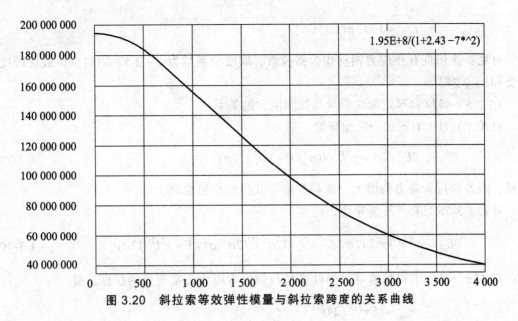

图 3.20　斜拉索等效弹性模量与斜拉索跨度的关系曲线

由式（3-76）求得

$$l_{最优} = 2\,341 \text{ m}$$

● 斜拉桥最优跨度与斜拉索材料应力相关，取斜拉索 $E = 1.95 \times 10^8$ kPa，$\gamma = 78.5$ kN/m³，代入式（3-76），得

$$l_{最优} = 3.65 \times 10^{-6} \sigma^{1.5} \qquad\qquad (3\text{-}77)$$

考察斜拉索应力 $\sigma = 730 \sim 930$ MPa 范围，由式（3-77）绘出斜拉桥最优跨度与斜拉索应力取值关系曲线，见图 3.21。

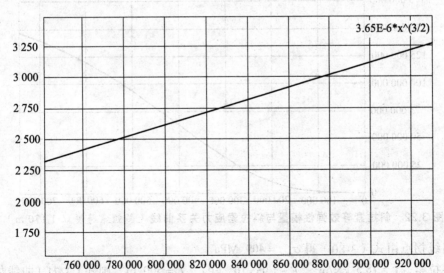

图 3.21　斜拉桥最优跨度与斜拉索容许应力取值关系曲线

当取斜拉索预应力钢材 $\sigma_a = 1.86 \times 10^6$ kPa/2 $= 9.3 \times 10^5$ kPa 时，则

$$l_{最优} = 3\,273 \text{ m}$$

可见：使用现有预应力钢材作为斜拉索，取安全系数为 $2 \sim 2.5$，则斜拉桥最优跨度可达 $2\,341 \sim 3\,273$ m。

3.7.2.5　斜拉索等效弹性模量与拉索应力的关系

对式（3-71）对 σ 求一阶偏导数，得

$$\partial E_{eq} / \partial \sigma = \gamma^2 l_1^2 / 4(\sigma^2 / E + \gamma^2 l_1^2 / 12\sigma)^2 \tag{3-78}$$

可见，随着斜拉索应力的增大，该斜拉索等效弹性模量也增大。

对式（3-78）求一阶偏导数，得

$$\partial E_{eq} / \partial \sigma^2 = -\gamma^2 l_1^2 (2\sigma / E - \gamma^2 l_1^2 / 12\sigma^2)^2 / 2\sigma^3 (\sigma^2 / E + \gamma^2 l_1^2 / 12\sigma)^3 \tag{3-79}$$

令 $\partial^2 E_{eq} / \partial \sigma^2 = 0$，求斜拉索等效弹性模量与斜拉索应力关系变化的拐点，得

$$\sigma_{min} = (E\gamma^2 l_1^2 / 24)^{1/3}$$

笔者建议，无论在何种工况下，斜拉索的拉应力都不能低于式（3-80）给出的值，即

$$\sigma_{min} = (E\gamma^2 l_1^2 / 24)^{1/3} \tag{3-80}$$

将式（3-80）代入式（3-71），得

$$E_{eq} = E / 3 \tag{3-81}$$

取斜拉索[2] $\gamma = 78.5$ kN/m³，$E = 1.95 \times 10^8$ kPa，$l_1 = 1\,170$ m，则式（3-71）曲线如图 3.22 所示。

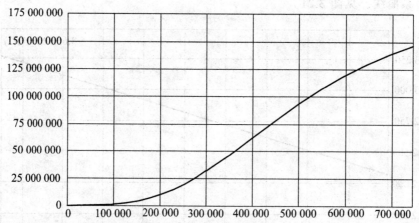

图 3.22　斜拉索等效弹性模量与斜拉索应力关系曲线（斜拉索跨度取 1 170 m）

该曲线拐点由式（3-80）得 $\sigma_{min} = 409$ MPa。

取斜拉索，$\gamma = 78.5$ kN/m³，$E = 1.95 \times 10^8$ kPa，$l_1 = 500$ m，则式（3-71）曲线如图 3.23 所示。

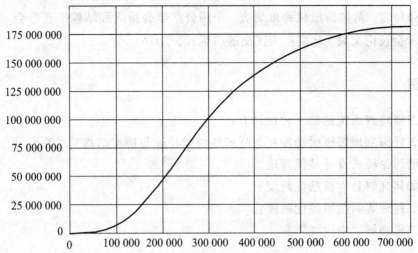

图 3.23 斜拉索等效弹性模量与斜拉索应力关系曲线（斜拉索跨度取 500 m）

该曲线拐点由式（3-80）得 $\sigma_{min} = 232\,MPa$。

参考文献

[1] 张师定. 桥式最优设计理论研究.

[2] 布正伟. 现代建筑的结构构思与设计技巧. 天津：天津科学技术出版社，1986.

[3] 和丕壮. 桥梁形态与周围环境的协调. 桥梁建设，1999（1）.

[4] 和丕壮. 桥梁建筑造型与几何. 桥梁建设，1993（2）.

[5] 陆赐麟. 预应力钢结构学科的新成就及其在我国的工程实践. 土木工程学报，1999，32（3）.

[6] 李廉锟. 结构力学. 2 版. 北京：高等教育出版社，1983.

[7] 华有恒. 试论香港汀九斜拉桥设计构思的特色和探讨. 桥梁建设，1997（3）.

[8] 蔡上国. 预应力先生林同炎. 上海：上海科学技术出版社，1985.

[9] 王光远. 结构软设计理论初探. 哈尔滨：哈尔滨建筑工程学院，1987.

[10] 林长川. 悬索桥主缆设计中若干问题的研讨. 第十一届全国桥梁学术会议论文集，1994.

[11] 张克. 段玉凤. 悬索桥主缆索股在散索过程中的稳定. 第十一届全国桥梁学术会议论文集，1994.

[12] 林元培. 斜拉桥. 北京：人民交通出版社，1994.

[13] 山本宏. 桥梁美学. 姜维龙，盛建国，译. 北京：人民交通出版社，1989.

[14] 张师定. 无穷跨弹性支承连续梁应变能的研究. 百度文库，2012.

[15] 张师定. 悬索桥最优跨度研究及台湾海峡大桥概念设计. 第十届台湾海峡桥隧通道学术研讨会论文集（福州），2014.

[16] 张师定. 斜拉桥最优跨度研究. 中国公路学会桥梁和结构工程分会 全国桥梁学术会议论文集. 北京：人民交通出版社，2016.

思考题

[1] 怎样理解系统论是一种设计方法？
[2] 怎样深刻理解桥梁功能？怎样理解桥梁功能与桥梁结构的关系？
[3] 请讨论桥式设计最优理论。
[4] 如何理解悬索桥最优跨度？
[5] 如何理解斜拉桥最优跨度？
[6] 怎样理解"中国红"？

第4章 桥梁（式）新分类与新评价

4.1 引 言

笔者对桥式之兴趣如同建筑师对建筑造型之兴趣一样，已卅年有余，期间陆续发表了一些相关论文，主要有《超大跨桥式——全索桥》《宁通公路泰州引江河大桥方案设计构思》《桥式最优设计理论研究》等，但对桥梁进行重新分类却是斗胆的事。

桥梁作为一跨越结构，其造型千姿百态，这主要受其跨度、材料、荷载及施工方法四大因素的影响，当然也包括人的意识形态或者说是审美趣向的影响。只是一些杰出的桥梁工程师，他们利用自己对工程结构的深刻理解，大胆、执着、创造性地设计出许多伟大的桥梁（式）来，如林同炎设计的反吊桥、曲线斜拉桥、展翅梁（wing structure）桥及预应力钢桥等。对桥式进行科学的分类、评价，并寻找新的桥式，是桥式最优设计理论在实践中的运用。本章便是在前二者方面努力的结果。

4.2 桥式新分类与受力状态

桥式是指桥的结构体系、横截面形式及特征性构造。而桥梁结构体系常可分为跨越体系和支承体系。支承体系常为压弯状态（锚碇等受拉），而跨越体系受力状态多样，形式丰富，因此，一般来说，跨越体系在桥式中占有重要的地位。于是，桥式分类宜以桥跨体系的受力状态为标准，更确切地讲，应以桥跨体系主要承重构件的受力状态为标准划分桥式类型。

众所周知，结构的受力状态从本质上讲，只有拉和压这两种互为相反的状态，而受弯是拉与压的组合。跨越体系的受力状态可以是受拉、受压或受弯，而单纯受扭或受剪的结构是不能充当跨越结构的。

与桥跨体系受拉、受压或受弯的受力状态相对应的桥式分别为索桥系、拱桥系和梁桥系，这便是基本的3种桥式。事实上，这是一种笼统的分法，若仔细划分，则可按桥跨体系受力状态是拉、压或弯的全组合共计分为15种桥式，见表4-1。对桥式进行分类，将我们从繁杂的桥式中解救出来，使我们清楚地看到各种桥式的本质、变化与联系。

表 4-1 桥式分类

序号	桥式名称	桥跨体系受力状态	附　注
1	梁桥（Beam bridge）	弯	包括简支梁桥、连续梁桥、悬臂梁桥、框架及连续刚构等
2	拱桥（Arch bridge）（上承式、拱轴线接近压力线）	压	拱有无铰拱、双铰拱及三铰拱之分
3	全索桥[4]	拉	
4	刚性梁柔性拱桥	弯压	
5	拱桥（拱轴线距压力线较远）	压弯	
6	密吊杆悬索桥（Suspension bridge）	拉弯	有单跨、双跨、三跨及多跨之分。加劲梁有简支与连续之分。索型有垂帘型及斜拉悬吊混合型、索网等
7	稀吊杆悬索桥	弯拉	较少采用
8	桁架梁桥	拉压	有简支、连续、悬臂之分，桁架有空腹式、单柱式、双柱式、三角形、等边三角形、三角形再分节间、斜压腹肝式，斜拉腹杆式、交叉腹杆式、菱形、K形、多腹杆式
9	中承式有推力拱桥	压拉	
10	密索斜拉桥（Cable-stayed bridge）、反向悬索桥	拉压弯	斜拉桥索形有辐射形、竖琴形及扇形、加劲梁有连续、悬臂、刚构之分
11	稀索斜拉桥、板式（部分）斜拉桥	拉弯压	
12	刚性拱梁性梁桥	压拉弯	
13	刚性梁刚性拱桥、刚架拱桥	压弯拉	
14	梁与桁架组合体系桥（下承式）	弯拉压	
15	梁与桁架组合体系桥（上承式）	弯压拉	

4.3　桥跨体系主要承重构件的横截面形式分类

桥跨主要承重构件分为拱（压）、索（拉）及梁（弯），其横截面形式见表 4-2。

表 4-2　桥跨体系主要承重构件横截面形式

结构	横截面形式
拱（Arch）	拱圈：实体板、空心板、桁架、双曲拱
	拱肋：矩形、箱形、钢-混凝土复合型；桁架、圆形、哑铃形、管束、箱形等
	拱面：单拱面、双垂直拱面、双倾斜拱面及多拱面
索（Cable）	吊（斜拉）索：圆形
	大缆：圆形。其丝股排列方式有：两边平放的正六边形、对角线竖直的正六边形及缺角的正方形或矩形
	索面：单索面、双垂直索面、双倾斜索面及多索面
	索形（顺桥向）：密索形、稀索形、放射形、扇形、竖琴形、网形、垂帘形
梁（Beam）	实体板、空心板（Volded slab）、矩形、I 形、I 形组合梁、T 形（Single T）、双 T 形（Double T）、倒 T 形、翼形（Wing）、混凝土箱形、钢-混凝土复合箱形、流线外型的箱型（Streamlined box girder）、桁架（Truss）、箱形与桁架的组合，钢管网架、索带、三角形式、双边主梁式（Beam-slab）、双三角边箱梁式、槽形（Channel section）梁、流线型薄板（Streamlined slab）、纵横梁（格子梁）

有关预应力混凝土受弯构件横截面形式的选择问题，文献[2]论述得好，这里姑且摘录之：

最简单的形状是所有实心板所具有的以及用于某些小跨梁的实心矩形截面。就模板而言，矩形截面是最经济的。但是其核界距小，因而可利用的内力臂受到限制。靠近重心轴和受拉边的混凝土在抵抗弯矩方面是不起作用的，特别是在极限阶段。因此，矩形截面在混凝土截面的利用上不如 I 形截面有效。于是，预应力混凝土受弯构件所经常采用的截面形式并非矩形，如图 4.1 所示。

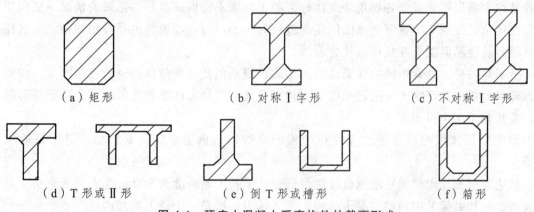

（a）矩形　　　　　　（b）对称 I 字形　　　　　　（c）不对称 I 字形

（d）T 形或 Ⅱ 形　　　　（e）倒 T 形或槽形　　　　（f）箱形

图 4.1　预应力混凝土受弯构件的截面形式

截面形式的适用性将取决于构件特定的要求。例如，I 字形截面将混凝土集中到靠近截面边缘的地方，不但在预应力传递时，而且在工作荷载和极限荷载作用下，该处均能最有效地提供压力。混凝土愈是集中在截面边缘附近，核界距就愈大，而对内部抵抗力偶提供的力臂也就愈大。然而，将混凝土集中在截面边缘附近不能无限制地推行，因为翼缘的宽度和厚度要受实际条件的制约，况且，腹板必须有一最小厚度去承受剪力，避免压溃并能允许施工时正常地浇筑混凝土等。

如果自重弯矩占总弯矩的比例足够大，那么，预应力传递时，翼缘承受超应力的危险性就很小，而且截面下翼缘处的混凝土可较相应地减小：这将产生一个不对称I字形截面；D若缩至最限度，即成为一个T形截面。与用于钢筋混凝土的一样，T形截面常常是最经济的，因为混凝土集中在提供压力最有效的截面上翼缘处。然而，当自重弯矩占总弯矩的比例较小时，它可能是不经济的，因为在预应力传递时，压力中心可能位于下核界点以下，因此在截面上翼缘处可能会产生拉应力，并且在下翼缘处产生大的压应力。

具有较大下翼缘的非对称I字形截面，就像正放的钢轨截面一样，当承受极限弯矩时是不经济的。因为受压翼缘处的混凝土面积相对来说较小。但是，却有大面积的混凝土抵抗初始预加应力。它可经济地适用于某些组合截面，其受拉翼缘是预制的而受压翼缘为就地现浇。这种截面需要很小的自重弯矩就能使压力中心归入核界以内，因此在自重弯矩占总弯矩的比例较小时是合适的。如果继续减小截面上翼缘处的混凝土面积，则此截面就会变为一倒T形截面。

箱形截面具有像I形截面同样的抗弯性能。事实上，它们的截面性质是等同的，只是前者抗扭刚度大。采用哪一种形式将取决于每一结构的实际要求。

总而言之，为了节省钢材和混凝土，最好是把混凝土用在截面受压翼缘附近。当自重弯矩占总弯矩的比例较小时，将更多的混凝土布置在截面受拉翼缘附近可能是需要的；当自重弯矩占总弯矩的比例较大时，在预应力传递时，超应力的危险性不大，受拉翼缘处的混凝土只是要求其适当地容纳下力筋即可。

在选择外形时，简化模板工作必须给予非常重视。对于生产预制构件的工厂，把模型制成能容易地改装以适应不同的跨度和梁高的要求常常是经济的。截面应进一步优化，以便容易在力筋周围和截面各拐角处浇注好混凝土。在不能保证很好的振捣的情况下更应如此。在转角处设倒角（直倒角或圆倒角）或将翼缘的内边做成坡面也是常用的做法。这样做将较容易浇灌混凝土并且拆模较容易等。

至于斜拉桥或悬索桥的加劲梁横截面形式，则不但要考虑截面的竖向抗弯刚度，还要考虑截面的横向抗弯刚度及抗扭刚度等，特别是其空气动力性能的优劣已成为决定性的因素，尤其对于大跨桥而言。

现常采用流线型的带正交异性桥面板的全焊加劲钢箱梁作为斜拉桥或悬索桥的加劲梁。

据笔者所知，中铁大桥勘测设计院最近设计了若干座跨度为 300 m 左右的悬索桥，其最大特点是加劲梁采用钢筋混凝土薄板，笔者认为，这是一个诱人的趋向。

4.4　支承体系分类

支承体系包括桥墩、桥台、基础、索塔、地锚等，其形式见表4-3。

表 4-3 支承体系分类

受力状态	部位	形式
拉	锚碇	重力式、隧道式
	设置抗拉支座的墩台	向下
压弯	桥台（Abutment）	带翼墙：U形、耳墙式、肋板式等
		不带翼墙：T形、埋置式、挖方内桥台等
	桥墩（Pier）	重力式：横截面形式有圆形、圆端形、尖端形、圆角形等 轻型：门形、X形、Y形、V形、薄壁墩（单壁或双壁）、空心高墩、双柱式、多柱式、排架式等
	索塔（Tower）	顺桥向：柱形、A形、Y形、伞形等，有单塔、双塔及多塔之分
		横桥向：双柱形、门形、斜门形、倒V形、倒Y形、菱形、独柱形、框架
	索塔与桥墩的连接	固结、分离与铰接
	基础（Foundation）	明挖基础、桩基础、沉井基础、沉箱基础、管柱桩基础、地下连续墙、搁置式基础、复合型基础

对于基础形式而言，桩基用得非常普遍。桩基础具有如下优点：

• 桩可穿透土层达到很深的深度（目前，世界上最深的桩长达 150 m），有利于合理地利用地质条件，选择合适的持力层。

• 能适应河道较大的冲刷变化。

• 当基础范围内的基岩面高差变化较大时，桩基础较其他基础型式能更好地适应这种变化。

• 桩基础下沉最小，有利于桥跨采用超静定结构，以便产生较小的次内力。

• 桩基础（低承台）抗震、抗滑移效果好。

• 与其他深基础类型相比，桩基础工程量较小，较为经济。

• 在具备相当的施工技术设备时，桩基础施工方便、工期较短。

大跨桥梁也常用沉井等搁置式基础形式或地下连续墙形式。墩台身的施工多采用原位搭设支架、立模现浇施工而成；对于高墩，常采用爬模施工。

4.5 特征性构造分类

桥式还包含了特征性构造。每一桥式的特征性构造各有各的不同，它可以是桥梁结构中任一部分的特殊构造。

特征性构造虽是局部的处理，但它常对改善结构行为起着良好的作用。如文献[6]便是对悬索桥是否设中央扣进行的受力行为分析比较、文献[7]是对宽扁钢箱梁是否设置纵向隔板进行的受力行为分析比较等。

特征性构造可分为普通受力构造、抗风构造、抗震构造等。现归纳典型的特征性构造如表4-4所示。

表 4-4　桥梁常见的特征性构造分类

序　号	特征性构造
1	简支梁桥桥面连续、设抗震串联装置
2	桥梁设横向挡块、横向支座、其他弹性限位装置
3	桥梁设隔震支座、抗震锚栓
4	连续梁（桁架）桥于中间支承处加高梁（桁）高，设 V 形支撑
5	桥跨设置端横梁（桁架）和中横梁（桁架）、纵向及横向联结系
6	连续刚构采用双薄壁墩
7	梁与桁架组合体系中梁与桁架上弦或下弦合二为一
8	拱脚内设竖向或横向预应力筋
9	"飞鸟式"中承式拱桥设通长的预应力水平筋，以平衡拱脚水平推力
10	钢箱梁采用正交异性桥面板
11	宽扁钢箱梁设置纵向隔板
12	斜拉桥边跨设辅助墩
13	斜拉桥边跨端设牛脚搁置过渡孔梁
14	斜拉桥主塔拉索锚固区设置环形预应力筋
15	三跨铰接悬索桥于铰处设特制的抗风过渡梁段
16	悬索桥跨中设中央扣
17	悬索桥锚碇置于引桥桥墩/台下
18	悬索桥在桥塔和加劲梁之间增设斜拉索
19	悬索桥在加劲梁和地基/主桥墩之间设下拉索
20	悬索桥在加劲梁平面内设抗风索

斜拉桥斜拉索与钢梁连接时，该细部构造常常采用钢锚箱形式。典型的钢锚箱见图4.2。

图 4.2　斜拉索与钢梁连接——钢锚箱构造（施工中）

钢锚箱构件组成与功能见表 4-5。

表 4-5   钢锚箱构件组成与功能分解

构件	位　　置	主要功能
索套管	沿斜拉索方向	引导斜拉索
锚垫板	与斜拉索垂直	承担斜拉索拉力,将其传给承压板
承压板	与锚垫板平行,与拉索垂直	把从锚垫板传来的力传给承剪板及腹板等
承剪板	与斜拉索平行,板面与铅锤面垂直,包括上承剪板与下承剪板	传力给箱梁锚腹板、有索横隔板及顶板
加劲板	竖向布置,与承剪板垂直,连接上承剪板与下承剪板之加劲板呈"η"形	加劲上承剪板、下承剪板与承压板

4.6   桥式的经济跨度范围

一种桥式,有其适用的跨度范围;同理,一定的跨度范围,有适合它的桥式可供选择。然而,每种桥式的经济跨度范围是模糊的,并且受诸多因素影响,如材料、荷载、工程条件及施工方法等。荷载对跨度的影响常表现为:荷载越小跨度就越大,如同一桥式,公路桥就比铁路桥经济跨度大些。而材料对跨度的影响常表现为:同一桥式采用比强度高的材料其经济跨度范围就大。现就目前常用桥式给出其粗略的经济跨度范围,见表 4-6。

表 4-6   常用桥式经济跨度范围

序号	桥式	经济跨度范围/m
1	简支梁	5~50
2	连续梁	25~200
3	连续刚构	100~300
4	简支桁架	50~150
5	连续桁架	100~400
6	拱　桥	45~500
7	斜拉桥	100~1 000
8	悬索桥	600~5 000
9	全索桥	2 000~8 000

由于每种桥式都有自己的经济跨度范围，而经济跨度大者，其经济指标往往要高，所以，跨度的推进始终是各种桥式发展的主题。

桥式的经济跨度随着人们的认识水平、科学技术的发展而变化，尤以材料工程为最。例如 CFRP 索，其具有五大优良特点：

（1）比强度很高（抗拉强度 2 400 ~ 3 000 MPa、密度 1.56 g/cm^3）。

（2）比刚度很高（弹性模量 160 000 MPa、密度 1.56 g/cm^3）。

（3）抗腐蚀性能很好。

（4）抗疲劳性能很好。

（5）轴向热膨胀系数很小（纵向为 0.6×10^{-6}/℃）。

这五者同时具备，足可见其性能优越：

（1）较高的比强度能够大大增加所设计结构的跨度。

（2）较高的比模量及较低的轴向热膨胀系数能够增加预拉力值并很好地适应车辆运行。

（3）良好的抗疲劳性及抗腐蚀性使结构具有耐久性且经济。

另外，CFRP 索尚具有各向异性、非磁性、可设计性等特点。

4.7　桥式与施工方法

【工法】以（土木）工程为对象，施工工艺为核心，运用系统工程原理，把先进技术和科学管理结合起来，经过一定的工程实践形成的综合配套的工程建设与养护施工方案。其内容包括施工技术、工艺流程、验收标准、劳动组织、机具设备、质量措施、安全措施、环境保护及节能降耗等。

桥梁常用施工方法体系如图 4.3 所示。

与下部结构的施工方法相比，桥式与上部结构的施工方法联系更为密切。而桥梁上部结构常用施工方法主要有：

（1）预制装配法　包括导梁法、龙门吊法、架桥机法及浮运-吊装法等，简支梁桥多采用此法。

（2）造桥机法　又称移动模架法，跨越江河或深谷的大跨简支梁或中等跨度连续梁桥多采用此法。

（3）支架法　包括满布支架法及移动支架法等，一般情况下旱桥、高架桥或桥高不大、水深很浅的桥梁等多采用此法。

（4）悬臂施工法　包括悬臂拼装法与悬臂浇灌法等，连续梁、连续刚构、斜拉桥多采用此法，如图 4.4、图 4.5 所示。

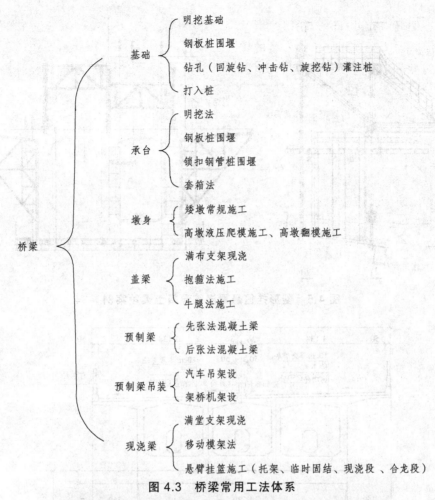

图 4.3 桥梁常用工法体系

基础
- 明挖基础
- 钢板桩围堰
- 钻孔（回旋钻、冲击钻、旋挖钻）灌注桩
- 打入桩

承台
- 明挖法
- 钢板桩围堰
- 锁扣钢管桩围堰
- 套箱法

墩身
- 矮墩常规施工
- 高墩液压爬模施工、高墩翻模施工

盖梁
- 满布支架现浇
- 抱箍法施工
- 牛腿法施工

预制梁
- 先张法混凝土梁
- 后张法混凝土梁

预制梁吊装
- 汽车吊架设
- 架桥机架设

现浇梁
- 满堂支架现浇
- 移动模架法
- 悬臂挂篮施工（托架、临时固结、现浇段、合龙段）

图 4.4 悬臂施工桥梁与塔式起重机

三角形挂篮组成包括：主承重梁及行走小车、立柱、前/后斜拉带、行走轨道、横联、吊带及模板等。连体挂篮还设有顺桥向拉杆。

（5）转体施工法 包括平转与竖转，拱桥多采用此法，连续梁及斜拉桥也有采用此法修建的，如图 4.6、图 4.7 和表 4-7 所示。

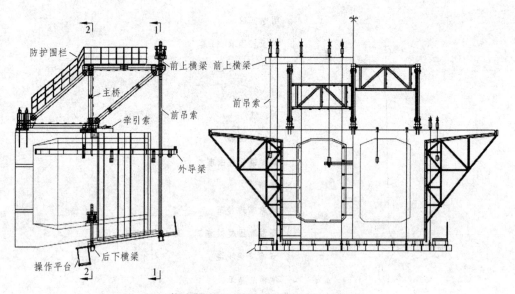

图 4.5 菱形挂篮悬臂浇筑混凝土梁段案例

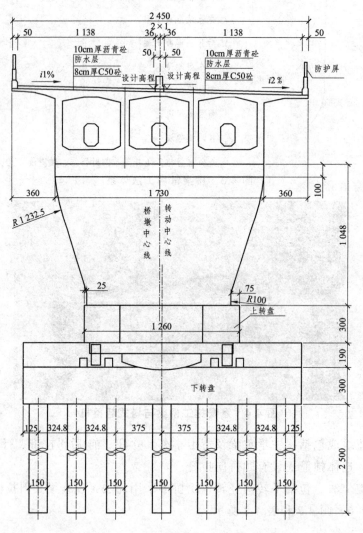

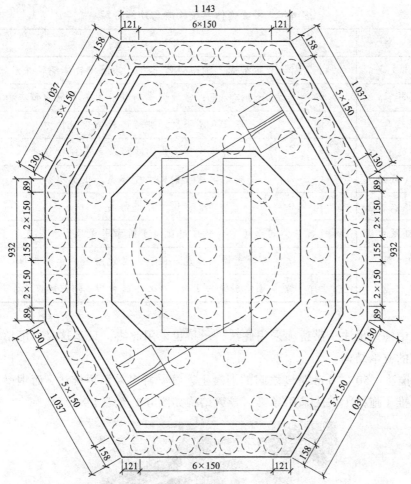

图 4.6　转体施工法系统图（工程案例）

图 4.7　转体结构模型

表 4-7　桥梁转体系统构成与功能分解

序号	构 件	组成与功能
1	转体支座	由上盆与下盆组成，传递转体压力，保证旋转体绕轴并沿球面旋转
2	上转盘	传力给转体支座，常设置横向预应力筋及纵向预应力筋
3	下转盘	埋设支座下板，并传递转体支座反力
4	转 台	埋设转体支座上板、撑脚及牵引绳拉锚器
5	滑道（环道）	下转盘内埋设钢板形成环道，供撑脚滑行
6	千斤顶反力座	位于环道两侧
7	牵引绳反力座	抵抗转体转动（顺时针或逆时针）时牵引绳拉力，设置于下转盘上
8	砂 筒	临时支撑上转盘，而后，通过泄砂，消除支撑
9	牵引绳	包括上牵引绳及下牵引绳共 2 根，锚固于转台内，张拉端位于千斤顶反力座后

（6）空中缆索吊法　拱桥多采用此法，吊桥也采用此法，只是这时，吊桥大缆兼作提升加劲梁段的支承结构。

（7）顶推法　50 ~ 70 m 跨度之间的混凝土连续梁桥多采用顶推法，而钢梁桥采用拖拉法施工。顶推（拖拉）工法采用导梁。导梁结构如图 4.8 及图 4.9 所示。

图 4.8　顶推施工中的导梁

导梁结构特点：
- 导梁长度取顶推跨径的 0.6 ~ 0.8 倍。
- 导梁之主梁应与被顶推梁腹板连接。
- 导梁竖向抗弯刚度宜取被顶推梁竖向抗弯刚度的 1/9 ~ 1/15。

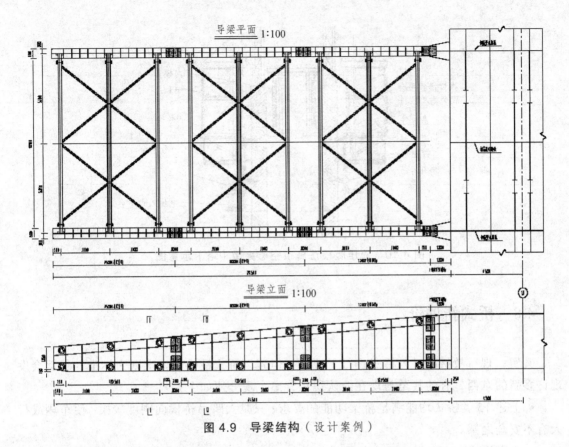

图 4.9　导梁结构（设计案例）

桥梁顶推（拖拉）系统构成见表 4-8 所示。

表 4-8　桥梁顶推（拖拉）系统及功能分解

序号	构　件	常用结构形式及连接
1	导　梁	由主梁、横梁及上/下平联组成，其中主梁常采用工字型钢板梁，横梁常采用钢管桁架（设置法兰盘），平联由钢管组成
2	连接段	由钢梁腹板伸出，通过连接段，与导梁腹板栓接
3	拉锚器	将牵引索端头固定在桥梁结构上
4	临时墩	常采用"桩基础+钢管柱+盖梁"
5	滑道撑点	自上到下，包括"不锈钢板+顶板+纵横立板+底板+盖梁预埋螺栓"
6	反力墩	包括平衡梁及钢管三角架
7	（水平）限位装置	包括滚筒
8	牵引装置	千斤顶、加压油泵
9	控制装置	计算机控制

（8）较高的桥墩或桥塔常采用液压爬模法施工，见图 4.10 所示。

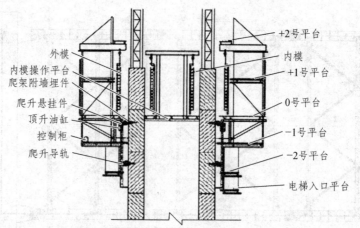

外模
内模操作平台
爬架附墙埋件
爬升悬挂件
顶升油缸
控制柜
爬升导轨

+2号平台
内模
+1号平台
0号平台
−1号平台
−2号平台
电梯入口平台

图 4.10 液压爬模法施工空心高墩（塔）示意图

4.8 桥式新评价

其实，现行教材已对各桥式进行了评价，但若以桥式最优设计准则为标准，那就会发现许多新的东西，有的甚至与现在的认识相背离，现分述如下：

• 上述 15 类桥式均能满足桥梁功能的要求；只是大跨吊桥横向刚度较柔，使车辆或行人有不安全之感。

• 所有桥式在主要受力面内能够满足几何不变性；但在横向，索桥表现为一软化结构，尤其是悬索桥。

• 梁桥一般不存在整体失稳问题，但拱桥存在面内／面外失稳问题，索桥存在动力失稳问题。

• 拱桥与索桥传力路径简捷，应力较均匀，适宜大跨桥梁；但梁桥传力不简捷，应力不均匀；不适宜较大的跨度。

• 索桥的振动及疲劳问题比较严重，会影响其使用与耐久性。

• 当拱轴线选取恒载或恒载加活载之半作用下的压力线时，拱圈／肋所受弯矩及剪力均很小，这时，拱的传力路径走过了一条非常有趣的曲线（悬链线），而且实现了跨越。为使拱圈/肋受力均匀、传力简捷，拱上立柱间距不宜过大。

• 斜拉桥有一显著的缺点：水平加劲梁承受较大的轴向压力，跨度越大，距塔根越近，压力就越大。这是斜拉桥跨度至今未超越千米大关的主要原因。以前，大家误认为这是其优点，但笔者不敢苟同。因为依据传力简捷规律及大地引力向下的规律，受压构件轴线取铅垂线最好，但斜拉桥的加劲梁却是水平向；另外，采用密索体系的斜拉桥加劲梁所受弯矩原本就有限，大可不必有需求于这一轴向力。笔者认为，这是不用大缆、而用拉索直接将梁与塔连接起来之斜拉桥体系本身所固有的缺点。

• 对斜拉桥而言，若从力学角度而论：

（1）采用单索面时，拉索对抗扭不起作用，因此，加劲梁应采用抗扭刚度较大的截面，如箱形截面。

（2）采用双索面时，作用于桥梁上的扭矩可由拉索的轴力来抵抗，加劲梁可采用抗扭刚度较小的截面，如双边主梁截面。

（3）至于倾斜双索面，因其限制了加劲梁的横向摆动，对桥面梁体抵抗风力扭振特别有利。

（4）采用多索面时，横向传力路径缩短，结构横向刚度及抗扭刚度大大提高，加劲梁可做得更单薄些。

• 若论斜拉桥的索形，以往的教材均认为放射形受力较优。但笔者认为，扇形传力路径短（尤其是近塔区的斜拉索），塔柱锚固区受力较为均匀，加劲梁所受轴向压力大小介于放射形与竖琴形之间，依桥式最优设计准则而论，其为较理想的索形。

• 采用密索体系的斜拉桥，有如下优点：

（1）桥面荷载传力路径缩短。

（2）加劲梁弯矩小。

（3）索力小，索力变化均匀。

（4）不论弯矩、剪力、还是轴力，加劲梁受力都变得均匀。

（5）斜拉索锚固点附近应力流变化小，锚固构造简单，补强范围小。

（6）便于悬臂施工。

（7）易于换索。

• 悬索桥适宜大跨度的原因，除了众所周知的内容，如：

（1）大缆架设容易。

（2）大缆抗拉强度高、自重轻。

（3）大缆自重占结构恒载比例很小，尚有很大富余承受活载。

（4）施工中，加劲梁段可悬吊于大缆下，此法较悬臂施工法安全。

（5）大跨悬索桥自重大，重力刚度很明显，全桥的几何形状易得到保证。

（6）支承大缆的锚碇可安全、方便地于陆地修建。

（7）考虑几何非线性的影响，悬索桥带来显著的经济效益。

此外，还有如下几点：

（8）对于同等跨度，悬索桥的传力路径较短。

（9）悬索桥各构件受力均匀。

• 跨度超过 2 000 m 后，悬索桥横向刚度变小成为控制因素。如何有效提高悬索桥横向刚度的问题成为探索新桥式的突破口。

• 若从传力路径来分析，悬索桥塔柱邻近区域（单侧长度为主跨的 20%～30%）的桥面荷载传递经历了较远的途径，是不理想的，这恰恰证明了斜拉-悬吊混合体系的合理性。

• 若考虑到"传力路径短"这一准则，则有理由拒绝桥梁跨度的无限制"膨胀"，因为，一般来说，跨度越大，荷载的传力途径就越长，这真是一个貌似无理却惊天动地的结论。但很显然，依人们现有的建桥水平，还远未达到谈论限制跨度发展的时候，更何况许多桥梁将要跨越深不可测、广阔无垠的茫茫大海。

对于整个桥梁科学来说，限制跨度发展无疑就是遏止技术进步；但对于一个具体的桥梁来说，却并非跨度越大就越好（详见 6.3 节）。

• 若论桥梁下部结构，则盖梁不宜采用较大的跨度，以便传力简捷；墩台身与基础应顺接，以便传力平顺。

• 梁桥/斜拉桥看上去连续流畅、纤细轻快，一般适宜于平原区修建；拱桥/索桥看上去亲切、委婉，一般适宜于山区修建。

• 悬索桥/斜拉桥气势磅礴，醒目惹眼，常常会成为旅游景点，起到扮演主角的作用。

参考文献

[1] 中国大百科全书总编辑委员会本卷委员会. 土木工程. 北京：中国大百科全书出版社，1987.

[2] 林同炎，等. 预应力混凝土结构设计. 路湛沁. 等，译. 北京：中国铁道出版社，1983.

[3] 强士中，周璞. 桥梁工程. 成都：西南交通大学出版社，2000.

[4] 张师定. 超大跨桥式——全索桥. 纪念茅以升百岁诞辰桥梁学术会议. 宜昌，1995.

[5] 张师定. 桥式新分类与新评价，2001.

[6] 董学武. 润扬长江公路大桥南汊悬索桥缆索系统设计. 公路，2001（11）.

[7] 裴岷山，郝超. 宽幅扁平钢箱梁设置纵隔板的作用分析. 公路，2001（11）.

[8] 邴凌，张师定. 公路交通基础设施之施工技术管理与发展方向研究. 青岛理工大学学报，2011（3）.

[9] 徐恭义. 板式加劲梁悬索桥. 成都：西南交通大学出版社，2010.

思考题

[1] 你对桥跨主要承重构件的横截面形式有何感受？

[2] 怎样理解桥型、跨度及施工方法之间的关系？

[3] 试用绳、杆及橡皮筋等制作各类桥型模型。

第5章　桥跨主要承重构件内力估算及横截面尺寸拟定

5.1　引　言

众所周知，跨径小于 50 m 的简支梁基本上已有标准图可用，其内力计算及尺寸拟定可参考相关教材、规范或标准图等，这里从略。

除简支梁桥采用标准设计外，笔者建议结合已设计施工的典型桥梁，给出如下孔跨式样的标准设计（对应不同的施工方法），以便多、快、好、省地为桥梁建设服务。

- 48 m+ 80 m+ 48 m 三跨预应力钢筋混凝土连续箱梁桥。
- 60 m+100 m+60 m 三跨预应力钢筋混凝土连续箱梁桥。
- 70 m+120 m+ 70 m 三跨预应力钢筋混凝土连续箱梁桥。
- 60 m 跨系杆拱桥。
- 70 m 跨系杆拱桥。
- 80 m 跨系杆拱桥。
- 120 m+60 m 单塔斜拉桥。
- 150 m+80 m 单塔斜拉桥。
- 180 m+100 m 单塔斜拉桥。

对于非标准设计，实际上，桥梁各构件之外形尺寸拟定不是通过繁琐的计算得到，而往往是通过与以前相类似的设计进行比较后，得以选定，但了解构件横截面尺寸拟定的力学原理及实践经验是必要的。本章给出了有关桥梁粗略分析的一些方法，供建筑设计时参考。

结构粗略分析时，常作如下简化：

（1）简化结构图式，如：

- 化超静定结构为低次超静定或静定结构。
- 化空间结构为平面结构。
- 视构件为等截面杆件等。

（2）考虑主要荷载，即自重及车辆荷载或人群荷载等，并充分考虑活载所占的比例，以便简化计算。

（3）将自重及车辆荷载等均划为匀布荷载，以便给出控制截面内力的解析表达式。

（4）横桥向加载（活载）可按车行道实际位置布载，而不必寻求最不利位置布载（这一点，对于详细设计也是适用的）。

（5）考虑施工过程中对结构内力影响较大的体系转换，找出占据恒载内力份额较大的结构形态。

（6）截面粗略设计时，为方便起见，常采用直观的容许应力法。

当然，在实际设计过程中，截面会经过反复修改，以满足各项要求。

5.2 预应力混凝土受弯构件的极限设计

预应力混凝土受弯构件截面的抗弯极限强度可以用简单的半经验半理论公式来表达，如下式（5-1）及（5-2）：

$$A_S = \frac{M_T}{\alpha h [\sigma_{ps}]}$$ （5-1）

式中　　A_s——预应力筋横截面极限面积；

M_T——全部荷载引起的弯矩；

$[\sigma_{ps}]$——预应力筋容许极限抗拉强度，$[\sigma_{ps}] = f_{ps}/m$，常取 $m = 2.0$；

h——截面有效高度；

A——一般在 $0.6 \sim 0.9$ 内，通常取 0.8。

$$A_c = \frac{M_T}{\alpha h \beta [\sigma_c]}$$ （5-2）

式中　　A_c——混凝土极限抗压面积，这一面积由受压翼缘提供（偶尔有部分腹板辅助）；

$[\sigma_c]$——混凝土极限抗压强度，$[\sigma_c] = f_c/m_c$，常取 $m_c = 2.5$；

β——常取 0.85；

M, a, h——意义同上。

腹板面积和受拉边混凝土面积根据抗剪面积和钢筋布置来设计。另外，张拉预应力筋时，预压边混凝土应能经受住预加应力施加时的受力要求。对于初步设计来说，这些面积常常是通过与过去的设计相比较而得来，而不是由任何复杂的计算得出。

5.3 预应力混凝土受弯构件的弹性设计

预应力混凝土受弯构件横截面的初步设计可以根据横截面上的 C-T 内力偶与外弯矩平衡来进行。

在估计一预应力混凝土构件横截面的高度时，一个近似规则是，其采用相应普通钢筋混凝土构件高度的 70%，而普通比例的梁高可按下式求得：

$$H = 1.1 r \sqrt{M}$$ （5-3）

式中　　H——梁高（cm）；

M——最大弯矩（$kN \cdot m$）；

r——系数，$r = 3 \sim 4$。

预应力筋面积 $\qquad A_s = \dfrac{M_T}{0.65h \times 0.5R_y^b}$ $\qquad\qquad$ （5-4）

受压区混凝土面积 $\qquad A_c = \dfrac{M_T}{0.65h \times 0.5\sigma_c}$ $\qquad\qquad$ （5-5）

式中 $\quad R_y^b$——预应力筋标准抗拉设计强度；

$\quad M, h$——意义同上。

5.4 预应力混凝土连续梁

由于连续梁桥数量极多，加之人们认识水平的提高，连续箱梁横截面尺寸拟定已有越来越多的设计实例及实践经验来借鉴。为适应连续梁内力变化的需要，连续梁高度常沿顺桥方向变化，特别是跨径超过 60 m 的大、中跨连续梁桥，这是经济合理的。

• 对于变高度连续箱梁，梁高与跨度之比（高跨比）存在如下关系：

$$h_{中}/L = 1/30 \sim 1/50$$

$$h_{支}/L = \begin{cases} 1/16 \sim 1/25 & \text{（公路桥）} \\ 1/12 \sim 1/16 & \text{（铁路桥）} \end{cases}$$ （5-6）

$$h_{支}/h_{中} = \begin{cases} 2.0 \sim 3.0 & \text{（公路桥）} \\ 1.5 \sim 2.0 & \text{（铁路桥）} \end{cases}$$

• 悬臂施工的连续梁内力粗略估算

对于悬臂施工的连续梁，T 构占连续梁恒载内力的绝大部分（详见 5.8 节），据此可粗略估算连续梁支点处的弯矩及剪力，从而拟定出截面尺寸。

三跨连续梁支点负弯矩由下式求出：

$$M = k(q_1 + q_2)l_2^2/8$$ （5-7）

式中 $\quad l_2$——中跨跨度；

$\quad q_1$——每米桥长梁体平均自重；

$\quad q_2$——每米桥长二期恒载；

$\quad k$——考虑活载作用的系数，公路桥取 1.3 左右，铁路桥取 2.5 左右。

三跨连续梁中间墩墩顶竖向力由下式求出：

$$N = k(l_1/2 + 3l_2/4)(q_1 + q_2)$$ （5-8）

式中 l_1——边跨跨度；

　　　l_2——中跨跨度；

　　　q_1——每米桥长梁体平均自重；

　　　q_2——每米桥长二期恒载；

　　　k——考虑活载作用的系数，公路桥取 1.3 左右，铁路桥取 2.5 左右。

粗略地，墩柱横截面面积

$$A \geqslant \frac{N}{0.7[\sigma_c]} = \frac{k(l_1/2 + 3l_2/4)(q_1 + q_2)}{0.7[\sigma_c]} \qquad (5\text{-}9)$$

式中 系数 0.7 系考虑弯矩的影响。

- 箱形梁受力行为理论

箱形梁在横向荷载作用下，会发生纵向弯曲、刚性扭转及畸变。

纵向弯曲——产生竖向变位，在横截面上引起纵向正应力及剪应力。对于肋距（腹板间距）不大的箱形梁，正应力可按初等梁理论计算；当肋距较大时，会出现所谓"剪力滞效应"，即翼板（即箱梁顶板与底板）中的正应力分布不均匀，近肋翼板处产生应力高峰，而远肋翼板则产生应力低谷，这称为"正剪力滞"。反之，如果近肋翼板处产生应力低谷，而远肋翼板处产生应力高峰，则为"负剪力滞"。对于肋距较大的宽箱梁，这种应力高峰可达相当大比例，必须引起重视。

刚性扭转——受扭时，箱形周边不发生变形。扭转产生扭转角。

（1）自由扭转：箱形梁受扭时，截面各纤维的纵向变形是自由的，杆件端面虽出现凹凸，但纵向纤维无伸长或缩短，能自由翘曲，因而不产生纵向正应力，只产生自由扭转剪应力。工程设计上，应从结构构造上避免梁截面发生自由扭转变形。

（2）约束扭转：受扭时，纵向纤维变形受到约束，截面不能自由翘曲，此时，扭转在截面上产生翘曲正应力和约束扭转剪应力。产生约束扭转的因素——支承条件的约束，如固端支承约束梁纵向纤维变形；受扭时截面形状及其沿梁纵向的变化，使截面各点纤维变形不协调，也将产生约束扭转，如不等壁厚的矩形箱梁、变截面梁、设横隔板之箱梁。

畸变——受扭时，箱形周边发生变形，产生畸变角。薄壁宽箱的矩形截面受扭变形时，无法保持截面的投影仍为矩形，因此产生翘曲正应力及畸变剪应力，同时，引起箱形截面各板之横向弯曲，产生横向弯曲应力。工程设计上，应加强梁截面尺寸，避免梁截面发生畸变。

- 箱梁截面细部尺寸拟定

箱型截面能够提供较大的竖向抗弯刚度、横向抗弯刚度及抗扭刚度等，是优越的受弯构件横截面型式。箱型截面的顶板和底板是结构通过腹板承受正负弯矩的主要工作部位（存在剪力滞现象），同时，顶板也是桥面荷载横向传递的主要构件。当采用悬臂施工方法时，梁的下缘特别是靠近桥墩的截面将承受很大的压应力，箱形截面的底板应提供足够大的承压面积，发挥良好的受力作用。在承受正、负弯矩的截面中，顶板和底板也都应各自发挥承压的作用。具体箱梁典型横截面如图 5.1 所示。

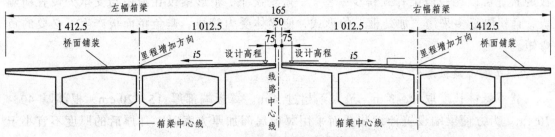

图 5.1　桥跨箱梁典型横截面

1. 箱梁底板厚度

箱梁底板厚度随箱梁负弯矩由跨中至中支点的增大而逐渐加厚，以适应承压要求。底板除需符合使用阶段的受压要求外，在破坏阶段还宜使中性轴保持在底板以内，并有适当的富余。一般来说，支承处底板厚度约为支承处梁高的 $1/10 \sim 1/12$，而跨中底板厚度一般在 $20 \sim 25 \text{ cm}$，取 $b/30$ 则较好（b 为箱梁腹板净距）。

2. 箱梁顶板厚度

一般来说，通过箱梁横向受力分析，方可确定顶板厚度、悬臂长度及是否需设横向预应力筋。腹板间净距是影响顶板厚度的关键因素之一。一般情况下，顶板厚度不小于 20 cm。若顶板内设有纵向预应力筋，则其厚度需满足设置预应力筋及上、下两层普通钢筋等之构造要求。

3. 箱梁腹板厚度

箱梁腹板是箱梁抵抗弯剪及扭转的主要部分。由于纵向预应力筋的设置，腹板所受外力大大减小，因而腹板厚度常受构造要求而定，如预应力钢束（纵向或竖向）的布置或锚固（锚下垫板距混凝土临空面的最小距离）、普通钢筋的布置、混凝土浇筑的要求及锚下局部应力的要求等。一般情况下，腹板厚度不小于 25 cm。支点处腹板的厚度较跨中部分为大，一般最小为 35 cm。

4. 承 托

在顶板与腹板、底板与腹板接头处设置承托（常为水平加腋）很有必要。设置承托可提高截面的抗弯刚度及抗扭刚度，减小"剪力滞"效应，并减小扭转剪应力和畸变应力，使力流平顺。上承托使桥面板在腹板支承处的刚度加大，可吸收负弯矩（降低负弯矩峰值，加宽负弯矩区），从而减小桥面板的箱中正弯矩。另外，利用承托提供的空间可布置纵向预应力筋和横向预应力筋，并使纵向预应力筋更可能地靠近腹板（要求纵向预应力筋布置在截面有效区域内），以便传力简捷；另一方面，承托的设置方便了悬臂施工时预应力筋的锚固。

5. 横隔板

箱梁横隔板的基本作用是增加截面的横向刚度，限制畸变应力。支承处的横隔板还担负着承受和分布较大支承反力的作用。箱形截面由于具有很大的抗扭刚度，所以横隔板的布置可以比一般梁片式桥少一些。一般情况下，箱形梁仅在跨中与支承处设置横隔板，且横隔板多采用"加劲框"的形式，使梁体受力简捷，避免桥面板产生不必要的负弯矩。

6. 翼板（顶板悬臂）

翼板悬挑长度取 $2 \sim 3$ m，最大不超过 4 m。翼板端部厚 $15 \sim 20$ cm，根部厚 $40 \sim 70$ cm。为方便梁端设置伸缩装置而采用翼板局部加厚方案时，加厚后的厚度不宜小于 40 cm。

5.5 斜拉桥

在拉索处于张紧状态下时，斜拉桥的加劲梁就像多跨弹性支承的连续梁那样工作。加之，现代斜拉桥多采用密索体系，一般情况下，索距 d 取 $6 \sim 8$ m，最小取至 4 m。随着索距的减小，加劲梁的弹性支承跨度就在减小，从面可降低梁高（分散拉索锚固力，使加劲梁所受轴力趋向均匀，同时可简化锚固区构造）。当加劲梁横截面型式从传统的封闭式箱形断面逐步演变为双主肋断面时，这样的桥面结构就不再认为是梁系，它将变成一个由梁、塔、索组成的巨大的三角形桁架，其中，桥面结构起受压系杆的作用。因此，对于斜拉桥面言，加劲梁的主要作用不在于受弯，而在于传递斜拉索索力的水平分力。

- 加劲梁轴向压力

若取"索-梁结点"为分离体，则由受力平衡，得

$$T_i \sin \alpha_i = (q_\mathrm{d} + q_1) d$$

$$\Rightarrow T_i = (q_\mathrm{d} + q_1) d / \sin \alpha_i$$

$$T_i \cos \alpha_i = (q_\mathrm{d} + q_1) dc \tan \alpha_i$$

$$N_\mathrm{b} = \sum T_i \cos \alpha_i = (q_\mathrm{d} + q_1) d \sum c \tan \alpha_i \tag{5-10}$$

式中　N_b——加劲梁最大轴向力；

　　　T_i——斜拉索索力；

　　　α_i——斜拉索倾角；

　　　q_d——每米桥长桥面自重；

　　　q_1——每米桥长活载，考虑横向折减及纵向折减；

　　　d——斜拉索锚固点顺桥向间距。

所以，加劲梁横截面面积

$$A \geqslant N/[\sigma_c] \tag{5-11}$$

于是，加劲梁通常采用等高度，其梁高与主跨度几乎没有太大的联系。对于密索体系，梁高与跨度之比在一个很大的范围内变动，如 $1/70 \sim 1/200$；而其与主梁结构型式、索面布置（桥面布置）、索距等关系密切。

- 横　梁

对于双主肋断面，一般情况下，要求加劲梁高度不低于横梁高度。而横梁为横桥向传力的主要构件。横梁高度取决于横梁所受的横向弯矩的大小。

简支横梁在满布匀布荷载作用下，其跨中正弯矩为 $ql^2/8$，跨中挠度为 $5ql^4/384EI$。

固端横梁在满布匀布荷载作用下，其固端负弯矩为 $ql^2/12$，跨中正弯矩为 $ql^2/24$，跨中挠度为 $ql^4/384EI$。

其中，l——横梁跨度，q——满布匀布荷载之集度。

一般情况下，横梁采用等截而形状，横梁跨中正弯矩可按以双主肋中心为支点的简支梁计算。

桥面板可按以横梁为支承点的单向板计算。在公路桥中，当支承桥面板的横梁间距（取与索距相同时，传力简捷）为 $3 \sim 5$ m 时，混凝土实体板的厚度一般为 $18 \sim 28$ cm。

- 斜拉索

斜拉索横截面面积

$$A_i \geqslant \frac{T_i}{0.4R_y^b} = \frac{(q_d + q_1)d/\sin\alpha_i}{0.4R_y^b} \tag{5-12}$$

- 桥　塔

在斜拉桥总体布置和设计时，其遵循的指导思想之一便是：在恒载作用下，保证主塔顺桥向两侧拉力基本平衡，使其以受压为主，仅出现较小的弯矩，以便在活载、风荷载、地震力作用时，塔柱大部分截面仍为小偏心受压，而仅有少数截面为大偏心受压。

斜拉桥桥塔主要承受由拉索传来的力，包括桥面系自重、活载及水平荷载等，当然，也承受自身的重力。

桥塔承受的由拉索传来的竖向力为

$$N_c = \sum T_i \sin\alpha_i + \sum T_j \sin\alpha_j$$
$$= (q_d + q_1)\left(l_s + \frac{l_m}{z}\right)$$

粗略地，桥塔横截面面积

$$A \geqslant \frac{N_c}{0.7[\sigma_c]} = \frac{(q_d + q_1)\left(l_s + \dfrac{l_m}{z}\right)}{0.7[\sigma_c]} \tag{5-13}$$

式中　N_c——桥塔承受的竖向力；

　　　l_m——斜拉桥中跨跨度；

　　　l_s——斜拉桥边跨跨度。

5.6　空腹式钢筋混凝土箱拱桥

与梁式桥以受弯为主实现跨越不同，拱桥是以拱受压为主实现跨越。虽然拱以受压为主，但对于大跨度拱桥，仍以采用箱拱者较多，这是因为箱拱截面的抗弯惯性矩大，尤其是抗扭刚度、横向刚度及稳定性较好，特别适宜于无支架施工。

一般情况下，拱桥矢跨比常取：1/4 ~ 1/8。

合理拱轴线常取：悬链线、二次抛物线或四次抛物线。

衡量箱拱截面强度的重要指标之一便是箱拱横截面面积。粗略估算箱拱横截面面积的简单方法之一便是利用其相应的三铰拱的轴向力求得所需的箱拱横截面面积。

以半拱为分离体，对拱脚取弯矩，得如下方程：

$$Nf = (q_d + q_1) \times (L/2) \times (L/4)$$
$$N = (q_d + q_1) l^2 /(8f) \tag{5-14}$$

箱拱横截面面积　　　$A = \dfrac{N}{0.7[\sigma_c^a]}$ $\tag{5-15}$

式中　N——拱圈轴向压力；

　　　L——拱桥跨度；

　　　f——拱圈矢度。

拱桥横断面设计构思遵循如下顺序：

桥宽→拱上立柱排列或盖梁分跨→箱拱宽度→分箱

图 5.2　拱桥箱式拱圈构思路线

一般情况下，箱拱细部尺寸选取如下：

- 箱拱高度——$l/100 + 0.60$（m）。
- 箱拱顶板厚度——12 ~ 14 cm。
- 底板厚度——12 ~ 14 cm。
- 腹板厚度——8 ~ 10 cm，但箱与箱间现浇腹板厚度较厚，常达 30 cm 之厚或更多。

5.7　悬索桥

从受力上讲，悬索桥是与拱桥对偶的一种桥式。悬索桥桥跨主要承重构件为大缆与锚碇。

• 主缆张力

悬索桥主缆在架设丝股阶段线形为悬链线，而在成桥运营阶段线形为抛物线。不难求得主缆张力，其近似计算如下：

$$H = (q_{d} + q_{l})l^2/(8f) \qquad (5\text{-}16)$$

式中　H——主缆张力；

　　　q_{d}——恒载集度；

　　　q_{l}——活载集度；

　　　l——主缆跨度；

　　　f——主缆矢度。

所以，主缆横截面面积

$$A \geqslant H/(0.4R_{y}^{b}) \qquad (5\text{-}17)$$

• 悬索桥桥塔

其设计与斜拉桥桥塔类同。

• 锚碇的设计

锚碇可以看作是一个刚体，承受主缆的拉力，并将其传给地基土。

（1）锚碇所受自重作用与主缆拉力的竖向分力的比值应满足安全系数的要求。

（2）锚碇在自重作用与主缆拉力的竖向分力作用下，持力层土所受的最大压应力不能超过地基土的容许压应力，常以此决定锚碇的外形尺寸。

（3）锚碇的下沉量应控制在一定的范围内。

（4）锚碇在主缆拉力的水平分力作用下不得产生滑移，即锚碇底面与地基的摩擦力不得小于容许值。

（5）锚碇不得在主缆拉力的作用下倾覆。

• 加劲梁

悬索桥加劲梁实为一多支点弹性支承（吊索）连续梁，受力大小与跨度关系不大，因为其仅为局部传力构件，受力与吊索顺桥向间距及横桥向间距有关。

由连续梁三弯矩方程可以得出：在满布匀布荷载作用下，等截面、等跨、密支承、超多跨连续加劲梁：

$$支点负弯矩 = ql^2/12 \qquad (5\text{-}18)$$

$$跨中正弯矩 = ql^2/24 \qquad (5\text{-}19)$$

式中　q——恒载与活载的等效匀布荷载；

　　　l——吊索顺桥向间距。

5.8 无应力（零应力）状态法设计思想与桥梁施工、体系转换和成桥内力计算

桥梁与房屋建筑等是土木工程领域中结构工程的两大专业。大跨桥梁对结构力学的需求，形成了其对结构工程的有力挑战。

桥梁结构往往不是一次形成的，而是随着施工进程逐步形成的，这与结构力学中所研究的结构有很大的不同，这是目前桥梁研究的一大热点。

一个结构，可以采用不同的施工方法及不同的体系转换历程得以修建。当然，应选择安全、经济、快速并使结构最终恒载内力合理分布、桥面线形符合行车要求的施工方法。

笔者想给"体系转换"下个定义：

定义【5.1】 体系转换 顾名思义，体系转换就是体系发生了变化。它是结构拓扑变化的一种。而超静定次数（静定结构为 0）的变化是结构发生体系转化的重要标志。

5.8.1 桥梁结构定理

有关结构恒载内力计算与结构施工历程的关系问题，笔者在文献[3]中作了如下归纳总结：

定理【5.1】 在经常荷载作用下，结构变形微小，材料应力-应变关系服从胡克定律的静定结构，其恒载内力不受施工历程的影响，因此，其恒载内力就可按恒载作用下建成后的结构图式计算得到。

定理【5.2】 在经常荷载作用下，结构变形微小，材料应力-应变关系服从胡克定律的超静定结构，当其在施工过程中未曾发生过体系转换时，其恒载内力可按恒载作用下建成后的结构图式得到。

定理【5.3】 在经常荷载作用下，结构变形微小，材料应力-应变关系服从胡克定律的超静定结构，当其在施工过程中发生过体系转换时，其最终恒载内力便与施工历程有关。不同的施工历程，其恒载内力一般不同。可考虑体系转换，并采用叠加规则，经计算得到最终恒载内力。

定理【5.4】 在经常荷载作用下，结构变形不微小，材料应力-应变关系服从胡克定律的结构，其恒载内力受施工历程（如加载历程、体系转换）的影响，其内力计算不能采用叠加规则，施工过程中的每一阶段内力计算需考虑结构的初始内力及初始变形，并考虑结构几何非线性的影响。若施工过程中结构发生过体系转换时，则不可不考虑。

定理【5.5】 在经常荷载作用下，结构变形不微小，材料应力—应变关系不服从虎克定律的结构，其恒载内力受施工历程（如加载历程、体系转换）的影响，其内力计算不能采用叠加规则，施工过程中的每一阶段内力计算需考虑结构的初始内力及初始变形，并考虑结构几何非线性及材料非线性（允许结构进入塑性阶段）的影响。若施工过程中结构发生过体系转换时，则不可不考虑。

5.8.2 举例说明超静定结构内力、变形与施工方法的关系

以两跨等截面连续梁为例，跨度为 l，自重均布荷载为 q，梁体竖向抗弯刚度为 EI。现分析以下四种施工方法产生的成桥内力与线形。

（1）当采用支架整体浇筑梁体、整体落架的方法建造时，建造过程如图 5.3 所示。

图 5.3 支架法整体浇筑的梁式桥

其成桥状态（在自重作用下），结构受力简图及结构弯矩分布如图 5.4 所示。而其无应力状态如图 5.5 所示。

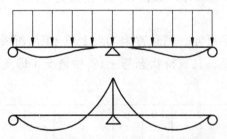

图 5.4 两跨连续梁桥成桥阶段受力、挠度及弯矩分布

（中墩处负弯矩为 $ql^2/8$，边墩支反力为 $3ql/8$）

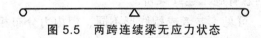

图 5.5 两跨连续梁无应力状态

（2）当采用分阶段悬臂浇筑或拼装的方法建造时，结构是逐步形成的，自重荷载也是逐步施加的。

当结构合龙时，未采取任何措施（即安装支座时没有施加任何荷载）的话（如图 5.6 所示），成桥边支座反力为零，中墩处负弯矩为 $ql^2/2$。

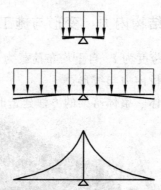

图 5.6   分段悬臂成形的两跨连续梁（未采取任何合龙措施）

（中墩处负弯矩为 $ql^2/2$，边墩支反力为 0，边墩支座下降 $\Delta = ql^4/8EI$）

比较图 5.4 和图 5.6，可见，两个在成桥阶段具有相同的跨度、截面尺寸、材料、外荷载（自重）的结构，由于施工方法不同，其成桥状态不同，包括内力分布不同、桥梁挠度不同、边支座竖向位置不同等。

【结构相等】   结构在不受力情况下之几何尺寸与形状（称为无应力构形）相同，且约束（包括力学参数及空间位置）也相同。

（3）当采用分阶段悬臂浇筑或拼装的方法建造时，于结构合龙期，采取一定措施的话（即在安装边支座之前，先把梁向上顶起 $\Delta = ql^4/8EI$ 的距离，使其回到与中支座相同的高度，然后再安装边支座 A 和 C；最后撤掉向上顶的力，此时梁试图向下回弹，但被边支座顶住，于是支座受到与上顶力大小一致的压力，而梁受到同样大小支座反力的作用），成桥状态如何呢？

由结构力学或材料力学可知，把悬臂梁端点上顶 Δ 距离所需的力为 $3EI\Delta/L^3 = (3/8)qL$，这就是边支座支反力。可见，其成桥状态与（1）中情况（即支架法施工）相等。如图 5.7 所示。

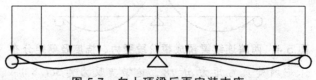

图 5.7   向上顶梁后再安装支座

（4）仅设置预拱度的悬臂施工连续梁桥。

比较图 5.6 与图 5.8，可见，二者成桥线形不同，但内力分布相同。笔者在文献[18]中指出：仅设置预拱度时，不能改变结构受力。

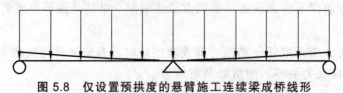

图 5.8   仅设置预拱度的悬臂施工连续梁成桥线形

5.8.3　结构无应力状态设计思想

大跨度桥梁工程的建造，一般均采用分阶段逐步安装施工工法。桥梁结构从开始（零应力状态）施工到成桥状态，必须经历一个复杂的多阶段构件施工安装和体系转换工程。为了保证桥梁结构建造过程中结构的安全和成桥状态内力和线形满足设计要求，施工工程中必须采取相应的工程措施和技术措施，对桥梁的建造过程进行检测和控制。

构件质量守恒与无应力尺寸不变原理：

（1）任意施工状态，构件的自重恒载不变。

在设计温度下，任意施工状态各构件的无应力尺寸等于成桥状态时其无应力尺寸。

秦顺全院士提出无应力状态法，主要思想概括如下：

定理【5.6】　由一定的外荷载、结构体系、支承边界条件、单元（物理力学性能与时间无关）的无应力状态（长度及曲率）组成的结构，其对应的结构受力状态（内力及变形）是唯一的，与结构的形成过程无关。

定理【5.7】　结构单元的内力和位移随着结构的加载、体系转换和斜拉索的张拉而变化，但只有人为地调整单元的无应力长度（或曲率），才会使结构本质发生变化（即形成另外一个结构）；当荷载和结构体系一定时，单元的无应力长度的变化必然唯一地对应一个单元轴力的变化。

据此，笔者提出以下三个定理：

定理【5.8】　对于上一阶段形成的结构，安装无应力状态下的非合拢性构件后，形成的本阶段结构的结构内力和位移是唯一的，无论非合拢性构件是否一次形成、是否用支架或悬臂拼装。

定理【5.9】　设置预拱度与结构受力无关。

定理【5.10】　无应力状态温度（构件下料温度）=结构合拢温度（构件有效温度）=约束施加温度

无应力状态法主要应用如下：

（1）可以分析杆件工厂制造长度偏差对桥梁结构内力和线形的影响。

（2）根据无应力状态量比内力稳定这一特点，可实现调索与其他工序并行作业，在提高工效的同时，更容易保证桥梁的施工质量。

（3）桥梁施工现场温度与桥梁设计基准温度不一致时，可解决结构内力和线形的准确实现。

（4）在保证单元无应力长度和无应力曲率不变的前提下，灵活选择体系转换。

5.8.4　桥梁设计与制造

结构无应力状态设计思想对桥梁设计图纸与下料加工提出了新要求：

（1）明确桥梁全部构件无应力长度（包括索零应力长度、梁压缩量及塔压缩量等）、支座上板预偏量，桥塔预偏量。

（2）要求明确构件无应力长度下料时的有效温度或环境温度。

（3）构件无应力长度下料时的有效温度必须等于结构合龙有效温度。

分析钢桥制造过程，其技术路线：

设计 BIM 图→考虑预拱度及压缩量→设计深化 BIM 图→按无应力状态理论→各构件下料几何参数→考虑钢板出厂规格等→绘制"套板"图（加工 BIM 图）

5.8.5　梁桥合龙

1. 合龙方案应遵循的基本原则

预应力混凝土连续梁（刚构）桥设计时，虽然考虑其梁体分段形成，但期望其一期恒载下结构内力状态仍呈连续梁状态，而非悬臂梁（受力不利）状态。结合无应力状态法的要求，梁体施工过程中必须满足如下条件：

- 在任一施工阶段，结构各构件受力安全。
- 安装任一结构构件时，必须保证该构件无应力。
- 必须采用专门技术措施，保证合拢处弹性曲线连接，使成桥内力状态为设计目标状态。
- 必须合理设置施工预拱度，保证成桥线形符合设计目标。

注：预拱度设置改变不了结构内力分布，代替不了合理的体系转换措施。

施工方案在安全的前提下，必须经济合理。

施工监控——通过监测结构或构件参数（例如结构内力和变形、周围环境温度及湿度、风速等），将其与设计取值进行分析对比，用于指导施工（判断施工过程结构的安全性、确定下一步施工工艺参数取值、优化施工方案等）及优化原结构设计之过程。

2. 合龙方案中的专门技术措施

依据无应力法理论，要求合龙前的两侧梁端转角必须连续。其专门技术措施包括：

方案一：跨中合龙前，在两侧梁端施加一对力偶，待跨中合龙后，卸除该力偶。

方案二：跨中合龙前，在两侧梁端各施加一个集中力，使两侧梁端转角连续（消除转角差），待跨中合龙后，卸除该集中力。

方案三：跨中合龙前，分别转动两个支点处的梁体，从而消除两侧梁端转角差，待跨中合龙后，再卸除该扭矩。

方案四：跨中合龙前，分别顶升两个支点处的梁体，从而消除两侧梁端转角差，待跨中合龙后，再卸除该顶力。

3. 数字例

以（$0.7l + l + 0.7l$）三跨等截面连续梁（见图 5.9）为简单例，比较了不同施工方案典型截面的恒载内力及变形情况，成果见表 5-1。

方案一：未发生体系转换，其恒载内力状态完全是连续梁（见图 5.10）。

方案二：类似现行方案，恒载内力为悬臂梁状态，笔者不推荐该方案。

方案三：对于合龙前悬臂状态（见图 5.11）采用专门技术措施，即"顶升-降落"支点。对于连续梁桥，笔者建议采用此方案。

方案四：对于合龙前悬臂状态采用专门技术措施，即顶升合龙梁端。对于连续刚构桥，笔者建议采用此方案。

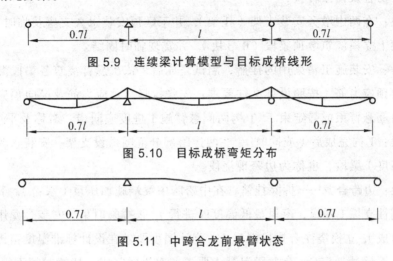

图 5.9　连续梁计算模型与目标成桥线形

图 5.10　目标成桥弯矩分布

图 5.11　中跨合龙前悬臂状态

表 5-1　（ $0.7l + l + 0.7l$ ）三跨连续梁桥的施工方案比较

方案编号 项　目	各方案	施工方案	中跨跨中截面		
			弯矩	转角	挠度
方案一	满堂支架整体现浇方案	满堂支架现浇，一次成形	$0.048\,7ql^2$	0	$0.005\,21ql^4/EI$
方案二	现行悬臂施工方案	支架上现浇悬臂梁，拆支架后，合龙中跨	0	$0.035\,7ql^3/EI$	$0.015\,25ql^4/EI$
方案三	顶升-降落支点方案	支架上现浇悬臂梁，拆支架后，顶升中支点位移 $0.025ql^4/EI$，然后合龙中跨，最后支点高程复位	$0.048\,7ql^2$	0	$0.005\,21ql^4/EI$
方案四	顶升合龙端方案	支架上现浇悬臂梁，拆支架后，顶升合龙端梁 $P = 0.147\,7ql$，然后合龙中跨，撤销顶升力	$0.048\,7ql^2$	0	$0.005\,21ql^4/EI$

注：EI——连续梁抗弯刚度；

　　q——满跨均布荷载集度；

　　l——中跨跨度。

表中数值由结构力学求得；方案四中 P 值由下式求得：

$$0.241\,7\,Pl^2/EI = 0.035\,7\,ql^3/EI \qquad (5\text{-}20)$$

5.8.6 三跨连续梁施工程序案例

以典型的悬臂施工的三跨预应力钢筋混凝土连续箱梁桥的施工要求及合龙顺序为例，简要介绍施工历程及体系转换：

第一阶段：在两中墩旁安装支架（托架），并于墩顶安装永久支座及临时支座，然后，在墩顶及托架上立模浇筑墩顶梁段（0 号块），并实现临时固结。

第二阶段：安装施工箱梁用的挂篮，测试完成后，依次悬臂浇筑各梁段混凝土，并张拉锚固相应的预应力筋（按照设计文件要求：先张拉竖向预应力筋及横向预应力筋，再张拉纵向预应力筋悬臂束或静定束）。T 构两侧悬臂施工进度应同步、对称及平衡。

第三阶段：T 构完成后（或同时），在两边跨部分范围搭设支架，安装永久支座，现浇直线（即等高度）梁段，也称为边跨现浇段。

第四阶段：边跨合龙——拆除挂篮，在中跨跨中梁端施加压重（水箱），于合龙段范围内设置水平刚性支撑（顶撑，夜里最低温度时进行），张拉临时束，安装合龙用的吊架（可由挂篮改装形成），立模浇注合拢段混凝土（浇注温度要求在设计标准温度范围左右，合龙过程中的温差不超过 ±4 ℃，合龙段混凝土要求一次浇注完成，持续时间不得超过 4 h），待混凝土达到设计强度后，张拉预应力筋（先张拉竖向及横向预应力筋，再张拉纵向预应力筋（超静定束/合龙束/顶、底板束）。由于临时束与永久束位重合，因此，临时束应在其他束张拉完成后放松，并重新张拉至永久束的设计吨位。顶、底板束采用两端张拉，先张拉长束，后张拉短束，且横向对称张拉。

拆除支架。完成了第一次体系转换。

第五阶段：拆除临时支座，放松临时固结。完成了第二次体系转换。

第六阶段：中跨合龙——于合龙段范围内设置水平刚性支撑（顶撑），张拉临时束，安装中跨合龙用的吊架，立模浇注合龙段混凝土，与此同时调整压重大小，待合龙段混凝土达到设计强度后，张拉预应力筋，其中各项要求类同边跨合龙。完成了第三次体系转换。

第七阶段：桥面系施工。其恒载内力计算如图 5.12 所示，其最终恒载内力公式如下：

$$M = M_1 + M_2 + M_3 + M_4 \qquad (5\text{-}21)$$

针对结构的施工过程，判别其是否发生体系转换的准则如下：

准则【5.1】 体系转换判别准则 采用无支架施工的超静定结构，在其施工过程中，若其超静定次数（静定结构时为 0）发生了变化，则可判定其发生了一次体系转换。

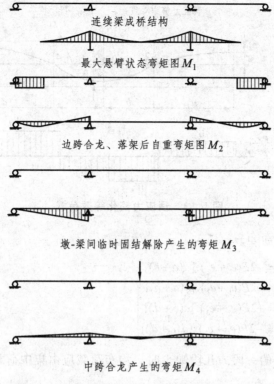

连续梁成桥结构

最大悬臂状态弯矩图 M_1

边跨合龙、落架后自重弯矩图 M_2

墩-梁间临时固结解除产生的弯矩 M_3

中跨合龙产生的弯矩 M_4

图 5.12　三跨连续梁施工程序及恒载内力计算

检验结构施工过程中是否发生体系转换的准则如下：

准则【5.2】　体系转换检验准则　排除结构非线性的影响，当结构最终恒载内力并不与按成形结构计算的恒载内力相同时，那么，一定是结构在施工过程中发生了体系转换。

5.9　预应力近似等效均布荷载

林同炎教授提出的荷载平衡法，为预应力结构设计提供了崭新的理念。这里给出预应力之近似等效均布荷载计算式；反过来，亦可根据想要平衡掉的荷载（恒载、恒载+活载之 40%、60%或 100%等），反求预应力筋的布置。笔者认为，这才是纯粹的荷载平衡法。

如图 5.13 所示，为一跨预应力混凝土结构（不论是中间跨、边跨、简支跨、悬臂跨或其他跨），跨内的预应力钢筋（有效预加力为 $P \approx 0.5R_y^b A_y$）由四个抛物线段（a，b，c，d）组成，1、3 和 5 点处之切线为水平线，2 和 4 点为反弯点。那么，预应力作用于该跨内的等效均布荷载为：

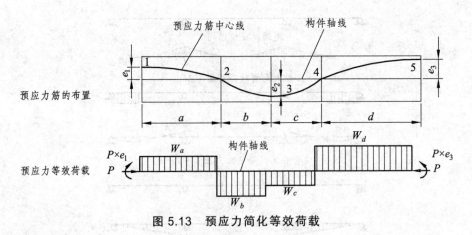

图 5.13 预应力简化等效荷载

预应力近似等效均布布置

$$\left.\begin{aligned}
W_a &= -2P(e_1+e_2)/[a(a+b)] \\
W_b &= +2P(e_1+e_2)/[b(a+b)] \\
W_c &= +2P(e_2+e_3)/[c(c+d)] \\
W_d &= -2P(e_2+e_3)/[d(c+d)]
\end{aligned}\right\} \tag{5-22}$$

当 a，b，c 或 d 中的一段或几段缺少时，均布荷载应由集中荷载取代，那么，等效集中荷载的表达式为

$$\left.\begin{aligned}
F_a &= -2P(e_1+e_2)/(a+b) \\
F_b &= +2P(e_1+e_2)/(a+b) \\
F_c &= +2P(e_2+e_3)/(c+d) \\
F_d &= -2P(e_2+e_3)/(c+d)
\end{aligned}\right\} \tag{5-23}$$

很显然，任何情况下，a 段与 b 段的等效荷载均保持平衡，而 c 段与 d 段的等效荷载均保持平衡。

简化所要平衡的荷载，依据反弯点的位置（对于连续梁，反弯点距中支点的距离常取为相应跨长的 10%），利用公式（5-22）及（5-23），可方便快速地给出结构预加应力的粗略设计。

5.10 桩长估算

桩基础是当今最为广泛采用的深基础型式之一。

作为建筑设计的一部分，这里介绍钻孔灌注摩擦桩之桩长估算：

桩基础设计需综合考虑桩顶外力、桩的平面布置、桩的根数与桩径、桩长与桩尖所处持力层土的类别等因素的影响。

若略去桩底的那一小部分承载力，那么，钻孔灌注摩擦桩单桩承载力按下式计算

$$[P] = 0.5Ul\tau_p \qquad (5\text{-}24)$$

式中　$[P]$——单桩承载力（kN）；

　　　U——桩截面周长（m），$U = \pi d$；

　　　l——桩长（m）；

　　　τ_p——桩侧土的平均极限摩阻力（kPa）：

$$\tau_p = \sum l_i\tau_i/l \qquad (5\text{-}25)$$

考虑弯矩的影响，单桩桩顶外力按下式计算：

$$P = N/n + M_xX/\sum x_i^2 + M_yY/\sum y_i^2 \qquad (5\text{-}26)$$

式中　P——单桩桩顶外力（kN）；

　　　N——承台底面所受的竖向外力（kN）；

　　　n——基桩根数；

　　　M——承台底面所受的弯矩（kN·m）；

　　　X——单桩距桩群对称轴的最大距离（m）；

　　　x_i——单桩距桩群对称轴的距离（m）。

忽略桩身自重的影响，令 $P = [P]$，那么，钻孔灌注摩擦桩桩长估算公式为：

$$l = (N/n + MX/\sum x_i^2)/(0.5U\tau_p) \qquad (5\text{-}27)$$

参考文献

[1]　林同炎，等. 预应力混凝土结构设计. 路湛沁，等，译. 北京：中国铁道出版社，1983.

[2]　李廉锟. 结构力学. 2 版. 北京：高等教育出版社，1983.

[3]　张师定. 宁通公路泰州引江河大桥主孔 70 m 跨系杆拱的设计研究. 第六届中国铁道学会桥梁委员会学术年会论文集，1997.

[4]　范立础. 预应力混凝土连续梁桥. 北京：人民交通出版社，1988.

[5]　张师定. 基于无应力状态法的梁桥合拢技术研究. 世界道路协会公路桥梁委员会长大桥梁学术研讨会论文集. 上海，2014.

[6]　秦顺全. 桥梁施工控制——无应力状态法理论与实践. 北京：人民交通出版社，2007.

[7]　李乔. 李乔说桥.

思考题

[1] 你认为桥梁构件横截面尺寸如何拟定？

[2] 你怎样理解桥梁施工过程中的体系转换？

[3] 谈谈你对桥梁无应力状态法设计思想的感受。

第6章 桥式方案设计与比选

6.1 工程条件、技术指标及设计图纸

第3章中桥梁合理形式所遵循的规律（简称"桥式最优设计理论"）为桥式方案设计提供了理论基础，第4章桥式评价为桥式方案设计提供了许多可供选择的桥式，而第5章为桥式方案设计提供了结构粗略分析的方法。本章则讨论具体的方案设计与比选。

桥式方案设计主要受桥址工程建设条件、设计技术指标要求、施工方法及美学等方面的制约。

1. 桥址工程条件

● 地形——地形图是地形测绘成果（见图 6.1）。将地面上的地物与地貌按水平投影的方法（沿铅垂方向投影到水平面，水平面位置由地球经纬度表达），并按一定的比例尺缩绘到图纸上，就形成了地形图。地形图中包含基本地理要素，例如地面起伏（用等高线表达）、植被、居民点、工程建筑、道路、水系、土质、境界等。其影响桥式、桥梁长度、桥高、施工场地布置等。

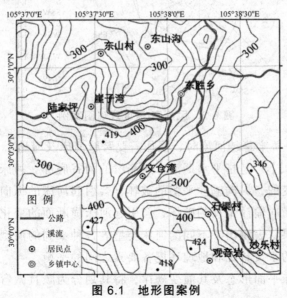

图 6.1 地形图案例

● 地貌——与环境的协调。
● 地物——与孔跨布置有关，景观设计考虑的主要对象之一。
● 地质。

【**工程地质勘察**】　为满足工程设计、施工、特殊性岩土和不良地质处治的需要，采用各种勘察技术、方法，对建筑场地的工程地质条件进行综合调查、研究、分析、评价以及编制工程地质勘察报告的全工程。

工程地质图按内容可分为工程地质条件图、工程地质分区图及综合工程地质图。工程地质条件图主要反映勘察区工程地质条件（包括地形地貌、地层岩性、地质构造、水文地质及不良地质等）的分布及相互关系。工程地质分区图是在工程地质条件分析的基础上，划分出适宜与不宜建筑的区段。综合工程地质图反映勘察区工程地质条件、公路路线及各类人工构筑物的位置与类型、勘探点布置情况，以及工程地质分区。其影响墩台位置，从而影响桥式、跨度，影响基础类型、埋置深度及施工难易等。

- 地震——影响基础类型、细部构造及桥式选择等。
- 气候——气候是地球上某一地区多年时段大气的一般状态，是该时段各种天气过程的综合表现。气象要素包括气温、气压、湿度、降水、风力与风向（见图 6.2）、极端天气等，其统计量有均值、极值及概率等，会对桥梁受力、跨度选取、施工及耐久性等产生影响。

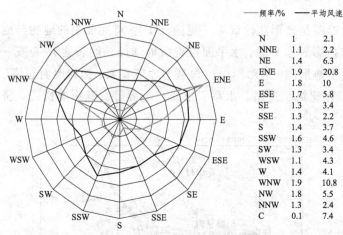

图 6.2　风频率/速度玫瑰图案例

- 河流或海洋——桥梁跨越河流时，往往需要跨越河床及滩地。

【**河床（又称河槽）**】　是指平水期河水所淹没的河谷底部。河床是河道的一部分。

河床是在不断演变的，纵向输沙平衡的破坏，会引起河床的纵向变形，河床或因冲刷降低或因淤积加高；横向输沙平衡的破坏，会引起河床横断面的变化，河流发生平面的移动。纵横向变形的结果，表现出了不同的河床类型。各种不同的河型是内外营力长期作用的产物，代表着流域的水文状况和地理环境各要素之间的平衡。

常用的是根据河床平面形态及其演变规律，将其划分为顺直微弯型、弯曲型、分汊型和游荡型四种。

- 顺直微弯型河床：河段顺直或略有弯曲，但主流流路依然弯曲，因此深槽、浅滩交错出现，两侧的边滩犬牙交错。
- 弯曲型河床（蜿蜒性河道）：具有迂回曲折的外形和蜿蜒蠕动的动态特性，在世界上分布很广。典型的弯曲型河床平面形态为弯段和过渡段相间。弯段为深槽所在，过渡段为浅滩所在。据统计发现任意两相邻浅滩的间距约为河宽的 5~7 倍。

• 分汊型河床（江心洲型河床）：具有一个或几个江心洲，河身呈宽窄相间的莲藕状，具有两股或更多的汊道，各汊道经常处在交替消长的过程之中。

• 游荡型河床：河身顺直宽浅，沙滩密布，汊道交织，河床变形迅速，主槽摆动不定，水流散乱。以黄河下游最为典型。

流水侵蚀河床形成河床地貌，包括深槽、壶穴、岩槛和深切曲流等类型。

• 深槽——河床中相对低洼的水下地形。位于河床的拐弯处或浅滩之间的较深河段，由于水流侵蚀能力增强，这段河床被冲刷成深槽。如在弯曲河道中，横向环流侵蚀凹岸会形成深槽；辐散型横向环流侵蚀河床底部也会形成深槽。洪水涨水期内，弯段（或窄段）的局部水面比降变陡，易侵蚀形成深槽。

• 壶穴——基岩河床被湍急水流冲磨成的深穴。位于河床基岩节理发育处，或构造破碎带，分布于山区河流或河段，深 6~7 m 或更多。

• 岩槛——横亘于河床底部上凸的由坚硬岩石组成的坡坎。常伴有瀑布或跌水，并构成上游河段的地方侵蚀基准面。

• 深切曲流——由于地壳抬升，深切到基岩之中的曲流。多发育在山地，分为嵌入曲流和内生曲流。嵌入曲流是地壳急剧抬升时，曲流保持原形切入基岩形成；内生曲流是曲流在下切基岩过程中，还进行侧蚀形成。内生曲流更加弯曲，常在洪水期水流漫溢而裁弯取直，原来的河弯被废弃，被废弃的河曲所环绕的孤立山丘，称为离堆山。如果地壳继续抬升，取直的新河床则继续不断加深，使废弃的河曲位置相对抬高，形成高位废弃曲流。

河床堆积地貌——河床内所形成的各种淤积体的形态。开始发育的河谷，谷底几乎全为河床所占据。由于旁蚀作用，河谷不断展宽，在河床底部形成一系列不同规模的冲积物堆积体，统称为浅滩，分布在岸边的称为边滩，分布在河心的称心滩；心滩经常淹没在水中，只在枯水期才出露水面，心滩增大淤高、出露于中水位以上称为江心洲；小型的江心洲称为河洲。边滩的尖端不断顺水流方向向下延伸，形成长条状的与水流斜交的沙滩，称为沙嘴，有的沙嘴长度可达十多千米。

边滩不断展宽、加高、增长，形成雏形河漫滩。雏形河漫滩在平水期和枯水期有植物生长，洪水期有悬移质泥沙沉积，逐渐成为河漫滩。河漫滩近岸区或江心洲沿岸区，洪水漫溢后，水深突然减小，加之河岸和洲岸的阻力，流速减小，泥沙沉积下来，形成与岸平行出露水面的堤状堆积体，称为河岸沙堤。由于凹岸的后退通常不是连续进行的，河道在发育过程中会在凸岸形成一组微高的弧状带形堆积体，称为滨河床沙坝。沙坝与沙坝之间成为狭长的局部洼地。这一系列滨河沙堤与坝间洼地组合而成的扇状沉积体，称为河漫滩鬃岗地形或迂回扇。弯道河床的自然裁弯形成废弃河道。废弃河道的上、下口门被淤死，成为牛轭湖。在平原河流下游，洪水期大量悬浮物质随河水溢出，并很快沉积，形成高出附近地面、沿河床两侧堆积成向外微倾斜的长堤，称为天然堤，如图 6.3 所示。

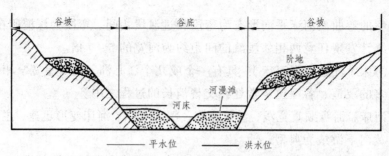

图 6.3 山区河床典型横断面

• 通航或跨线——桥梁必须充分跨越航道或线路，其影响桥梁高度、跨度及桥式等。通航尺度可参考《内河通航标准》（GB 50139）或《通航海轮桥梁通航标准》（JTJ311）等，见表 6-1。

表 6-1 天然或渠化内河河道航道尺度

航道等级	船舶吨级（t）	代表船型尺度（总长×型宽×设计吃水）/（m×m×m）	代表船舶、船队		般舶、船队尺度（长×宽×设计吃水）/（m×m×m）	航道尺度/m			
						水深	直线段宽度		弯曲半径
							单线	双线	
I	3 000	驳船 90.0×16.2×3.5 货船 95.0×16.2×3.2	（1）		406.0×64.8×3.5	3.5～4.0	125	250	1 200
			（2）		316.0×48.6×3.5		100	195	950
			（3）		223.0×32.4×3.5		70	135	670
II	2 000	驳船 75.0×16.2×2.6 货船 90.0×14.8×2.6	（1）		270.0×48.6×2.6	2.6～3.0	100	190	810
			（2）		186.0×32.4×2.6		70	130	560
			（3）		182.0×16.2×2.6		40	75	550
III	1 000	驳船 67.5×10.8×2.0 货船 85.0×10.8×2.0	（1）		238.0×21.6×2.0	2.0～2.4	55	110	720
			（2）		167.0×21.6×2.0		45	90	500
			（3）		160.0×10.8×2.0		30	60	480
IV	500	驳船 45.0×10.8×1.6 货船 67.5×10.8×1.6	（1）		167.0×21.6×1.6	1.6～1.9	45	90	500
			（2）		112.0×21.6×1.6		40	80	340
			（3）		111.0×10.8×1.6		30	50	330
			（4）		67.5×10.8×1.6				
V	300	驳船 35.0×9.2×1.3 货船 55.0×8.6×1.3	（1）		94.0×18.4×1.3	1.3～1.6	35	70	280
			（2）		91.0×9.2×1.3		22	40	270
			（3）		55.0×8.6×1.3				
VI	100	驳船 32.0×7.0×1.0 货船 45.0×5.5×1.0	（1）		188.0×7.0×1.0	1.0～1.2	15	30	180
			（2）		45.0×5.5×1.0				
VII	50	驳船 24.0×5.5×0.7 货船 32.5×5.5×0.7	（1）		145.0×5.5×0.7	0.7～0.9	12	24	130
			（2）		32.5×5.5×0.7				

【**航道尺度**】 设计最低通航水位时，航道的最小水深、宽度和弯曲半径等的总称，如图 6.4 所示。

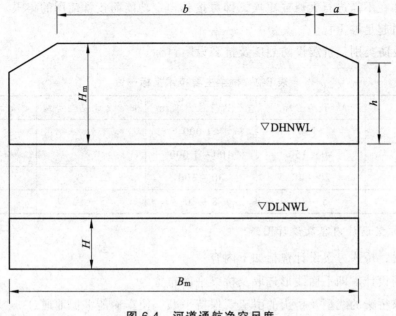

图 6.4　河道通航净空尺度

桥址工程建设条件对桥梁建筑的影响远较场地条件对房屋建筑的影响大，这是桥梁建筑的重要特点之一。

2. 桥梁主要设计技术指标（见表 6-2）

● 桥梁功能——在满足道路功能的基础上，满足桥梁功能。

【**公路功能**】 在路网中，公路应为车辆出行提供畅通直达、汇流集散或出入通达的交通服务能力。主要干线公路或次要干线公路应具有畅通直达的功能。主要集散公路或次要集散公路应具有的汇流集散功能。支线公路应具有出入通达的功能。

桥梁应根据所在道路的作用、性质和将来发展的需要，符合技术先进、安全可靠、适用耐久、经济合理的要求，另外，还应按照美观和有利于环境保护的原则进行设计，并考虑因地制宜、就地取材、便于施工和养护等因素。道路设计应根据道路的功能、使用任务及其在路网中的作用，并考虑铁路、水路、航空、管道等运输方式，同城镇、街坊、农田规划的关系，合理确定道路等级和路线走向、走廊带。路线方案应在所选定的走廊带与主要控制点基础上，进行布局和总体设计，合理运用技术指标，对可行的路线方案进行比选，以确定设计方案。桥梁设计还应重视桥渡设计。桥梁设计及其引道的线形应与路线的总体布设相协调。

● 交通量——影响桥梁宽度，道路等级及设计荷载等。

● 路线等级——影响设计荷载、设计车速及设计寿命等。

● 设计车速——确定道路几何设计指标（包括平曲线半径、纵坡、竖曲线半径、超高、视距等），并使各设计指标相互协调的设计基准速度。

- 设计荷载——包括车道荷载或车辆荷载等。

- 设计使用年限——在正常设计、正常施工、正常使用和正常养护条件下，永久构筑物或结构构件在不需进行大修或更换，即可按其预定功能而正常使用的年限。桥梁设计寿命的概念应引起足够重视。

- 抗震设防类别、抗震设防烈度及抗震设防目标。

表 6-2　桥梁主要技术指标一览

桥梁分类	单孔跨径/m	多孔跨径总长/m	桥梁设计安全等级	设计使用年限
特大桥	>150	>1 000	一　级	100
大　桥	40 ~ 150	100 ~ 1 000		
中　桥	20 ~ 40	30 ~ 100	二　级	50
小　桥	5 ~ 20	8 ~ 30	三　级	30

3. 桥式方案设计内容及设计图纸

一般来说，桥式方案设计包括如下内容：

（1）平面设计　即平面线形选取及桥梁平面布置等。

一般要求桥梁的线型及桥头的引道要保持平顺，使车辆能平稳地通过。

一般情况下，桥位及平面线形服从线路走向。大、中桥梁的线型，一般取直线为宜；但当受到桥址地形限制时允许修建曲线桥或斜桥（当桥墩/台横向轴线与桥梁/路线中心线非正交时，称该桥为斜交桥）。

对于主、引桥采用不同结构形式者，尤其是不同桥宽（常由于主桥主要承重构件侵占桥面空间而造成）者，要格外留心，务必使主、引桥车行道顺直，以保证车辆及大桥的安全。

位于平曲线上的桥梁，其平面布置的基本方法有：弦线法、平分中矢法及曲线布置法。墩台横桥向布置，一般沿平曲线径向布置。如图 6.5 所示。

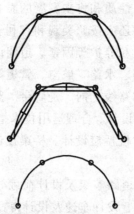

图 6.5　桥梁弦线法布置（上图）、平分中矢法布置（中图）及
曲线法布置（下图）平面示意图

【桥梁预偏心】　受结构特点及施工方法的影响，桥梁施工中，必须设置预偏心，基本包括：

- 有的桥梁需要设置支座上板预偏心（相对支座下板）。
- 有的桥梁需要考虑桥塔（顶）预偏心（相对成桥状态）。
- 倾斜桥塔塔柱基础设预偏心（相对塔柱基础）。
- 有的桥梁需要考虑鞍座预偏心。
- 曲线布置的桥梁，为了平衡自重作用产生的扭矩，桥墩往往沿径向离圆心方向设置偏心，称为横桥向偏心距。
- 为了平衡自重作用产生的顺桥向弯矩，各联之间的交接墩（不等跨墩）往往向支反力较大侧偏移，称为纵桥向偏心距。桥墩纵（横）桥向偏心距：

$$e = M/N \tag{6-1}$$

式中　e——桥墩纵（横）桥向偏心距；

　　　N——自重作用下偏心处所受竖向压力；

　　　M——自重作用下偏心处所受纵（横）桥向弯矩。

对于整体式大型桥梁，尽量避开路面超高渐变段（往往位于缓和曲线段）设桥，避免复杂的桥梁外形。

（2）立面设计　即桥梁孔跨布置及式样选择等，它是桥梁方案设计的关键，也是桥梁景观设计的内容之一（详见第6.3节）。

由于桥梁为一带状（线性）建筑结构，因此，其立面设计就成为桥梁建筑设计的主要内容之一。

桥梁立面孔跨布置典型案例如图6.6所示。

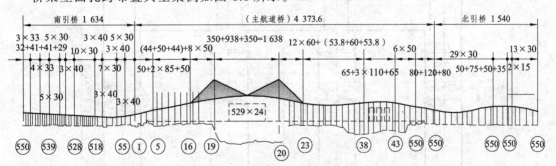

图6.6　跨越范围宽广、跨越障碍物各异之超级桥梁桥式总体布置

（注：纵向比例尺 ≠ 竖向比例尺）

道路（桥面）竖曲线各要素近似计算公式：

$$转坡角 \quad \omega = i_1 - i_2 \tag{6-2}$$

$$曲线长 \quad L = \omega \times R \tag{6-3}$$

$$切线长 \quad T = L/2 \tag{6-4}$$

$$外\ 距 \quad E = T^2/2R \tag{6-5}$$

$$\text{纵} \quad \text{距} \quad Y = X^2/2R \tag{6-6}$$

式中 R——竖曲线半径；

i_1，i_2——道路纵向坡度；

X——计算点与直圆点（或圆直点）间的水平距离。

（3）横断面设计 即桥面布置及桥梁横向布置等（见图 6.7，详见第 6.5 节）。

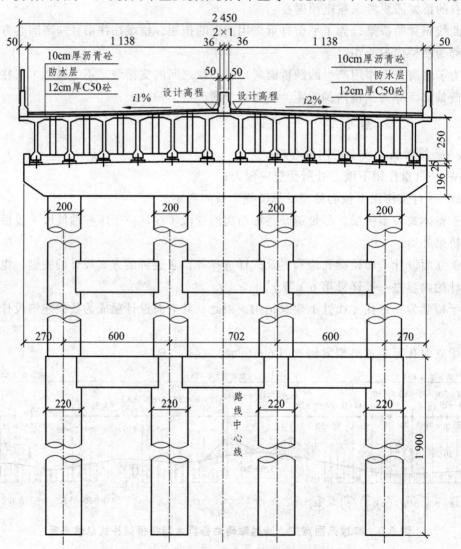

图 6.7 桥面布置及桥梁横向布置案例

（4）桥梁景观设计 详见第 6.6 节。

（5）桥式方案设计应绘出以下图纸：

• 桥梁平面布置图，包括自然地形、地貌及地质等。

• 桥式方案总体布置图，包括桥式立面设计及横断面设计、地质纵断面等。

• 桥跨主要承重结构一般构造图。

- 关键细部构造图。
- 下部结构一般构造图。
- 桥梁施工步骤示意图。
- 桥梁施工场地平面布置图。
- 桥梁施工进度安排图。
- 全桥主要工程数量表。
- 桥址区域景观设计鸟瞰图。
- 桥式方案综合比较表。

注：初步设计文件清单详见附录 B。

总之，桥梁各子模型设计定位先后逻辑关系如下：

桥位（桥渡）→桥梁孔跨布置→上部结构纵横向布置→下部结构纵横向布置→
附属设施布置。

6.2 桥渡设计

以桥梁为主体，包括桥头引线及导流堤等在内的全部建筑物统称为桥渡。
桥渡设计包括如下内容：

（1）为使桥梁安全跨越河流所进行的桥位选择。

（2）按规定的洪水频率推算洪水流量，计算桥梁孔径。

（3）确定通航净空及桥面高程。

（4）计算冲刷，确定基础埋深。

- 桥下河槽一般冲刷计算（详见有关规范）：

$$h_{\mathrm{p}} = \left[\frac{A \dfrac{Q_2}{\mu L_j} \left(\dfrac{h_{\max}}{\overline{h}_{\mathrm{c}}} \right)^{5/3}}{E \overline{d}^{1/6}} \right] \qquad (6\text{-}7)$$

$$A = \left(\frac{\sqrt{B}}{H} \right)^{0.16} \qquad (6\text{-}8)$$

- 河流中桥墩局部冲刷计算：

$$h_{\mathrm{b}} = K_{\xi} K_{\eta 1} b_1^{0.6} (\overline{v} - v_0') \qquad （当 \ \overline{v} \leqslant v_0 \ 时） \qquad (6\text{-}9)$$

$$h_{\mathrm{b}} = K_{\xi} K_{\eta 1} b_1^{0.6} (v_0 - v_0') \left(\frac{\overline{v}}{v_0} \right) \qquad （当 \ \overline{v} > v_0 \ 时） \qquad (6\text{-}10)$$

（5）设计桥头引线和导流堤等。

一般桥梁的桥位应服从线路的走向，使线路顺直，节省运营费用。

但对于特大桥，其工程规模大、工程数量大、造价高、工期长，其建成后遭受水害的影响大，因此，在选线设计中必须选择良好的桥位，这被称为桥渡选线，它是桥渡设计中的重要一环。

桥渡选线一般遵循如下原则：

准则【6.1】 投资巨大、工程复杂的大型桥梁，应从地质、水文、接线方案等方面进行综合论证，以寻求较优的桥渡方案。

准则【6.2】 对于通航河流，桥位应选在上下游均有稍长直线段航道处，且洪水水流和常水水流方向一致。

准则【6.3】 上下游有邻桥时，须使设计桥位不要太靠近已建桥位；若相距不远，一般至少要求新建桥梁墩位与已建桥梁墩位对齐，方便水流或通航等。

准则【6.4】 在有流冰、流木或其他飘浮物存在的河流上，不可在河湾处设桥，以免堵积或壅水，将桥推倒；若迫不得已的话，则须将桥孔加大，并利用山嘴、高地等不易冲刷的稳定河岸作为桥头的依托。

准则【6.5】 在两河交汇处，水流流向易变，冲淤难料，不宜设桥。

准则【6.6】 在河中有沙洲处，河水总流在各河汊内的分配常有变化，每河汊均需按可能分配到的最大流量设置桥梁孔径，与无分汊河段相比，设计总孔径往往需加长。

准则【6.7】 在水库区内设桥时，将因水面宽阔及水深过大等而增大桥梁投资；而在水库下游不远处设桥时，应注意河水所造成的冲刷，有时还应考虑溃坝可能造成的灾害。

准则【6.8】 理想的桥渡位置要求：

（1）河道较顺直。

（2）主槽水深变化不大且主槽位置稳定。

（3）河滩较窄较高（使引线或引桥工程量较省）。

（4）河岸较高，且较平坦（使桥的总长不致加大，线路工程较省，施工场地容易安排，且不受汛期洪水的威胁）。

（5）桥轴与河的主要流向成正交。

6.3 桥梁孔跨布置及桥式选择

桥梁孔跨布置，亦称为桥梁分孔或者叫墩位选择。它是桥梁跨越功能分区布置的关键，是桥梁总体设计或者说是建筑设计中的一项重要内容。

桥梁跨越功能分区包括：

- 跨河/海跨，包括跨主河槽跨、跨边滩跨等。
- 通航跨（往往是主桥跨）。
- 跨公园跨。

- 跨农田跨。

- 跨峡谷跨。

- 跨路跨。

- 跨桥跨（立交桥中）。

- 主/引桥跨。

- 跨其他障碍跨等。

一座复杂的桥梁，不但要进行不同桥式方案间的比较，而且往往要将同一桥式的几个不同的分跨作为几个不同的方案进行比较，以求得较优的方案。以桥式最优设计准则及桥式的新分类与新评价等内容为基础，糅合桥梁规范有关孔跨布置的条文及的工程实践，笔者提出如下桥梁孔跨布置应遵循的 20 条准则，它是桥梁孔跨布置实践的高度概括与总结。

准则【6.9】 跨越一条河流时，一般以设置一座桥为宜；当一条河流有两个或两个以上的稳定河槽，或滩地流量占设计流量比重较大，且水流不易合并时，宜分设桥梁，但若两桥相距不远（150～250 m）、有连通设桥条件时，应连通设为一长桥。

根据跨越河流或峡谷的河床（包括岸坡、阶地等）横断面形态，主桥分跨数常选择奇数，不仅受力合理、分割空间协调美观，往往也是跨越功能的要求；而分跨数采用偶数的情况（可于道路中央设墩的跨线桥等）很少。

准则【6.10】 当桥梁穿越某些不良地质区域，如冻土区的冰椎、冻胀丘、融冻泥流、热流滑塌、热流湖塘等时，应设桥通过。

准则【6.11】 桥梁孔跨的布置，除满足桥梁功能及其他条件的要求外，应使其总造价较低（当然，对于不同的桥长，应结合路基一同比较，详见 6.7 节）。

准则【6.12】 一般来说，地质越差或下部结构投资越大，就越宜采用较大的跨度，以减少支承结构的工程量，从而节省投资，反之亦然。因此，桥梁孔跨布量往往表现为：引桥跨度小于主桥跨度，边跨跨度小于中跨跨度。

桥梁"基础价格"（材料价+机械台班价+人工价）可参考附录 E。

基础价格——按照"商品价值和价值转化形态是价格形成的基础"这一要求而测算的（理论）价格。

有关桥梁经济性概念包括：

- 同一桥式，桥梁上部结构的造价指标随其跨度的增大而急剧增大（粗略按二次幂）。

- 桥梁上部结构的造价指标随桥式的变化而变化，适宜跨度越大者，其造价指标也越高。

- 地质条件越好者，其下部结构造价指标就越低。

- 一般来说，深水墩较浅水墩（包含基础）造价指标高。

- 一般来说，陆地墩较水中墩（包含基础）便宜很多。

- 一般来说，矮墩较高墩（包含基础）便宜。

- 一般来说，线路高度在 12 m 以上时，应进行路基方案与桥梁方案的比较。

准则【6.13】

（1）架桥或拱桥相邻跨度的比值（小跨比大跨）宜在[0.4, 1]范围内，接近 0.618 时，桥跨变化会显得平顺、流畅。

（2）悬臂施工的连续梁桥或连续刚构桥，其跨度尚应满足施工时对称 T 构对跨度的要求等。

（3）斜拉桥边跨与中跨之比宜在[1/4, 1/2]范围内。

（4）悬索桥边跨与中跨之比宜在[1/4, 1/2]范围内。

准则【6.14】

（1）同一线路区段内，桥梁的孔径、式样、材质应力求统一。

（2）同一座桥梁，除通航或其他要求外，应尽量采用相同的结构并且等跨。

（3）对于跨度不超过 50 m 的简支梁桥，其跨度应采用标准跨度，其设计应采用桥梁标准设计，以方便设计与施工，取得经济效益。

准则【6.15】

（1）一般情况下，桥孔不宜压缩，避免采用高桥台、大锥体。

（2）起桥高度一般为 6~8 m，城市桥梁采用较小者，取至 2~3 m。

（3）有条件设置埋台或挖方内桥台者，应优先采用。

准则【6.16】

（1）桥梁中线宜与天然河道洪水流向正交，避免水流在桥头形成水袋而产生三角回流，影响线路或桥梁安全。

（2）桥跨结构应高出设计洪水水位至少 0.25 m，必要时，尚应考虑壅水高、波浪侵袭高、局部股流涌高、斜水流局部冲高、河弯超高、河床淤积或漂流物等的影响。

准则【6.17】

（1）通航河流上，桥梁中线应与航线正交。

（2）当不能避免斜交时，应适当加大通航净孔。

（3）通航孔桥跨结构应高出桥下通航净空限界，并留有富余。

（4）桥跨结构不能伸进桥面行车/人建筑限界。

为了避免船泊航行撞击桥墩，常采取如下措施：

- 尽量正交设桥，并加大通航孔跨度。
- 桥墩设于陆地。
- 桥墩处筑人工岛。

当无法避免船泊撞击时，设防撞结构是必要的。

【桥墩防撞概念设计】

- 加大跨度，避免被撞击是首选。

- 加大跨度并设防撞设施（同时保护桥梁与船舶）是主题。
- 实体墩较框架墩耐撞击。
- 带横系梁的框架墩较无横梁的框架墩耐撞击。

在确定桥梁过河孔大小时，常常需要考虑参数"紊流宽度"。然而，现行规范并未给出具体做法。

桥墩附近的水流具有明显的三维特点，平面水流绕经桥墩形成一般的形体绕流，通过水槽试验观测可知，桥墩周围的水流结构主要包括墩前水面涌波、桥墩迎水面向下水流和尺度很大的紊流区（见图6.8）。紊流区是一个复杂的综合水流结构，包括桥墩迎水面向下水流和两侧绕流在床面附近形成的马蹄形漩涡和桥墩两侧边界层分离形成的尾流漩涡以及桥墩两侧和墩后由床面附近释放的小漩涡。其宽度的确定，直接影响到通航孔净宽值的确定。经试验观测（参考胡旭跃与陈健强编著《桥位河段的航道整治工程》）与理论分析，得出桥墩处水流紊流宽度计算：

$$B/D = -77.237\,7F_r^2 + 11.328F_r - 0.872\,8 \tag{6-11}$$

笔者通过对式（6-11）进行分析，得到极值状态：
当弗汝德数 $F_r = v/\sqrt{gh} = 0.78$ 时

$$\text{Max}(B/D) = 3.6 \tag{6-12}$$

式中　B——桥墩左右侧紊流宽度之和；

　　　D——墩柱直径。

该式可作为确定紊流宽度时之参考值。

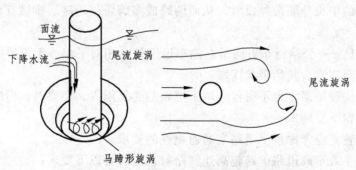

图 6.8　圆柱形桥墩与水流相互作用示意图
（左图为立体图，右图为俯视图）

准则【6.18】　桥孔通过设计洪水流量、桥跨结构高出设计洪水水位并有足够的富余、河流产生的冲刷系数小于规范规定的容许值等是桥梁孔径必须满足的条件之一，这是水文对桥梁的基本要求。

冲刷系数　　　$p = w_x / w_g$ 　　　　　　　　　　　　　　　　　　（6-13）

$$w_x = Q_p / v_p \cos\alpha \tag{6-14}$$

式中　w_g——桥下供给过水断面积；

w_x——所需桥下过水断面积；

Q_p——设计流量，对于小流域，可采用推理公式：

$$Q_p = 0.278(S_p / t^n - \mu)F \tag{6-15}$$

v_p——设计流速；

α——水流方向与桥梁轴线之法线间的夹角。

准则【6.19】　当桥梁较高、跨越河道的水深较大、河面较宽时，则在技术经济条件许可的情况下常常增大水中桥跨跨度（适应大跨的桥式有悬索桥、斜拉桥及拱桥等），尽可能将桥墩设在岸上、浅水区或礁石上，最大限度地减少深水桥墩基础，把深水基础问题转化为用增大跨度的方法来加以解决（即减少下部结构工程投资，而增大上部结构工程投资，从而降低结构总投资），降低了深水对桥墩及基础施工的影响，有利于泄洪及水上交通，减少了船舶撞击桥墩的几率，因而往往是经济合理的。

准则【6.20】　跨越宽浅河流的桥梁，常采用多跨等跨梁桥跨越主河槽。

准则【6.21】　当线路跨越泥石流河流时，桥孔应尽量采用单孔或考虑采用多孔较大的跨度，以免被泥石流冲毁。

准则【6.22】　跨越 V 字形或接近 V 字形峡谷时，桥梁主跨往往采用一跨跨过，并且优先考虑拱桥或反吊桥方案。

准则【6.23】　跨线桥结构设计及安全防护：

（1）当桥梁上跨道路时，为了避免采用较大的跨度，降低建筑度，节省投资，往往考虑是否可在道路的中央分隔带处设墩，从而两跨或多跨跨越道路。桥墩宜设置在公路路侧净区以外。

注：路侧净区——公路行车方向最右侧车道以外，相对平坦、无障碍物、可供失控车辆重新返回道路而正常行驶的带状区域。

（2）桥跨结构或桥梁墩台不得侵入桥下道路的建筑限界，必要时，尚应为未来桥下道路的维修或改建留下空间。

（3）孔跨布置尚应考虑桥下道路交通通视性的要求。

（4）当公路（或市政道路）跨越高速铁路时，应符合以下要求：

① 跨线桥跨及其相邻桥跨，其安全等级应采用一级，其结构重要性系数应取 1.1。

② 跨线桥跨及其相邻桥跨，其汽车设计荷载应采用标准设计荷载的 1.3 倍，即荷载扩大系数取 1.3。

③ 结构抗震设防类别应不低于公路/城市桥梁抗震设计标准中的 B（乙）类，并满足《铁路工程抗震设计规范》（GB50111）的相关要求。

④ 桥跨梁部结构宜采用整体箱梁。当采用其他结构形式时，应采取加强结构整体性的措施。

⑤ 跨线桥跨及其相邻桥跨,桥面安全防护护栏应采用两道防护,防撞等级应不低于《公路交通安全设施设计规范》规定的最高等级。

⑥ 桥上应设置安全警示标志、防物落网及防雷接地系统。

⑦ 跨线范围内桥面灯杆不宜设在桥梁边缘,并采取防止灯杆倾覆、坠落等措施。

准则【6.24】 由于不良地质的影响,墩台布置应遵循如下几点:

（1）墩台基础不应设置在软硬不均匀的地基土上。

（2）墩台位置应避开断层、滑坡、挤压破碎带、石灰岩溶洞及溶沟、黄土陷穴与暗洞或局部软弱地基等不良地质处。

（3）陡峭山坡上修建墩台时应注意基础底下及侧面岩体的稳定性。

（4）靠近陡峭岩壁的河槽边墩基础,应避免穿经水下山坡落石堆积层。

准则【6.25】 在具有较长历史的城区建造桥梁时,应对桥址区域内现有的或残留的构筑物,如:

（1）地下管线（给水管道、排水管道、通信光缆、电缆、煤气管道等）。

（2）水工构筑物（驳岸、码头、防汛墙、堤岸及抛石护岸等）。

（3）各种工业/民用房屋建筑物的性质及结构情况等调查清楚,以便确定:

① 桥墩是否避让;

② 原有构筑物是否拆迁、改造;

③ 对紧靠桥墩的结构物采取防护措施。

必要时,应对邻近建筑物、构筑物或土体稳定性等进行评价。

准则【6.26】 互通式立体交叉总体设计包括以下主要内容:

（1）桥址区域地形、地物及地质的勘察。

（2）交通流线的组织（优先选择简捷明快者,为了减少交通事故,应使机动车、非机动车、行人三者分行,尽量设立交,减少平交,减少交通冲突点或交织段）。

（3）立交形式的选取（对于十字形交叉,优先推荐苜蓿叶形立交形式）。

（4）各流线之交通量分布。

（5）各主干道及匝道交通功能分区的布置。

（6）各桥梁的空间布置、型式选取及方案设计。

（7）立交区域景观设计等。

其中,桥梁的布设应尽量避免出现分叉桥（设伸缩缝）或急转弯桥;若无法避免时,应于分叉处、桥面宽度聚变处或急转弯处设置桥墩,使桥梁受力状态良好。

从艺术角度讲,要求互通式立交的若干层桥跨切割空间呈和谐、良好的比例。

另外,在互通式立体交叉中,桥梁群在水平面上的布置也应力求做到匀称,并满足桥下通透性良好。

请欣赏图6.9所示的X形桥（于分叉处设有墩）及图6.10所示的互通式立交桥。

图 6.9　日本的 X 形桥（东京樱桥）

图 6.10　中国天津中山门互通式立交桥（蝴蝶形）

准则【6.27】　穿越城市的河流两岸往往修建滨河路，这就要求建造桥梁时，不但要跨越河流，还要与滨河路实现互通式立体交叉，因此，要妥善处理好跨河分跨与立交桥群布置的关系问题。

注：桥梁两端附近不宜设置平面交叉口。

准则【6.28】　悬索桥分跨布置时，除了考虑桥塔处于良好的位置及其他要求外，不可忽视锚碇的型式及位置，其对方案造价及大缆索股散索过程中的稳定性有大的影响。

为保证大缆在散索过程中索股处于完全稳定或基本稳定状态，一般须满足下式：

$$\delta > \xi + \beta /(0.46 \sim 0.64) \tag{6-16}$$

$$\delta > \xi + \theta \tag{6-17}$$

式中　δ——大缆发散中心线的倾角；

ξ——大缆进入散索鞍处的倾角；

β——发散大缆的横向扩散角；

θ——发散大缆的竖向扩散角。

大跨悬索桥桥塔较高，有可能影响航空，尤其是城区或城郊，其对桥塔形式的选取、甚至孔跨的布置都会带来影响。另外，高塔必须进行避雷设计。

由于吊桥桥面往往较高，若采用单跨吊桥，则其相邻若干跨桥墩往往成为高墩（水中墩），且边缆效用未发挥，因此，采用多跨吊桥较为理想。

对于高架轻轨线上的较大跨桥梁（连续梁或连续刚构等），除满足上述各条准则外，考虑到其结构特点（标准跨轨道梁简支于较大跨桥梁结构上），为使由轨道梁传递来的荷载传力简捷，并使主梁受力优越，笔者建议其各分跨采用轨道梁标准跨的奇数倍，而不是偶数倍。

准则【6.29】 对于双幅桥或较宽的桥梁，当桥梁轴线（中心线）与被跨越的障碍物轴线斜交较大时，宜比较"错幅"设桥方案。有条件时，尽量采用错幅设正桥方案，方便设计与施工。如图 6.11 所示。

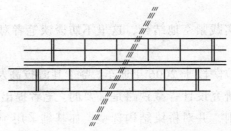

图 6.11　错幅布置的桥梁典型平面

墩台错动距离：

$$D = 0.5B\tan(\alpha - \pi/2) \tag{6-18}$$

式中　B——半幅桥梁宽度；

　　　α——斜交角度（钝角）。

墩台错动距离与跨度的基本关系：

$$D = 0.5l \tag{6-19}$$

采用错幅设桥方案时，往往需要设置与错动距离相当的路肩挡土墙或增设一孔桥。

准则【6.30】 对于采用双幅同步转体（水平转动）法施工的桥梁，只有当左右幅桥转体中心连线与被跨越的线性障碍物轴线间的夹角不小于 45°时，才可顺利同步转体，形成错幅桥。如图 6.12 所示。

桥梁孔跨布置是一项复杂的系统工程。对于较简单的中小桥梁，富有经验的工程师可能一眼便可定出其合理的孔跨布置；但对于复杂的大型桥梁，则须充分研究论证（其前期投入较大，方案研究工作常需好多年，比较的项目详见 6.8 节），听取各方意见，甚至其最终方案需由桥梁专家组定夺得出。

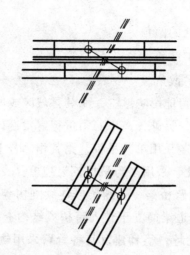

图 6.12 双幅同步转体桥梁就位（上图）及转体段预制（下图）

6.4 试论青藏铁路线上桥涵孔跨布置

为使建筑设计理论与实践紧密地结合，这里不妨谈谈笔者对青藏铁路线上桥涵孔跨布置的几点建议。

青藏铁路线格尔木—拉萨段于 2006 年通车，鉴于其海拔高及冻土分布广等特点，当时笔者认为采用全新的观念研究设计青藏铁路是必要的。笔者提出了"多设桥梁、少设路基、不设涵洞"的桥涵布设原则，并对桥梁结构选型，如基础采用预制钢管混凝土插入桩及耐久性等问题提出了看法。

6.4.1 沿线自然特征概略

（1）海拔高（3 000～5 000 m）、气压低（540～620 mb）、含氧量少。

（2）日照时间长，太阳辐射强（490～582 kJ/cm^2），日温差大，年温差小。

（3）风沙大（年均风速 3 m/s）、低温严寒（年均气温 –6～2 ℃）。

（4）降雨量少、蒸发快、气候干燥。

（5）气候多变，一日内可见四季气候，灾害性天气（雷暴、砂暴、冰雹、霜冻、寒潮）多、地震烈度高。

（6）冻土分布广（550 km 长的连续多年冻土区），敏感性强。

（7）生态脆弱、人烟稀少。

总之，青藏线地理位置及气候条件非常特殊，人称青藏高原为地球的第三极。

6.4.2 桥梁与路基的比较

针对沿线恶劣的自然环境、高昂的人工费、低效率的内燃机作业、广泛分布的具可变性的冻土（永久冻土的主要特点是它的可变性，即在自然条件，如气候、工程作用、引起工程结构物破坏的冷生过程等的作用下，冻土的参数，如温度、埋深及厚度等将会发生经常性的变化）、脆弱的无再生能力的生态环境等，确实有必要对桥梁与路基作一比较，以确定谁优谁劣。

（1）修建桥梁，有如下优点：

- 对地表干扰少；
- 有利于环境保护；
- 有利于维护水/热平衡；
- 降低对冻土的干扰；
- 便于低海拔区预制；
- 降低劳动强度；
- 缩短施工工期；
- 容易保证工程质量；
- 耐久性好；
- 方便行人、牲畜、野生动物穿越铁路线；
- 维修养护费用大大降低，甚至可以做到 50 年内免维修；
- 长远经济效益显著。

（2）修建路基，有如下缺点：

- 需取土、填土、挖土，弃土等；
- 对地表植被及水/热状况影响大；
- 不利于环境保护；
- 不利于冻土区地表及地下的水/热交换平衡；
- 会引起诸如冻胀、融沉、翻浆、融冻泥流等病害；
- 由于低温、缺氧，使以内燃机为动力的机械工作效率大大降低；
- 工程质量难以保证；
- 检测及维修费用巨大；
- 路基病害可能形成恶性循环；
- 占地较多；
- 长远经济效益极差。

若充分考虑冻土区的合理路基结构、临界路基高度，路基的取材、施工方法、对环境的影响及恢复、特别是路基病害观测、维修加固、便道修建等，那么，桥梁确与路基有一比。笔者建议多设桥梁，尤其是无人区及冻土区，少设路基或不设路基。

6.4.3 沿线桥涵设计原则

- 在桥涵勘察、设计、施工、运营及维修全过程中，必须充分考虑沿线自然特征，尽量减少对地物、地温、水土的干扰，维持冻土冻结原则，保护环境。

- 多设桥梁，少设路基，不设涵洞，因涵洞对地温、地表水土影响大，常常发生病害，所以建议不设涵洞，而改设桥梁。
- 对于桥梁相距不远者，可连通设桥。
- 对不良地质地段，如冰椎、冻胀丘、融冻泥流、热融滑塌、热融湖塘等应全部设桥通过。
- 桥梁结构应尽量采用简支梁等静定结构，台后填土选取较低的高度。
- 采用预制装配式梁、墩台及基础。

一般采用 32 m 跨预应力钢筋混凝土简支梁，这是目前部颁标准设计之最大跨度者，以减少桥墩数量，减少对冻土的影响，取得经济效益。

- 采用轻型桥墩，如双柱式墩或钢筋混凝土圆端形板式墩，以缩小体积，减少对自然环境的影响，并提高结构的耐久性。
- 建议采用钢管混凝土插入桩。之所以采用钢管混凝土插入桩，因其对冻土温度影响小（钻孔灌注桩之混凝土水化热会对冻土产生热侵蚀），便于低海拔区预制，减轻劳动强度、减少切向冻胀力的影响等。
- 台后填土及锥坡防护等应与桥头路基结构一致，维持冻土冻结状态。

为了增强桥梁的耐久性，建议采取如下措施：

- 提高混凝土强度等级 C10 ~ C15。
- 适当加大钢筋保护层厚度。
- 对于有粘结后张预应力钢筋混凝土结构，建议采用塑料波纹管成孔，并采用真空法压浆，以保证预应力筋的耐久性。
- 由于温差大，梁缝则比较宽，这就要求加强梁缝盖板的设计等，以满足梁体变形及抗冲击的要求。
- 采用适应梁端较大变位、有良好耐久性的支座。

多设桥梁是解决冻土区线路通过的最积极、最有效的唯一方式，由于其良好的耐久性，将避免因设路基而带来的冻胀、融陷等病害问题，做到一劳永逸。多设桥梁也能较好地满足沿线的景观设计。

另外，采用磁悬浮技术不失为一个好的方案。

高速铁路（公路）较多设置桥梁的原因：

- 为了高速铁路线路的平直与平顺，避免太多急弯道。
- 为了线路裁弯取值而建设桥梁，避免线路大起大伏，为了降低坡度而设桥梁。
- 遇到不良地质路段，为了减少线路沉降，高速铁路桥梁采用较长的桩基，可有效控制沉降。
- 提高线路的安全性及封闭性，解决与等级公路、城市道路等现有道路的交叉和行人横穿问题，减少风险。

6.5 桥梁横断面设计

一般来说，桥梁横断面设计包括以下三方面内容：

1. 桥面布置

桥面布置是桥梁交通功能分区布置的关键。

桥面总宽度由桥上交通量等决定。其中，桥上交通量决定了道路等级及行车道数，而桥面行车道净宽及桥面净空限界等详见有关标准，如中国行业标准《公路工程技术标准》（JT 001—97）等。

一般情况下，桥面总宽度不小于路基宽度，至少取与路基同宽；且各功能分区，如各行车/人带、中央分隔带、绿化带、路缘/分隔墙、护栏带等与所衔接的道路各功能分区顺接，而且，往往是速度越快的分区越被布置在靠近道路的中央。这是桥梁功能分区与布置的精髓。

对于比较宽的道路，常采用分设几座并列但分离的桥梁（孔跨一致，桥墩对齐），方便设计与施工。这时，仍要求桥梁各功能分区与所衔接的道路各功能分区对齐、顺接。

一般情况下，桥梁设计采用单层桥面；而对于公铁两用桥梁，却往往采用双层桥面。与双层桥面相比，采用单层桥面会使桥面较宽，虽横向稳定性增强，但桥面横向传递竖向荷载的路径加长，横梁弯矩增大；与采用单层桥面相比，采用双层桥面使桥面变窄，桥梁横向稳定性减弱，但横梁跨度变小、弯矩变小，桥跨体系传递竖向荷载的路径简捷。

桥面布置包括如下内容（见图 6.13）：

（1）行车道宽度及横坡（随线路要求予以加宽或设置超高）。

（2）公路硬路肩或紧急停车带宽度。

（3）左/右侧路缘带宽度。

（4）中间分隔带宽度：2×左侧路缘带宽度 + 中央分隔带宽度。

（5）人行道或自行车道宽度及横坡。

（6）栏杆式样及宽度。

（7）桥面建筑限界等。

（8）桥面铺装。

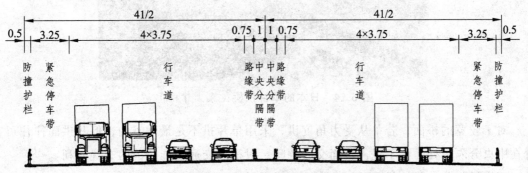

图 6.13 八车道高速公路典型桥面布置（尺寸单位：m）

2. 桥跨主要承重构件的横向布置

当道路设置中央分隔带时，桥梁可横向分幅，设置并列但分离的桥梁。

当道路宽度大于 15 m 左右时，宜分幅设桥。

每幅桥内，桥跨主要承重构件横向布置包括：

（1）梁片布置，或

（2）拱面布置，或

（3）索面布置等。

其横截面粗略设计见第 5 章。

对于装配式简支梁桥，其梁片布置及间距可参考有关标准设计图纸。

对于连续梁（先简支后连续者除外）或连续刚构桥，现常采用箱形断面，且倾向于采用单箱单室。有时，不惜设置较大的悬臂（常需设置横向预应力筋）。

对于上承式拱桥，有采用板拱（装配式箱拱用得较多）或肋拱之分。而板拱宽度或拱肋的布置均与拱上建筑、尤其是拱上立柱（墙已用得很少）的布置有关，当然，也与拱的受力，尤其是横向稳定性有关。若拱上建筑采用"立柱+盖梁+行车道板"型式，则立柱的布置（盖梁长度常与桥面总宽接近）可参考第 3 章准则【3.14】的有关条款进行布置。同样，这里也存在传力简捷及应力均匀等问题。

对于下承式拱桥，如系杆拱，由于桥面建筑限界的限制，主要以采用肋拱者为主，此时，就有采用单拱面（有人也称为单片拱，如图 6.14 所示）、双拱面或多拱面等的选择。当然采用双拱面是常有的、频繁的，依笔者之见，拱面数的选择主要受桥面宽度的影响。

图 6.14　日本的单片拱桥（泉大津桥）

对于较宽的桥面，若单从受力角度讲，采用单片拱不是最优越的，但其拱面往往可布置在中央分隔带处，而不侵占桥面交通空间，对桥面交通功能分区的布置有利。

与拱桥相似，斜拉桥和吊桥也有选择索面的问题。斜拉桥有单索面、双索面或三索面之分；但对于吊桥，采用单根大缆者极少见，而采用多根大缆者较多。依笔者之见，索面多寡的选择，与其说是传力的要求，倒不如说是桥梁横向刚度及扭转刚度的要求。这里，桥面总宽度对桥梁横向刚度及索面选取起着重要的作用。

当索面设置在桥面两侧时，索系可提供较大的横向抗扭刚度，但会使横梁产生较大的弯矩，横向传力不够简捷；相反，当索面布置在桥面中间时，索系提供的横向抗扭刚度减小了，但横梁所受的弯矩也减小了，桥梁横向传力简捷了。

当桥面总宽度及索面确定后，索塔型式就不难选择了。

典型的横截面布置如图 6.15 所示。

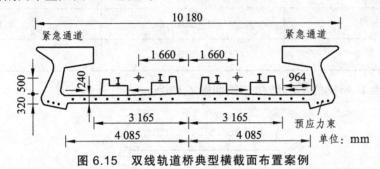

图 6.15　双线轨道桥典型横截面布置案例

桥面横坡形成方式有：

- 桥面铺装（包括现浇层）横桥向变厚度。
- 相邻板块"错台"形成横坡。
- 相邻梁片"错高"形成横坡。
- 箱梁顶板与底板平行，但顶板与底板倾斜，形成横坡。
- 箱梁各腹板横桥向变高度（底板横桥向保持水平），形成横坡等。

3. 下部结构的横向布置

下部结构的横向布置与墩台选用形式及基础选用形式有关。

对于一般的装配式中、小桥梁，广泛采用钢筋混凝土柱式桥墩，其柱顶设盖梁。

为了传力简捷，并使盖梁承受较小的弯矩及剪力，墩柱横向间距不宜取得过大，一般不超过 10 m。

当将盖梁当作带伸臂的简支梁或连续梁时，墩柱的横向排列可参考准则【3.14】中的有关条款办理，以便达到传力简捷及受力优越的目的。

简支深梁　　　$0.2 \leqslant h/l \leqslant 0.5$ 　　　　　　　　　　　　　　　　（6-20）

连续深梁　　　$0.2 \leqslant h/l \leqslant 0.4$ 　　　　　　　　　　　　　　　　（6-21）

当然，桥梁墩台的设计既要考虑桥跨结构传来的荷载，又要考虑基础传力的能力等。

若单从较直接地传递上部结构构件来的较大的竖向力方面考虑的话，那么，墩柱的理想的位置便是支座正下方;而单从较直接地传递墩柱传递来的较大的竖向力方面考虑的话,那么,基础最理想的平面位置便是墩柱的正下方。这就不难理解,在桩基广泛使用的今天,常常会看到一簇簇桩对称均匀地围绕在墩(塔)柱的周围。桩基一般构造参考建议取值范围如表 6-3 所示。

表 6-3　桩基一般构造参数建议取值范围

桩基参数	取值范围	备　注
桩中距	（2.5～3.0）D	
承台厚	（1.0～2.0）D	最小为 1.5 m
横系梁高	（0.8～1.0）D	

桥跨结构为 U 形梁的下部结构布置如图 6.16 所示。

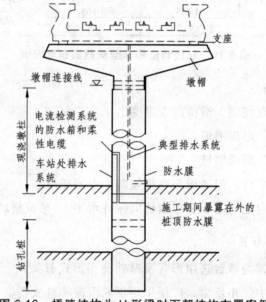

图 6.16　桥跨结构为 U 形梁时下部结构布置案例

6.6　桥梁约束体系设计

桥梁约束装置包括普通支座、抗风支座、抗震支座及阻尼器等。

6.6.1　支座布置原则及支座布置数目准则

支座布置在桥梁约束系统中占据重要地位。

横桥向布置普通支座时,要求自上部结构传来的荷载经转向后,能够顺利地传递下来;

自普通支座向下部结构传去的荷载，经转向后，较顺利地传入基础。

每个支座，均应满足结构对该部位传力及变形（变位）的要求。支座间应提供必要的抗扭能力，并使上部结构所受荷载传递给横向转向构件时，转向构件的受力较为优越，因此，应避免相邻支座间距过大。

支座（约束）的布置，一般遵循如下原则（见图6.17）：

• 固定铰支座布置在使桥跨结构温度伸缩长度较小的位置，其次考虑该墩台抗水平制动力的能力等，因此，固定铰支座常常布置在一联桥的中间桥墩处，而且接近桥梁中轴线。

• 单向活动支座布置在只在一个方向允许活动的支承处。

• 双向活动支座布置在任一方向均允许活动的支承处。

图 6.17　桥梁约束体系总体布置案例

简支梁或连续箱梁桥横桥向倾覆过程分析如图6.18所示。通过分析研究，笔者提出"普通支座布置数目准则"。

正常状态（无非线性）→偏载作用下某一支座脱空（特征状态一）→单向受压支座依次持续脱空（边界非线性）→箱梁扭转失稳临界状态（特征状态二）→箱梁失稳（几何非线性）→支座及下部结构连带损坏（特征状态三）

图 6.18　简支梁或连续梁桥横桥向倾覆过程分析

【普通支座布置数目准则】

• 为满足横桥向抗扭约束的需求，一般情况下，对于每个墩台支座，横桥向支座布置数目最小为2。

• 为使上部结构传来的竖向荷载经转向，简捷地传给支座，对于每个墩台，横桥向支座布置数目最大为：桥跨纵向承重片数，如箱梁腹板数、主桁架片数、拱肋片数、梁片数或板片数的2倍等。

• 为提供较大的横桥向抗扭约束，防止桥梁侧翻，两边支座间距应尽量加大。

• 横桥向相邻支座间的距离一般最大不超过10 m。

• 边支座距桥面边缘的最大水平距离不宜超过4 m，禁止超过6 m。

• 当一联梁桥（上部结构采用整体式截面）全部采用单向抗压支座时，要求其横桥向抗倾覆稳定性系数≥2.5。

6.6.2 伸缩装置布置及伸缩量计算

至于桥联的划分，一般遵循如下原则：

- 不同桥式间。
- 同一桥式间，但嫌温度伸缩长度过长时，设伸缩缝分断。
- 桥梁变宽（突变）处。
- 桥梁分叉处。
- 桥与路基衔接处，即桥台处。
- 其他情况。

两联桥梁间，应于分界墩（往往也是不等跨桥墩）上方、两联梁间设置伸缩缝。

要求：

$$两联梁间间距 \geq C^+$$
$$装置伸缩量 \geq C^+ + C^-$$

式中　C^+——伸缩装置在安装后的闭口量；

　　　C^-——伸缩装置在安装后的张口量。

6.7　桥梁景观设计

以往，建筑规划主要以人的活动场所为重心，建筑设计以设计人的生活空间为重心，而园林设计则注重视觉美和意境的营造，三者相互分离。

近年来，景观建筑学蓬勃发展，其特点如下：

- 将规划、建筑和园林（环境）设计等融为一体。
- 以人、建筑及自然三者构成的大系统为研究对象。
- 以人的生理及心理、建筑造型与艺术、人的审美取向等为理论根据。
- 强调人（以人为本）、景观（可视、可触、可联想、可设计）与建筑的统一性、和谐性。

笔者同意文献[14]的观点，即景观规划设计可分为以下三个方面：

（1）景观感受层面，基于视觉的所有自然形态、人工形态（包括楼房、道路、桥梁、雕塑、农田、瓦舍、庙宇等）及其感受的设计，即狭义景观设计。

（2）环境、生态、资源层面，包括土地利用、地形、地质、水体、动物、植物、气候、阳光等自然资源在内的调查、分析、评估、规划、保护等，即大地景观设计。

（3）人类行为、历史文化与艺术层面，包括潜在于园林环境中的历史文化、风土民情、风俗习惯等与人们精神生活世界息息相关的文明，即行为精神景观设计。

笔者相信，实际的景观设计是以上三者的有机融合。

正如美国现代景观建筑学创始人之一奥姆斯特德所主张的那样：

景观建筑设计的目标是

创造可持续的、

适于人生活的、

公正的景观，

并给予这一概念以清晰的想象形式。

美国风景建筑师协会主席 C.W.埃利奥特 1910 年对风景建筑学做了较完整的解说。他写道："风景建筑学主要是一种艺术，因此它最重要的作用是创造和保存人类居住环境和更大郊野范围内的自然景色的美；但它也涉及城市居民的舒适、方便和健康的改善。市民由于很少接触到乡村景色，迫切需要借助于风景艺术（创作的自然）充分得到美的、恬静的景色和天籁，以便在紧张的工作生活之余，使身心恢复平静。"

可见，景观建筑设计是一项大的系统工程。它涉及许许多多的专业领域，如：

城市规划；社会伦理；政治与经济；人口；文化（理性与非理性）；风土人情；道路；桥梁；楼宇；房舍；围墙；市政管线；景观绿化；林业；水利；建筑；结构；给排水；暖通；电力；消防；心理行为；游憩；资源；历史；宗教；园林；环保；生态；美学；艺术等。

桥梁作为人工建筑物，与人、大自然都会产生关系。因此，包含桥梁在内的景观设计必须引起重视。

桥梁景观设计，是指考虑桥梁所跨之物、桥梁本身及桥头衔接之物，结合自然景观与人文景观，对包含桥梁在内的区域进行的景观建筑规划设计。一般包括：

- 桥梁造型的选取。
- 色彩的运用。
- 细部的装饰。
- 墩身图案的选择。
- 护栏图案及材质的选用。
- 人行道彩色图案的挑选。
- 桥渡导流建筑物（包括河床铺砌、桥台锥体、各类导流堤等）的设计。
- 建筑夜景照明。
- 周围自然景观的协调设计（如河道改造、岸堤绿化等）。
- 周围人文景观的协调设计等。

示例如图 6.19 所示。

在桥址区域景观中，可与大桥争锋者，除了大地地形、跨越的大江/河/海外，也就算高楼大厦了，因此，往往一座大桥，会成为一个景区、一座城市甚至一个国家的标志性建筑，成为区域景观的主宰（宜以物体规模及寿命长短衡量其在区域景观中的地位）。如果一座伟大的桥梁将在该区域景观设计中占据主要地位时，那么，笔者建议，应由桥梁建筑师担当该区域景观设计的总设计师。

图 6.19 中国哈尔滨松花江大桥环岛绿化

6.8 方案比较项目

- 桥梁建筑高度及起桥高度——影响桥长等。
- 桥梁横断面形式——包括桥面布置及主要尺寸（包括桥面宽度、行车道宽度、栏杆宽度、桥跨主要承重构件形式、横向布置及其横截面主要尺寸、盖梁主要尺寸、墩柱间距及墩径大小、基础型式受主要尺寸等）。
- 工程数量——一般包括混凝土、钢材及预应力钢材等"三材"，受施工方法影响，影响工期及造价等。
- 工期——直接影响桥梁造价，间接影响国民经济的发展等）。
- 造价——包括建筑安装费（即直接费+间接费+利润+税金）及维修养护费等，对方案的经济性起着至关重要的作用，而每平方米桥面造价是衡量桥梁方案技术经济的一个重要指标。当进行方案比较时，可采用桥梁估算指标，见附录 E。
- 功能——一般情况下，各桥式方案必须满足功能要求，只是当考虑公路与铁路合建修桥还是分建修桥时，方案间的比较才有功能上的巨大差异。
- 可靠性——包括强度、刚度、稳定性及耐久性，包含了抗风与抗震，见准则[3.20]，其由静力平衡初步确定，再由强度计算及稳定性分析等最终确定。
- 机动分析——常规结构体系的桥式均满足这一条件。现代桥梁已越来越少地设铰，并广泛地使用多次超静定结构，因而，保证桥梁在主要受力面内，即竖向成为几何不变体系并不难。但对于横向成软化结构的吊桥或悬带桥等桥式，横向分析却较为复杂。
- 静力平衡——桥式成立的基本条件。
- 传力路径及受力均匀性分析——从受力上衡量桥式优劣的关键。
- 美观性（即景观设计）——考虑其轮廓尺寸比例，考查桥梁本身的造型是否美，本身是否具有韵律感与节奏感；再考虑其造型及体量与周围环境（如地形、地物等）是否协调等。
- 影响方案优劣的其他比较项目。

6.9 桥式方案的综合评判

前面已经谈到方案的可比性原则、比较项目及相应准则，但对于一个方案，既有其优点，又有其缺点，而且，其优、缺点对于方案的重要性不同，好与坏之间存在着模糊中介过渡，这就要求对方案进行综合评判，而模糊数学中之模糊综合评判方法为我们提供了强有力的手段，具体步骤如下：

（1）比较项目构成因素集（要求比较项目合理、全面；若各因素间有联系，则需采用模糊聚类方法分析出具有相对独立性的各因素）。

（2）各因素对方案的重要性构成权重集（由专家咨询，并统计分析得到）。

（3）各准则构成标准集（实践经验的总结）。

（4）建立因素集与标准集之间的模糊数量关系或称为隶属函数：

$$\mu = \mu(\cdot) \tag{6-22}$$

隶属函数的每一个值，称为隶属度。

（5）针对各方案之若干比较项目。通过隶属函数，得出其隶属度，形成各方案之模糊向量，从而形成因素集-标准集间模糊关系矩阵[A]；

（6）各方案综合得分

$$\{C\} = [A] \cdot \{B\} \tag{6-23}$$

式中　•——模糊乘算子；

　　[A]——模糊关系矩阵；

　　{B}——权重向量。

（7）由最大隶属度原理得：方案综合得分最高者为最终选定方案。

笔者在文献[10]中，提出了带权重的模糊聚类及模糊综合评判，并将其应用于桥梁方案比选中，在此不做赘述。

这里需要说明的是：隶属程度的具体确定，的确与人们对标准与对象的认识、专业工作经历与水平等有关，即包含人脑的加工（主观意识），其中也包含着某种心理过程。人的主观意识不会凭空产生，而是客观事物的各种规律在人的大脑中形成的印象；反过来说，每一主观规律，也一定有着某种客观规律作为它的原象。

心理物理学的大量实验表明：人的各种感觉所反映出来的心理量与外界刺激的物理量之间保持着相当严格的定律。这些定律甚至在某些自然科学中扮演着基础的角色。

以往，人们在处理事物时，常常贬低主观的作用，认为主观是不可靠的，而片面地追求客观，致使主观与客观之间出现了隔离。

目前，桥梁工程，尤其是大型桥梁工程的方案论证与决策，由专家们去做，这是非常正确的。这充分利用了人脑的优势——处理模糊问题、根据经验及已有的知识进行模糊推理、判断与预测。

参考文献

[1] 中国大百科全书总编辑委员会本卷编辑委员会. 土木工程. 北京：中国大百科全书出版社，1987.

[2] 张师定. 桥梁孔跨布置定性研究，2001.

[3] 窦文俊. 大跨径斜拉桥主墩位置的选择. 1994 年斜拉桥国际学术讨论会论文集，上海.

[4] 张师定. 青藏铁路桥涵设计之我见，2001.

[5] 林同炎. NED H·BURNS. 预应力混凝土结构设计. 3 版. 路湛沁，黄棠，马誉美，译. 北京：中国铁道出版社，1984.

[6] 范立础. 预应力混凝土连续梁桥. 北京：人民交通出版社，1988.

[7] 张师定. 桥式最优设计理论研究，2001.

[8] 铁三院. TB10002.1—99 铁路桥涵设计基本规范. 北京：中国铁道出版社，2000.

[9] 铁三院. TB10002.5—99 铁路桥涵地基和基础设计规范. 北京：中国铁道出版社，2000.

[10] 张师定. 模糊综合评判在桥梁方案比选中的应用（导师：徐扬）. 西南交通大学，1989.

[11] 交通部重庆公路科学研究所. JTJ027—96 公路斜拉桥设计规范（试行）.

[12] 康提拉捷夫，等. 在建铁路工程冻土监测系统概论. 刘建坤，李纪英，译. 北京：中国铁道出版社，2001.

[13] 李洪兴，许华棋，汪培庄. 模糊数学趣谈. 成都：四川教育出版社，1987.

[14] 刘滨谊. 景观规划设计三元论——寻求中国景观规划设计发展创新的基点. 新建筑，2001（5）.

[15] 张师定. 某互通式立交桥方案设计之我见. 科技交流，1997（4）.

[16] 钱冬生. 钱冬生教育及桥梁文选. 成都：西南交通大学出版社，1988.

[17] 杨树棋，相伟丽，等. 城市道路立体交叉事故分析研究. 中国土木工程学会第七届年会论文集，1995.

[18] 张克，段玉凤. 悬索桥主缆索股在散索过程中的稳定. 第十一届全国桥梁学术会议论文集，1994.

[19] 铁三院. TB10017—99 铁路工程水文勘测设计规范. 北京：中国铁道出版社，1999.

[20] GB50220 城市道路交通规划设计规范.

思考题

[1] 你对桥梁孔跨布置有何体会？

[2] 桥式方案综合比较常需考虑哪些因素？

第7章 工程设计实例——宁通公路泰州引江河大桥

7.1 宁通公路泰州引江河大桥简介

该桥位于宁通高速公路（京沪高速公路共用）内，跨越规划泰州引江河（修桥时，引江河尚未开挖）。桥梁全长 340 m，桥梁全宽 26 m（横向独立分设），桥梁孔跨布置及式样为：

3 孔 30 m 简支梁+1 孔 40 m 简支梁+70 m 跨系杆拱（钢管混凝土拱肋）+1 孔 40 m 简支梁+3 孔 30 m 简支梁。

• 桥址地形与地貌　桥址位于长江下游冲积平原，地势平坦，人工沟河密布，在大桥位置的左侧为一宽约 7~10 m 的沟河，两岸长满芦苇，路线右侧为该工程的备土堆。

• 河流与水文　泰州引江河南起泰兴市高港镇以西的长江边，北至泰州市以西的九里沟与新通杨运河相接，全长 24 km，河道呈西南-东北走向，偏东 70°，河道中心线与宁通公路中心线在桩号 k26+240 处相交，交汇角 79°。桥位处河道顺直，没有筑堤要求，引江流量按 6 000 m³/s 设计。

引江河河道横断面如图 7.1 所示。

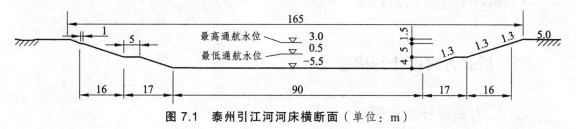

图 7.1　泰州引江河河床横断面（单位：m）

• 桥址工程地质与水文地质

桥址层为河流相沉积，冲积成因的亚黏土、亚砂土、粉砂及细砂、地层多呈透镜体状，土层的平面分布及厚度的变化大。

土层工程分类为 I 级松土。

亚黏土、亚砂土除分布在地表层，其基本容许承载力 $\sigma=100$ kPa 外。

粉砂层及细砂层基本容许承载力 $\sigma=120~150$ kPa。

设计中取钻孔桩桩周极限摩阻力 $C_p=40$ kPa。

地下水埋深一般为 1.0~1.5 m，其受季节降水和河水的影响而变化，在 1.0 m 左右摆动。

经化验分析，地表水及地下水对混凝土无侵蚀。

• 地震　依据《中国地震烈度区划图》，该地区地震基本烈度为七度。桥梁抗震措施按地震烈度为八度办理。

经标贯测试，地面以下 20 m 范围内饱和粉、细砂层及亚砂土层将在地震时发生液化，综合判定其液化土层高程为 – 5.0 ~ – 15.0 m 范围。

• 气候与气象资料

历年平均气温 14.9 °C。

历年极端最高气温 38.8 °C。

历年极端最低气温 – 15.3 °C。

历年最冷月月平均气温 18 °C。

历年最冷月月平均最低气温 – 1.9 °C。

历年平均风速 3.6 m/s，风向 SSE。

• 桥梁主要技术指标

（1）桥面净空：本桥设计为上下行的两座独立桥，其标准的半幅桥桥宽为：

13 m=3 m/2 中央分隔带半宽 + 0.75 m 左侧路缘带 + 2 × 3.75 m 车行道 +2.5 m 紧急停车带 + 0.75 m 护栏。

（2）通航净空：航道等级为Ⅱ级，通航净宽 50 m，通航净高 7 m，最高允许通航水位审 3.0 m，最低允许通航水位 0.5 m。

（3）桥轴线型：本桥为直线桥，桥梁位于坡道及凸形竖曲线上，纵坡分别为 1.05%及 – 0.88%，竖曲线半径为 18 000 m，切线长 173 m。

（4）桥梁设计荷载：汽车-超 20 级；挂车-120。

（5）设计车辆速度：120 km/h。

7.2　桥式方案设计与构思

7.2.1　方案设计指导思想

如前所述，设计构思是方案设计的灵魂。本桥方案设计的总体指导思想为：

在既注重经济效益又满足功能要求的前提下，主桥采用中等跨度桥式，选用新材料、新工艺，以先进的结构设计理论设计出适用、经济、安全、美观的桥梁。

由于桥址处土质较差，地震液化层较厚，因而引桥选用较大跨度的标准简支梁桥（桥面连续），下部结构选用桩柱式墩台基础型式。如图 7.2 所示。

7.2.2　影响孔跨布置的控制因素

本桥孔跨布置的控制因素主要是引江河开挖断面及通航要求等。

• 通航净宽控制了主跨跨度的下限。

- 通航净高及桥梁建筑高度等控制桥梁高度，影响桥长。
- 桥轴线与引江河斜交，要求主桥通航孔跨度适当加大。
- 起桥高度一般取 5~6 m，它影响桥梁全长。

图 7.2　泰州引江河大桥系杆拱方案计算机渲染图

总之，加大通航跨度，往往要求加大桥梁建筑高度，其必然加大桥长，使桥梁投资加大；反之，减小通航跨度，往往能够减小桥梁建筑高度，降低桥高，缩短桥长，节省投资。可见，有效地解决通航与桥梁建筑高度间的矛盾是本桥方案设计的关键。

7.2.3　构思过程

既然加大通航跨度，往往会加大桥梁建筑高度，增大投资，那么，考虑桥轴与河流的斜交、墩宽及桥宽的影响，适当地增大通航孔跨度即可；同时，结合引江河横断面形式，并考虑通航孔相邻边跨的大小及边跨桥墩的位置等，综合分析确定通航孔的跨度。

由于本桥按正桥设计，其通航孔最小净跨径可通过下式求得：

$$L_{min} = L_{航} / \cos\alpha + B_{主} \tan\alpha \qquad\qquad (7\text{-}1)$$

式中　L_{min}——通航孔最小净跨径；

　　　$L_{航}$——通航净宽；

　　　α——桥梁斜交角度；

　　　$B_{主}$——桥梁宽度，或桥墩墩身外边缘的距离，或桥墩盖梁外边缘的距离。

本桥 $L_{航}$ = 50 m，α = 11°，$B_{主}$ = 27.62 m，那么 L_{min} = 57 m。

因此，主桥跨度（通航孔）取 70~80 m 为好。

接下来的事，便是考虑如何降低主桥建筑高度的问题。但主桥建筑高度与主桥的孔跨布置及式样息息相关。

众所周知，适合跨度 70 ~ 80 m 的桥式较多，如连续梁桥、拱桥（由于本桥土质较差，无法抵抗有推力拱桥产生的水平推力，因而，宜考虑系杆拱桥式）及斜拉桥（考虑到经济性，宜采用板式斜拉桥或刚性斜拉索桥）等。于是，本桥便提出三种桥式方案进行比较论证（其他桥式显然不具竞争力，故舍弃），以求得优越的结构方案。

这三种方案的孔跨式样分别为：

方案 I ——连续梁方案：10 孔 30 m 简支梁 +（45 + 70 + 45）m 连续箱梁 + 8 孔 30 m 简支梁。

方案 II ——板式斜拉桥方案：4 孔 30 m 简支梁 +（45 + 75 + 45）m 板式斜拉桥 + 4 孔 30 m 简支梁。

方案 III ——系杆拱方案：4 孔 30 m 简支梁 + 70 m 跨系杆拱 + 5 孔 30 m 简支梁。

其总体布置如图 7.3（含景观设计）所示。

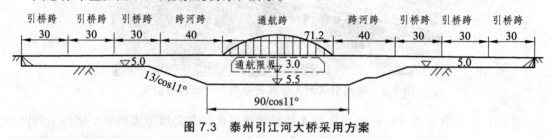

图 7.3　泰州引江河大桥采用方案

虽然对于相同跨度的同一桥式，采用普通构件形式的桥梁建筑高度在一个不大的范围内变动，但诸如改变梁或加劲梁的截面形式等则可较大限度地降低桥梁建筑高度，从而缩短桥长，达到降低桥梁造价的目的。这里笔者理出了一条思路，见图 7.4，或可称它为方案设计的推理过程。

经济 ——► 缩短桥长 ——► 抬高起桥高度（NO!）

　　　　　降低桥梁建筑高度 ——► 采用下承式桥式

　　　　　　　　　　采用下承式主梁截面 ——► 减小主梁弯矩 ——►

　　　　　　　　　　采用高强、轻质复合材料

——► 减小主跨跨度（有限！）

　　　　采用多支点支承（上支承）——► 斜拉桥 ——► 板拉桥

　　　　　　　　　吊桥（不经济，NO!）

　　　　拱桥 ——► 系杆拱

图 7.4　方案设计的推理过程

7.2.4　方案比选

以前述各章桥梁建筑理论为指南，对各方案进行必要的结构分析及配筋验算等，以完成其方案设计，这里从略。现将各方案进行比较，见表 7-1。由此可见，采用方案 III ——系杆拱方案是较好的选择。

表 7-1 桥梁各方案技术经济综合比较

方案序号	I	II	III
名　称	连续梁方案	板式斜拉桥方案	系杆拱方案
孔跨式样	10×30 m 简支梁 +(45+70+45)m 连续梁+8×30 m 简支梁	4×30 m 简支梁+(45+75+45)m 板式斜拉桥+4×30 m 简支梁	4×30 m 简支梁 70 m 系杆拱+5×30 m 简支梁
桥长/m	709	413	347
起桥高度/m	5.8	5.8	5.6
建筑高度/m	2.25	1.33	1.07
桥高/m	13.3	11.2	10.7
桥跨主要承重构件主要尺寸	连续梁采用两个分离的单箱、单室截面、中墩处梁高 4 m，中跨跨中及边墩处梁高 2 m，顶板厚 25 cm，底板厚 25~80 cm，腹板 25~80 cm	斜拉桥塔梁固结、塔墩分离，塔高 10 m，梁高 1 m，斜拉板将主跨划分为 (16+12+19+12+16)m 五段	系杆拱采用钢管混凝土拱肋 φ550 mm，壁厚 10 mm，拱轴线采用二次抛物线，矢高 13 m；预应力混凝土系梁为槽断面，底板厚 75 cm，宽 1.1 m，肋高 1.6 m；吊杆采用 12-7φ5，外套钢管，间距 5 m
主桥施工方法及制造工艺	采用地面移动式支架悬臂现浇各箱梁段，先形成两个 T 构，再形成两个单悬臂梁，后经体系转换，形成三跨连续梁	满布支架现浇施工	满布支架现浇槽形梁；泵送混凝土浇注拱肋钢管内混凝土；张拉吊杆；最后，拆除支架
工期（年）	2.5	2.0	1.5
经济性	大	较大	小
功能及可靠性	满足	满足	满足
机动分析及静力平衡	满足	满足	满足、桥面系可靠
传力路径	差	较好	好
受力均匀性	差	较好	好
美观性（景观设计）	一般	新颖	良好
其他项目		缺乏施工经验	系杆拱端结点受力及构造复杂
综合比较推荐方案			推荐方案

7.3 主桥系杆拱的结构构思及传力路径组织

本桥施工设计采用系杆拱方案，但放弃了采用槽形梁的做法（对于窄桥，如铁路桥，采用槽形梁作为桥面系可能是一个较好的方案），并对引桥做了适当调整。最终设计孔跨布置见图 7.4 所示。

系杆拱是在两拱脚间设水平系杆，以承受拱脚水平推力的外部静定的结构。对于系杆拱桥，常采用下承式；为将桥跨荷载传至拱肋面内，需设置桥面系；为将由桥跨传至系杆的荷载传给拱肋，常在拱肋与系杆间设置较密的吊杆；为保证拱肋面外稳定性，常在两拱肋间设置横撑。

以往，桥面系常采用纵横梁体系，即设置格子梁，然后在其上铺桥面板，即作用在桥面板上的荷载传给格子梁，作用在纵梁上的荷载纵向传给若干根横梁，再由横梁横向传至拱肋面内。这样，传力路径不简捷、不清晰。笔者建议不设置纵梁（不包括系杆）。于是，本桥桥面系便采用"横梁+行车道板"体系，这样传力路径简捷、明快，制造方便、快速。行车道板可简支于横梁上（采用油毛毡支座，桥面连续），亦可连续通过横梁。一般情况下，为减小系杆扭矩，使传力路径清晰，常将行车道板与系杆分离，本桥便是这样考虑的。

本桥系杆拱几何参数选取如下：

- 计算跨度 $l = 70$ m。
- 系杆全长 72.4 m。
- 拱肋矢高 $f = 13$ m。
- 矢跨比 $f/l = 1/5.38$。
- 拱轴采用二次抛物线，其方程为：

$$y = 4fx(l-x)/l^2 + e \tag{7-2}$$

式中　$e = 0.15$ m，为拱轴线在支承处上偏系杆 $h/2$ 线的距离（预偏心）。

- 两片拱肋间距（中到中）为 12.58 m。
- 吊杆间距 $d = 5$ m，每根吊杆由设于横梁两侧的两束吊杆（顺桥向间距为 1.1 m）组成。

如上所述，桥面系采用"行车道板-横梁"体系，即每隔 5 m 设一道横梁（其两端与系杆固结），在横梁间，搁置预制行车道板行车道板横桥向分块铰接。在行车道板上现浇 10 cm 厚钢筋混凝土，并实现桥面连续，再在其上铺设 6 cm 厚沥青混凝土。

主桥系杆拱结构如图 7.5 及图 7.6 所示。

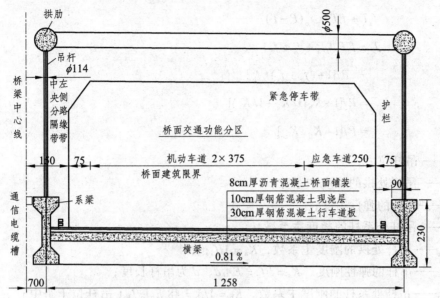

图 7.5　系杆拱典型横断面（尺寸单位：混凝土为 m，钢材为 mm）

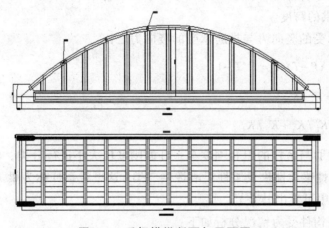

图 7.6　系杆拱纵断面与平面图

系杆拱桥粗略传力路径为：

$$桥面铺装 \rightarrow 行车道板 \rightarrow 横梁 \rightarrow 系杆拱面内 \rightarrow 支座$$

以往，对系杆拱桥分类时，总是以拱肋与系杆的刚度比大小为指标，而忽略了吊杆刚度的影响，那是因为以前所修建的系杆拱桥，其吊杆采用钢筋混凝土，因而刚度很大的缘故。而现在，吊杆多采用高强预应力钢材，其刚度就大大减小，而拱肋与吊杆的组　合刚度（拱肋与吊杆可抽象理解为串联）与系杆的抗弯刚度之比才与荷载在拱肋与系杆之间的分配大小相关，可近似认为成正比（对于通过张拉吊杆使桥面系恒载传至拱肋、由拱肋承担的系杆拱，其恒载部分则另当别论）。这里姑且做个证明：

为了清楚地说明概念，假设有一系杆拱，其只有一根吊杆，而且只在吊杆与系杆交叉处承受竖向集中力 P，那么，由变形协调条件得

$$f_a T + f_s T = f_b (P - T) \tag{7-3}$$

$$T = f_b P / (f_a + f_s + f_b)$$

$$= P / [1 + (f_a + f_s) / f_b]$$

$$= P / [1 + K_b (1 / K_a + 1 / K_s)]$$

$$= P / [1 + K_b / K_{as}] \tag{7-4}$$

式中 T——吊杆拉力；

　　　f_a——吊杆处拱的柔度主系数；

　　　f_s——吊杆的弹性柔度；

　　　f_b——吊杆处系杆的柔度主系数；

　　　K_a——吊杆处拱的刚度主系数，$K_a = 1/f_a$；

　　　K_s——吊杆的弹性刚度，$K_s = l/f_b = EA/d$，d 为吊杆长度；

　　　K_b——吊杆处系杆的刚度主系数，$K_b = 1/f_b = 48\, E_b I_b / l^3$（吊杆位于跨中时）；

　　　K_{as}——拱与吊杆的等效刚度（相当于串联），$K_{as} = l / (1/K_a + 1/K_s)$；

　　　L——系杆拱的跨度。

于是，系杆承受的竖向力与拱肋承受的竖向力之比

$$(P - T) / T = P / T - 1$$

$$= K_b / K_{as}$$

$$= K_b / K_a + K_b / K_s \tag{7-5}$$

因此，应按拱肋与吊杆的组合刚度与系杆的刚度比大小进行分类，将系杆拱桥分为：刚性梁刚性拱、刚性梁柔性拱及柔性梁刚性拱三类（这里将系杆称为梁）。它们的传力路径如图 7.7 所示，从中可看出其差异。

系杆拱各主要构件受力情况分析如下：

（1）拱肋——受压（桥跨主要承重构件）。当选用合适的拱轴线[4]时，其所受弯矩较小，剪力亦较小。

（2）吊杆——受拉。

（3）系杆——主要受拉（抵消拱之推力的主要构件）。对于刚性梁柔性拱系杆拱桥，其所受弯矩也较大；由于横梁将桥跨荷载传给系杆，因而系杆也受较大的扭矩。

（4）横撑——受压弯。

（5）横梁——受弯（横向主要传力构件），与系梁固结，避免发生自由扭转。

（6）行车道板——受弯。

前三者为主要受力构件，后三者为次要受力构件，但横梁为横向传力主要构件。

笔者认为，吊杆采用柔索的系杆拱桥当属索桥的一种。对于大跨、柔性梁刚性拱桥式，因其为拉-压结构，应力均匀，节省材料，有优越性，它已不是简单的拱梁组合结构，而是

从受力状态上讲，与悬索桥对偶的一种桥式。

（a）刚性梁刚性拱：

（b）刚性梁柔性拱：

（c）柔性梁刚性拱：

图 7.7　系杆拱的传力路径

以往，拱肋常采用钢筋混凝土结构，钢筋制作费力费时，又用模板与支架，制造安装工期长，自重大，因而不经济，虽然采用转体法施工曾给拱桥带来过生机，但拱桥的应用与发展仍远不如梁桥。而采用钢管混凝土拱肋，以上缺点均被克服，可以说，它给拱桥带来了第二次生机。

钢管混凝土为钢管与混凝土的组合结构，钢管对混凝土产生套箍作用，极大地提高了混凝土的抗压强度，同时，钢管既是钢筋，又是模板，也是劲性承重骨架，而混凝土又增强了钢管的稳定性。

因而，采用钢管混凝土作拱肋，经济、方便、安全、工期短，由于可做成断面较小的圆形，因而美观。由于钢管混凝土拱肋轴向压缩变形小，几何非线性显著减小，其对拱桥向大跨度发展具有重大意义，本桥拱肋管径取 $\Phi 800$ mm，壁厚 16 mm，钢管材质采用高强钢材，如 16 Mnq（即桥梁专用钢 Q345）等，而不宜使用 A3 钢，因为使用 A3 钢不仅强度低、自重大，而且抗冲击韧性差。管内混凝土亦应采用高强度等级混凝土，可取 C50 以上。为减小混凝土收缩，以免其与管壁脱离，宜在混凝土内加入适量的微膨胀剂，形成补偿收缩混凝土。为使混凝土与钢管很好地协同工作，宜在管内设十字撑，其较环形肋板易制作安装，又避免了混凝土在凹处灌注不密实（自密实混凝土配制执行《自密实混凝土应用技术规程》），另外，它增强了钢管在灌注混凝土过程中的局部稳定性。

钢管混凝土要求具有一定的膨胀性能，通常采用在混凝土中掺入一定量膨胀剂的技术方法以补偿混凝土的收缩。混凝土膨胀率影响混凝土与钢管之间的密实程度，进而影响钢管混凝土结构的承载能力，而膨胀率大小取决于混凝土中所用膨胀剂的种类与掺量。已有研究表明，随着膨胀剂掺量的增大，混凝土的限制膨胀率增大，但混凝土的自由强度却也随之下降，这就要求在制备膨胀混凝土时要选取适当的膨胀剂和掺量，既达到设计要求的膨胀值，又不显著影响混凝土的抗压强度，同时在限定条件下（钢管套箍作用下），提高混凝土的强度。

钢管混凝土拱肋横截面形式除单管外，哑铃形截面用得较多，此外，尚有桁架、箱式钢管混凝土骨架、管束及扁圆端形等形式。

对于大跨拱桥，笔者建议采用"管中管"拱肋截面形式，即七个等直径圆管外包一个大圆管，内填充混凝土，系杆为联结两拱脚、承受拱脚水平推力的水平杆件，常采用预应力混凝土结构或拉索；后者仅用于刚性拱柔性梁体系，这里只讨论前者。采用预应力混凝土系杆，横截面形式有箱形、矩形或 I 形等。采用箱形断面，抗扭刚度大，但较宽，占用过多的桥面宽度，常使主桥可行车宽度带与引桥对不齐、顺不直。

本桥为满足主桥与引桥可行车宽度带之对齐、顺直，并保证两幅桥之间通信电缆槽的通过，而采用了 I 形断面：

- 材料选用 C50 混凝土。
- 高 2.3 m。
- 腹板厚 30 cm。
- 翼宽 90 cm。
- 配 16 根 $7-7\Phi_j 5$ 钢绞线。

系杆顶面高出桥面约 1.1 m，避免吊杆遭受车辆撞击，桥梁建筑高度亦较低，同时，由于系杆较高，吊杆张力对系杆受扭状况改善较多，于是，系杆与横梁及桥面板形成槽形断面。

由于系杆所受拉力较大，弯矩较小，故预应力筋布置采用近似对称配筋的原则。

预应力钢材采用钢绞线，较高强钢丝施工方便，锚具采用 QM 锚，体形较小，质量可靠，操作方便。

横梁采用带缺口的部分预应力钢筋混凝土矩形断面，设计参数包括：

- 材料选用 C50 混凝土。
- 宽 95 cm。
- 高 90~100 cm。
- 配 6 根 $48\Phi^s 5$ 高强钢丝束。

横梁底面与系杆底面平齐。横梁与系杆固结，横梁预应力筋穿过系杆锚固于系杆外侧。

以前，对于系杆拱桥，其吊杆多采用钢筋混凝土构件，成为刚性吊杆。而现在多采用柔索，或用高强钢丝，或用钢绞线，或用粗钢筋等，笔者建议采用由镀锌 $7\Phi 5$ 钢丝组成的拉索。本桥吊杆采用高强钢丝束，外套钢管（与钢管混凝土拱肋相称），管内填充水泥砂浆。

采用柔索吊杆，便为一中心受拉的二力杆，其设计可参考斜拉索或吊索按容许应力法设计，安全系数建议不小于 2.5。吊杆虽采用柔索，但其应有一定的轴向抗拉刚度，否则，系杆将承受较大的荷载，如弯矩及剪力，这对系杆的受力不利，而且从力学上讲，这也是不合理的。

吊杆的布置应与横梁一致，因此，常常吊杆的间距（顺桥向）与横梁的间距一致，采用密吊杆就如同斜拉桥采用密索、吊杆采用密吊杆一样，使系杆或加劲梁承受较小的弯矩，且使其正、负弯矩绝对值相近，也使拱肋受力更均匀。吊杆较密后，吊杆便不会过粗，其张拉与安装锚固就方便，锚固类型也少。密吊杆及较大的恒载拉力使系杆拱面外侧倾稳定性大大提高。笔者建议吊杆间距取 4 m 左右，不要超过 6 m。

本桥为避免吊杆预应力筋与系杆预应力筋及横梁预应力筋干扰，将吊杆一分为二，设于横梁两侧，于是，吊杆间距便为 3.9 m 及 1.1 m，每根选用 $35\Phi^s5$ 高强钢丝束，外套钢管防护，管内填充水泥砂浆。

吊杆是系杆的弹性支承结构，同时，又将横梁传来的力传给拱肋，于是，吊杆与系杆的连接宜采用将吊杆预应力筋穿过系杆锚固于系杆下缘内。吊杆预应力筋张拉完毕后，应给系杆内吊杆预应力筋的预留孔道中压浆。

吊杆与拱肋的连接，这是一关键细部构造。其既要美观、方便吊杆安装张拉，又要方便钢管内混凝土的灌注，同时，制造也要方便。若将吊杆锚具设于钢管之外，则不美观，尤其是难制作；若将吊杆锚具设于钢管之内，则既要方便吊杆安装、张拉，又要方便混凝土灌注：本桥综合考虑，创造性地在拱肋钢管上缘内设锚箱，如图 7.8 所示，较好地兼顾了技术与艺术两方面，被工程实践证实是良好的细部构造。

吊杆与钢管混凝土拱肋的连接，也可仿照吊索与大缆的连接方式，即采用索夹。笔者相信，对于大跨拱桥，其不失为一较好的细部构造。不过，目前尚未看到有这样做的实桥。

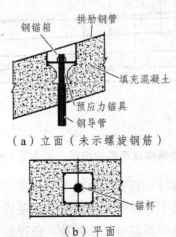

（a）立面（未示螺旋钢筋）

（b）平面

图 7.8 吊杆与拱肋连接之锚箱细部构造图

拱肋与系杆的连接区域常称为端结点。端结点有许多种设计：对于系杆采用拉索的端结点设计可采用钢箱，通过竖向预应力筋将拱肋、系杆及桥墩三者固结；而当系杆采用预应力混凝土结构、拱肋采用钢管混凝土结构时，端结点设计有许多方案可供选择。可供后者选择的方案有：

（1）用钢板将拱脚与系杆捆包。

（2）用环形预应力筋将拱脚与系杆箍住。

（3）使拱肋钢管伸入系杆内，并让系杆预应力筋穿过。

（4）拱脚处系杆局部加高，拱肋钢管伸入系杆内约一倍的管径长，并设一簇钢筋，实现固结。

本桥便采用方案 4。为保证端结点安全可靠，采取如下措施：

（1）使钢管埋入端结点混凝土内 60 cm，并用上下缀板固定之。

（2）用 16Φ32 mm 钢筋使拱与系杆固结。

（3）设竖向预应力筋（以现在技术水平，采用无粘结预应力钢棒较好）。

由于本桥桥面横向空间限制，系杆宽度较小，为加强端结点，又用钢板四周包裹拱座，如图 7.9 所示。本桥将"系杆拱端结点实验研究"列入施工图设计阶段专题研究项目中。

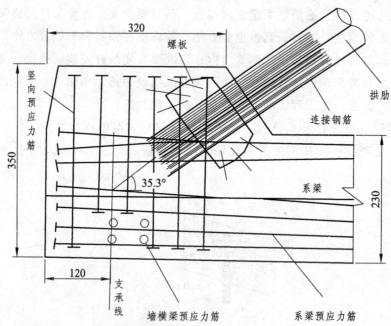

图 7.9　拱肋与系梁连接之端结点细部构造图（未示系杆普通钢筋）（单位：cm）

系杆拱桥两拱肋间常设置横撑，只有为数极少的桥梁（如袁泽桥）才不设横撑。设置横撑，花钱不多，却极大地提高了系杆拱面外稳定性，使拱桥的空间整体性大大增强；同时，对拱肋制作产生的水平横桥向误差也是个弥补；横撑位置与吊杆对齐，以便与拱肋、吊杆、横梁等形成横向传力结构；另外，应特别增强端横撑及跨中横撑，它对增强拱桥面外稳定性效果显著。

本桥设横撑6道，水平间距10 m，采用空钢管Φ500 mm，壁厚10 mm，材质为16 Mn，除端横撑采用双钢管（两钢管间有短管连接）外，其余均为单钢管。

系杆拱求解技术路线：

刚性支承连续梁（携带裸拱）→拟定各吊索截面面积→按一次落架（不主动张拉）求各吊索拉力→对各吊索拉力做匀顺处理→按各吊索拉力主动张拉（由拔出量控制）求解成桥内力与变形

7.4 系杆拱的稳定性

对于系杆拱（柔性梁刚性拱体系除外），一般都有密置的吊杆联结着拱肋和系杆，这种结构就像一弯弓、一个自行加力、自稳定平衡的结构体系，它在通常情况下是几乎不发生整体面内屈曲的（尤其是扁平的系杆拱）。因为假设这个结构处于平衡，拱和系杆发生里反对称的屈曲变形时，系杆将能通过吊杆作用于拱肋以抵制拱肋屈曲。故不存在面内失稳问题，这是系杆拱优良特性之一。

本桥采用刚性拱刚性梁体系，故不存在面内失稳问题。

而对于柔性梁（尤其是拉索）刚性拱体系，由于其系杆较柔，且吊杆常直接吊住横梁，而不与系杆连接，因此，便构不成一个自行加力的平衡体系，其面内稳定性要备受重视，可通过加大横截面、增大竖向抗弯刚度、将系杆与横梁连起来或采用刚性拱刚性梁体系等途径来增强。

系杆拱面外失稳屈曲模态呈一个正对称的半波。当拱肋侧倾后，吊杆发生了倾斜，其拉力对系杆产生了一个向外的水平分力，使之发生侧向弯曲变形，而对拱肋则产生了一个向内的水平分力。这个恢复力相当于一个侧向水平的弹性支撑，也就是所谓的"非保向力效应"。

本桥进行了系杆拱的弹塑性稳定分析，并考虑了吊杆的"非保向力效应"，稳定安全系数 $K = 5.38 > 4$，故面外稳定是足够的。另外，本桥拱肋间距大于跨度的1/20，拱肋横桥向宽度小于联系两片拱肋的横撑间距的1/20，均满足规范要求。

而对于柔性梁（尤其是拉索）刚性拱体系，由于其系杆较柔，且吊杆常直接吊住横梁，而不与系杆发生连接，故其非保向力效应很小或没有。

改善拱肋面外稳定性的途径包括：

（1）增强非保向力效应。如加大吊杆张力，使系杆与横梁连接，或采用刚性拱刚性梁体系等。

（2）加强横撑。如采用K形或米形撑等，特别应加强端横撑及中央横撑。

（3）加强端横梁。一般情况下，端横梁与拱肋、系杆固结。

（4）采用"提篮式"拱。

7.5　系杆拱的施工方法及体系转换

本桥充分利用先修桥、后挖河带来的便利条件（这时，桥高仅为 6 m 左右），采用满布支架法修建系杆拱。

主桥施工步骤为：

（1）搭设支架：平整碾压场地，浇支架基础混凝土，用国产"贝雷片"搭设系杆支架，并用砂筒作落架设备，超载预压支架。

（2）制作系杆及横梁：原位现浇系杆，预设设计预拱度（跨中最大，为 61 mm）及施工预拱度，待混凝土强度达到 100%后，一次全部张拉系杆预应力筋到设计吨位。部分预制、部分现浇，待其混凝土强度达到 80%后，张拉 65%（4 根）的预应力筋一次到设计吨位。

（3）架设行车道板，待其完毕后，张拉横梁剩余 35%（2 根）的预应力筋一次到设计吨位。

（4）拱肋各节段钢管现场拼接，设拱肋预拱度（拱顶处最大，为 10 mm）。分三段安装拱肋钢管，接头用支架支撑，支架立在系杆上，然后焊接横撑。

（5）于拱顶开孔，泵送浇灌拱肋内微膨胀性混凝土。

（6）焊接吊杆套管，穿吊杆钢束，拆除拱肋支撑；张拉吊杆，并现浇桥面混凝土铺装层。采用小型千斤顶张拉吊杆，一次仅张拉 7Φ5 高强钢丝束，张拉吊杆以控制吊杆张力为主，以控制桥面高程为辅，吊杆张拉调整完毕后，立即压浆，并补焊拱肋钢管。张拉吊杆，实现了系杆与拱肋的协同作用，从而实现体系转换。

（7）拆除系杆支架。

（8）全桥钢管表面采用"热喷铝"长效复合防护涂层防护，有效期可达 20 年，所有钢管表面均涂成橘黄色，透雾能力强、醒目、美观。

内力计算注意以下几点：

• 由于桥跨结构传力清晰，本桥活载横向分布可按杠杆原理处理。

• 吊杆施工张力可按刚性支撑连续系杆法求得

$$T_0 = q \times d \tag{7-6}$$

• 调索计算可参考斜拉桥调索计算原理，详见 7.6 节。

• 系杆拱恒载内力计算可按无吊杆的系杆拱图式分析，但须有吊杆张力作用于拱肋及系杆上。

• 系杆拱活载内力计算按成桥状态的系杆拱图式分析，此时，吊杆作为二力杆，分别与拱肋及系杆形成半铰。

主桥显著的施工特点为：

（1）系杆预应力筋一次张拉到位。

（2）拱顶开孔，浇灌拱肋内混凝土。

（3）张拉吊杆，完成体系转换。

本桥的成功建成，为今后同类工程条件下修建此类桥梁积累了有益的经验。本桥成桥照片如图 7.10 所示。

图 7.10　引江河大桥与京沪高速公路实景照片

7.6　系杆拱吊杆（索）的张拉与调整

最优化问题是一个古老的问题，20 世纪 40 年代，由于计算机日益广泛的应用，最优化理论与算法才迅速发展起来并形成新的学科。优化设计问题就是将工程设计问题转化成最优化问题，主要包括两个方面，一是将设计问题的物理模型转换成数学模型，二是采用适当的最优化方法求解数学模型。

在桥梁结构中，比如斜拉桥的斜拉索、系杆拱桥的吊杆，不同的索力状态均对应着全桥不同的内力状态，根据某种判断全桥内力状态最优的标准，必然存在着一个与之对应的索力状态，寻找这样的索力状态（索力组）就是桥梁结构的索力优化。

7.6.1　不主动张拉吊索之梁-索组合结构（单索模型）

考察由索和梁组成的一个一次超静定结构，如图 7.11 所示。

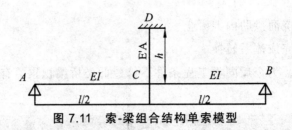

图 7.11　索-梁组合结构单索模型

以拉索 N 为超静定力，依据静力平衡条件算得：

支点反力 $R_\mathrm{d} = ql/2 - N/2$ 　（q 为梁 ACB 承受的沿梁均匀分布的荷载集度）

梁弯矩 $M_{(x)} = R_\mathrm{d}x - qx^2/2$ 　（$0 \leqslant x \leqslant l/2$，$x$ 轴以 A 为原点，以 $\overrightarrow{AB}$ 向量方向为正方向）

当不主动张拉拉索时，由变形协调条件计算得

$$N = \frac{5ql/8}{1 + 48(EI/l^3)/(E'A/h)} \qquad (7\text{-}7)$$

令 $\lambda = (EI/l^3)/(E'A/h)$，笔者建议称无量纲参数 λ 为梁索刚度比。

其中 　EI/l^3——梁单元弯曲刚度；

　　　$E'A/h$——索单元线刚度。

有意思的是，笔者由该参数联想到文献[2]中提出的构件类型参数（张力刚度与抗弯刚度比值的平方根）。

（1）当 $\lambda = 0.005\,2$ 时

因为　　　　　　$N = ql/2$

所以　　　　　　$R_\mathrm{d} = ql/4$

此时简支梁的弯矩图等同于该结构一次落架时的恒载内力状态，其特征点弯矩

$$M\mid_x = l/4 = ql^2/32$$

$$M\mid_x = l/2 = 0$$

可见，该梁如同两跨简支梁，但中央下挠度不为零。

中央下挠度　　$\Delta = ql^4/384EI$

由于未主动张拉吊索，这样的设计不够合理。

（2）当 $\lambda = 0.031\,25$ 时

因为　　　　　　$N = ql/4$

所以　　　　　　$R_\mathrm{d} = 3ql/8$

此时简支梁特征点弯矩

$$M\mid_x = l/4 = ql^2/16$$

$$M\mid_x = 3l/8 = 9ql^2/128$$

$$M\mid_x = l/2 = ql^2/16$$

此时中央下挠度　　$\Delta = ql^4/128EI$

由于梁体跨中挠度过大，吊索的作用不明显，这样的设计不合理。

（3）当 $\lambda = 0$ 时

$$N = 5ql/8$$

7.6.2　主动张拉吊索之梁-索组合结构

为了优化梁体的受力，现对拉索进行主动张拉。选取梁体弯矩的平方和最小为目标，即取目标函数为

$$f = \int_0^1 M^2(x, N)\mathrm{d}x \qquad\qquad (7\text{-}8)$$

由 $\partial f/\partial N = 0$ 得

$$N = 5ql/8$$

此时，吊杆锚头拨出量

$$\Delta = (5ql/8)/(E'A/h) = 5qlh/8EA$$

而梁体中央下挠度

$$5ql^4/384EI - 5ql/8 \times l^3/48EI = 0$$

表明：吊索如同刚性支承，待吊索张拉完成后，降落支架时，梁中点既不上拱，也不下挠。当然，当张拉索力大于 $5ql/8$ 时，梁体中点将上拱。

$$R_d = 3ql/16$$

这时，简支梁特征点弯矩

$$M\mid_x = l/4 = ql^2/64$$

$$M\mid_x = l/2 = -ql^2/32$$

表明：这时梁体受力状态如同两跨（刚性支承）连续梁。

7.6.3　梁-索结构之优化施工

在系杆拱结构中，如果既要使结构内力达到优化状态，又要使主梁在恒载作用下线形为一直线或竖曲线，则在制造无应力梁时可设置合理的施工预拱度或设计预拱度。

梁-索结构优化施工步骤：
- 地基处理并搭设支架，铺设底模板并设置预拱度。
- 架立模板，绑扎钢筋，浇筑梁体混凝土（一期恒载）及桥面系（二期恒载）。

- 安装吊索，并保证吊索垂直。
- 上端张拉吊索，依据无应力状态法理论[3]，进行锚头拨出量（由最优索力计算出）的控制。
- 降落支架（即落架），拆除梁体底模，拆除支架。

7.6.4 系杆拱中吊杆的张拉

由于本系杆拱跨度不大，非线性影响很小，因此，吊杆（索）的张拉与调整计算均按线弹性考虑。系杆拱一期恒载加上后，进行吊杆的初张拉，其初张拉计算如下：

（1）刚性支承连续梁法计算$\{T^{初}\}$。

（2）计算索力影响系数矩阵$[\delta_1]$（一次只拉一根索，由有限元程序分别求出），由"相互影响大者同时拉、产生挠度大者先拉"原则确定初张拉顺序（一次同时对称拉2根）。

（3）初张拉后索力的理论值：

$$\left\{T^{初拉后}_{理}\right\}=[\delta_2]\left\{T^{初}\right\} \tag{7-9}$$

式中，$[\delta_2]$为索力影响系数矩阵（一次同时拉2根）。

二期恒载加上后，进行吊杆张力的调整。

$$\left\{T^{恒}_{理}\right\}=\left\{T^{初拉后}_{理}\right\}+\left\{T^{二期恒}_{理}\right\} \tag{7-10}$$

式中，$\{T^{二期恒}_{恒}\}$的计算与$\{T^{初}\}$ $\{T^{初}\}$类同。

由于$\{T^{恒}_{理}\}\neq\{T^{终}_{理}\}$，故需调索。

由
$$[\delta_1]\{\Delta T\}=\{T^{终}_{理}\}-\{T^{恒}_{理}\} \tag{7-11}$$

得 $\qquad\qquad \{\Delta T\}$

式中，负值表示需放松的索力，在此置零，即不作调整。由此确定调索值及调索顺序。

按照无应力状态法的基本思想，将索力调整量转化为锚头拨出量或回缩量，张拉过程中，以索的锚头拨出量或回缩量来控制，则可按施工现场方便的顺序，在保证结构质量及安全的前提下，多工序同步施工，并且不必考虑后张拉的索对先前张拉索的影响。最后，这样施工完成的桥梁，其索力都会自动达到设计最优索力（目标索力组）。为保证结构安全，吊索力宜分为两次张拉，每次比例为50%。

7.7 系杆拱下部结构设计构思

考虑到传力简捷，主桥墩柱尽量靠近系杆拱支座的正下方，柱径取$\Phi2.0$ m，二柱间距为8.48 m，盖梁厚2.75 m。

同样考虑到传力简捷，桩群对称"围绕"在墩柱的周围，桩径取$\Phi1.2$ m，每柱下方布置 5 根呈非标准梅花形的钻孔灌注桩，桩间距须满足规范要求的最小距离，其不但要考虑同幅桥内各桩间的距离，还要考虑两幅桥间邻近各桩之间的水平距离。

桩群顶设承台（承台与墩柱间常设柱座，以便传力均匀），厚 2.5 m，二桩群承台间设横系梁，高 3.0 m，形成一工字形承台。按刚性承台设计，因此，由墩柱传来的力在承台内按刚性角扩散，而桩群应布置在力的作用范围内，否则的话，则需加厚承台等。

本桥基础持力层选定为细砂层。

桩长计算（本桥基桩设计为摩擦桩）从略。

考虑到主桥墩为不等跨墩（分界墩/联间墩），因此，主墩柱设置了顺桥向预偏心，使恒载（公路桥梁，恒载所占比重较大）作用下，墩顶所受顺桥向弯矩为零。

主桥墩一般构造图如图 7.12 所示。

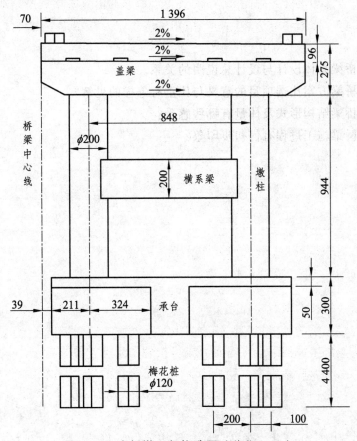

图 7.12　主桥墩一般构造图（单位：cm）

参考文献

［1］ 张师定. 泰州江河大桥桥式方案设计构思. 科技交流，1995（4）.

［2］ 张师定. 宁通公路泰州引江河大桥主孔 70 m 跨系杆拱的设计研究. 中国铁道学会桥梁委员会第七届学术年会论文集，1997.

[3] 张师定，王吉盈，等. 宁通泰州引江河大桥的设计与施工. 中国钢结构学会钢-混凝土组合结构学会第六次年会论文集，1997.

[4] 张师定. 拱桥之合理拱轴线理论. 科技交流，1999（3）.

[5] 李庸定，汤惠农，朱良义. 无风撑预应力混凝土系杆拱桥设计. 中国土木工程学会第六届年会论文集，1991.

[6] 中国工程建设标准化协会. FCS28—90 钢管混凝土结构设计与施工规程.

[7] 张师定. 单索斜拉桥优化设计及优化施工之解析研究. 第 21 届全国桥梁大会论文集. 北京：人民交通出版社，2013.

[8] 丁恒广. 引江河大桥中孔 70 m 跨钢管混凝土系杆拱施工. 江苏交通工程，2000（1）.

思考题

[1] 谈谈桥梁总体设计与设计总说明的关系。

[2] 你对桥梁方案比选项目的意义与比重有怎样的见解？

[3] 你对桥梁结构形式及体量有哪些感受？

[4] 你对桥梁施工过程有何初步印象？

第 8 章　桥梁新结构及展望

8.1　全索桥

8.1.1　全索桥产生的历史背景

笔者 1995 年提出全索桥新桥式，并完成论文——《超大跨桥式——全索桥》[1]，同年在纪念茅以升百岁诞辰桥梁学术会议上宣读。说起全索桥的构思，那还得从吊桥发展谈起。

最早的吊桥大约诞生于中国，那时吊桥的最大特点之一便是桥面随大缆的起伏而起伏，或者说是桥面与大缆处于同一水平面上，其适用于人行或牲畜通过。该类悬带桥最大的缺点是摇晃不定、抗风稳定性差。笔者认为导致该缺点之结构因素有：

- 矢跨比偏大，主缆应力水平偏低，导致其几何刚度不足。
- 各主缆间无刚劲的横向连接，横向抗扭刚度几乎为零。
- 桥面很窄，宽跨比很小，桥面透空率很小，缺乏抗风索。

随着车辆的出现，直接置于大缆上的桥面被从大缆上悬吊的平坦桥面所替代，这种简易的（大缆常采用钢丝绳）、桥面平坦的简易吊桥在中国的许多地方仍在生产；而当代吊桥的显著特点之一便是大缆采用高强钢丝或钢绞线，加劲梁采用钢桁架或扁平钢箱梁及密吊杆，这样，加劲梁已不再是吊桥的主要承重构件，而仅是局部传力构件。例如，1931 年美国纽约建成的乔治·华盛顿悬索桥，主跨 1 067 m，在其以 8 车道通车的 30 年内，它的加劲桁架尚未建造，以柔式悬索桥的轻盈姿态成功地抵御了风力的袭击，直到 1966 年才加设下层桥面，它为采用柔性加劲梁提供了有力的佐证。

早于 20 世纪 50 年代，德国的芬斯特瓦尔在为土耳其博斯普鲁斯海峡桥设计方案时，便提出了预应力钢筋混凝土薄带桥的构想。1972 年，富于创新的结构工程师林同炎教授克服了带桥刚度不够及桥面起伏等的不足，大胆提出了反吊桥的构思，并于哥斯达黎加圣·乔斯桥[1]上做了成功实践。该桥主跨径为 108 m，悬带内设有预应力高强钢材，锚固于台后锚碇处，主桥墩采用斜腿，由转体法施工形成。该桥成桥后的照片如图 8.1 所示。

图 8.1　哥斯达黎加圣·乔斯桥

公元 1994 年，中国建成汕头海湾悬索桥，其主跨为 452 m，加劲梁采用通长配束（体外）的预应力混凝土箱梁，这是其特点。笔者受其启发，采用与林同炎教授不同的思路，提出全索桥新桥式，其主要出发点便是：根据悬索桥的力学行为可知，加劲梁不是主要受力构件，而仅是传力构件，其所受弯矩不大，且较均匀，因此，加劲梁可用索带来代替，并张拉锚固于地锚中，而这种张紧的索带不仅可传力，更重要的是，其可与大缆共同抵抗横向风载，提高桥梁横向刚度。

8.1.2　全索桥特点

与悬索桥相比，全索桥有如下特点：

（1）加劲梁由索面代替，方便安装，对提高桥梁刚度，尤其是横向刚度及抗扭刚度非常有利，适宜于超大跨。

（2）全索桥采用斜拉-悬吊混合体系，有利于提高桥梁刚度，同时，减轻锚碇的受力。

（3）全索桥矢跨比可取得更小，从而提高桥梁刚度，降低主塔高度（避免对航空的干扰），取得显著的经济效益。

（4）改变全索桥大缆、吊索、斜拉索或桥面索的张力，不仅可调节桥梁各构件之内力，借以获得合理的内力分布，还可调节桥梁的刚度。正因其桥跨结构全为索，故笔者称其为全索桥。

（5）全索桥桥跨体系全部受拉，传力简捷受力优越，架设方便，经济、安全。

（6）全索桥由于其超薄的桥面，从而使其所受风载大大减小，并且减小风漩涡的发生几率。

（7）全索桥亦可采用多索面，从而提高全桥刚度，增强桥梁抗风、抗震的能力。

（8）已产生适合全索桥用的索，如碳纤维增强塑料（CFRP）索[4]，其比强度、比刚度均很高，抗腐蚀、抗疲劳性能均很好，且轴向热膨胀系数很小。这五者同时具备，足可见其性能优越。较高的比强度能够大大增加所设计结构的跨径。较高的比模量及较低的轴向热膨胀系数能够增加预拉力值并很好地适应车辆运行。良好的抗疲劳性及抗腐蚀性使结构具有耐久性且经济。将 CFRP 索应用于全索桥桥式，那将是完美的结合。

（9）全索桥由于用索铺成桥面，因而施工快速、方便、经济、安全，避免了斜拉桥加劲梁合龙前在风载作用下的稳定性问题，也避免了吊桥架设中在风载作用下因梁的抗扭刚度及抗弯刚度的暂时缺乏而出现的稳定性问题。

（10）笔者希望借助全牵桥型式建成无桥墩之超大跨桥，以充分显示此桥式的经济性。

笔者欣赏反吊桥的伟大，同时，也希望广大桥梁同仁共同研究全索桥这一新桥式，为未来大型桥梁的建设作出贡献。

8.2 斜拉-悬吊混合体系桥

历史上，斜拉-悬吊混合体系桥比斜拉桥出现还早。因为，事实上人们对索桥桥式的认识遵循以下规律：

吊桥→斜拉-悬吊混合体系→斜拉桥

较早采用斜拉-悬吊混合体系的著名桥梁当属布鲁克林桥。公元 1883 年，美国建成当时世界上最大跨的城市悬索桥——布鲁克林桥，主跨长达 486 m，其重要成就不仅在于刷新了当时的跨度纪录，而且在构造上采用了加劲钢桁架和很多根斜拉索，形成了斜拉-悬吊混合体系，提高了全桥刚度，从而有效地抵御了暴风和周期性荷载的振荡，同时，又降低了大缆拉力，减轻了锚碇所受荷载。

当今世界经济迅速发展，世界经济一体化的趋势已越来越明显，随之，在世界范围内，兴起一股修建跨海工程（往往是选择跨海大桥或海底隧道）的热潮，暂不谈国外跨海工程如：

- 大贝尔特桥（已建成）。
- 直布罗陀海峡大桥。
- 明石海峡大桥（已建成）。
- 韦拉扎诺海峡大桥（已建成）。
- 土耳其博斯普鲁斯海峡三桥（已建成）。
- 墨西拿海峡大桥（设计已完成）等。

单说中国跨海工程就有：

- 渤海湾跨海工程（正在前期论证）。
- 长江口越江工程（已建成）。
- 杭州湾跨海工程（已建成）。
- 青岛胶州湾跨海大桥（已建成）。
- 珠江口伶仃洋跨海工程（正在施工）。
- 琼州海峡跨海工程。
- 台湾海峡跨海工程（正在前期论证）。

- 香港-珠海-澳门大桥，简称港珠澳大桥（已建成）。
- 舟山群岛连岛工程（部分已建成，新工程正在施工）。

………

当人们研究超大跨桥梁时，发现建造传统的悬索桥难度很大，造价很高，而建造斜拉桥时又受到跨度的限制，于是，人们又将目光投向了早已在一、二世纪使用的桥式——斜拉-悬吊混合体系桥。针对跨海桥梁跨度大，基础常建造在深水区或软基上，桥位处强台风区、抗风要求高等特点，采用斜拉-悬吊混合体系桥具有如下优点：

- 结构整体刚度大。
- 传力简捷（斜拉区荷载由斜拉索传至塔柱较设置吊索时由吊索传至锚碇路径短），受力合理。
- 抗风性能好。
- 大缆和锚碇造价低。
- 施工方便、安全。
- 兼具吊桥和斜拉桥的优点。

一般情况下，采取如下措施，对减小活载引起的端吊索交变轴力幅是有利的：

- 增加斜拉部分与悬吊部分结构的刚度比。
- 增大中跨跨径与悬吊部分跨径之比。
- 设置交叉吊索或边跨增设辅助墩等。

如果将林同炎教授提出的直布罗陀海峡大桥这一新桥式也归入斜拉-悬吊混合体系桥式的话，那算是其中一种非常特别的桥式，其最大的特点在于其桥塔形如伞状。而据林同炎教授讲，他本人对形如伞状的桥塔感受颇深。说到这里，就不得不提及中国芜湖长江大桥的方案设计[6]。其方案之一便是考虑到高桥塔对航空带来的影响，而采用形如 Y 形的矮塔，其确与形如伞状的桥塔有一比。如图 8.2 所示。

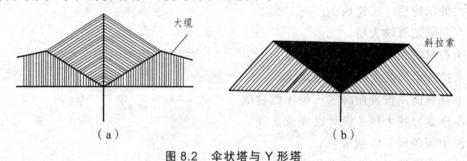

图 8.2　伞状塔与 Y 形塔

8.3　悬带桥与筒桥

悬带桥其实就是 8.1 节中提到的薄带桥。虽然预应力混凝土悬带桥很少见，但已建成的悬带桥，远有著名的四川泸定县大渡河上的泸定桥；近有许多公园人行桥，如德国的海森施泰城公园人行桥，该桥设计是在两桥台间拉两根缆索，然后在两根缆索上铺混凝土桥面板，以此作为人行道。为了减小集中荷载引起的变形，提高抗摇摆稳定性，在人行道板的正下方又拉一根反向弯曲的缆索，将该缆索与两根受力缆索之间用斜索联结，形成主体桁架形状。该桥在架设时，不必另设脚手架，仅需把缆索和混凝土桥面板相联结，然后在地锚处对缆索施加拉力即可。

笔者认为，人类对悬带桥的追求有返璞归真之趋向。这是人类向大跨、轻巧方向努力的结果，也是人类对美的追求。

若将悬带桥的概念加以拓展，则林同炎教授创造的反吊桥及笔者提出的全索桥均属悬带桥的范畴。

更为地道的是，日本 1992 年建成的"兔"桥——人行悬带桥，如图 8.3 所示，其跨长 115 m，桥宽 2 m。

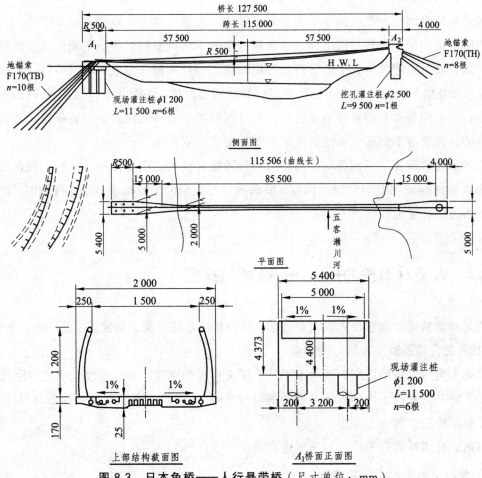

图 8.3 日本兔桥——人行悬带桥（尺寸单位：mm）

该桥结构构思及施工步骤为：

（1）施工桥台及地锚。

（2）在两桥台间挂设首期钢索（边索），并张拉，调整索形。

（3）滑移安装预制钢筋混凝土桥面板块（依笔者理解，如图 8.4 所示），并用钢板焊接固定。

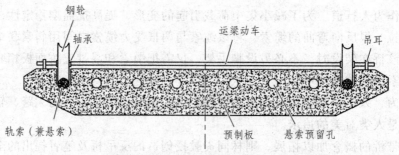

图 8.4 利用悬索安装预制钢筋混凝土板工艺图

（4）穿入二期钢索（中央钢索），并施加预应力，与首期钢索一起形成预应力索带。

（5）桥面工程施工。

悬带桥桥跨结构所产生的水平力全部通过桥台传至地锚，由地锚钢索承受。

为防止横向风力导致桥面上浮，桥面板两端的下缘设斜坡，使整个截面形成倒翼状。

美国费城大学建筑研究中心曾研究过用钢丝、钢环和钢杆组成的环状吊桥，或称为筒桥。其非常类似于中国西藏洛渝地区旁固村有名的藤网桥，该桥以 4~6 根环状排列的藤索为主索，以等间距排列的藤环为主藤环，再以细藤缠绕成一根巨大的空心藤筒，其较之单根主缆的悬渡桥或平铺吊索形成桥面的悬带桥更富有安全感。

笔者认为，形如"杨柳腰"的筒桥对当代桥梁有极大的借鉴作用（当然，现在用的材料均为高强材料）。其优良的竖向刚度、横向刚度及抗扭刚度较索桥显得非常耀眼。这是悬带桥等所无法比拟的。

8.4 人类对索桥的探索——抗风与抗震

人类对索桥的探索包括人类对悬索桥、斜拉桥、系杆拱桥、悬带桥、反吊桥、全索桥、斜拉-悬吊混合体系桥及筒桥等的探索。

纵观人类对索桥的研究，其焦点不外乎是桥梁竖向刚度、横向刚度及抗扭转刚度等。值得一提的是丹麦技术大学吉姆辛教授撰写的专著——《缆索承重桥梁的构思与设计》，是有助了解索桥特性的一本好书。

目前，悬索桥研究的热点如下所述。

1. 加劲梁的形式及安装方法

加劲梁形式包括：钢桁架、钢箱梁、混凝土箱梁、混凝土双边主梁、钢管网架、张拉索面等。

目前，扁平钢箱梁广泛应用于斜拉桥及悬索桥中，如图 8.5 所示。

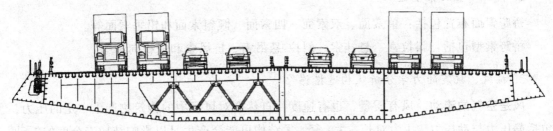

图 8.5　扁平钢箱梁构造案例

但已建斜拉桥绝大部分设置腹板间距偏大、悬索桥不设置腹板（顺桥向通长隔板）的现象极为普遍。其不但对钢箱梁正交异性桥面板上的桥面铺装层带来不利影响，更对梁体安全储备不利。

钢箱梁腹板不仅承受（横竖向）弯曲正应力，而且承受（横竖向）弯曲剪应力和扭转剪应力，腹板的设置，才使翼缘有效宽度得到发挥，更对箱梁正交异性桥面板上的桥面铺装受力改善良多，提高梁体"斜向抗扭"能力，整体提高箱梁刚度（也方便钢梁段架设）。因此，要适当控制腹板间距。

笔者对索桥扁平钢箱梁提出建议：对于斜拉桥采用正交异性桥面板的扁平钢箱梁，其腹板间距不宜大于 7.5 m（约 2 个车道宽度）；对于悬索桥采用正交异性桥面板的扁平钢箱梁，其腹板间距不宜大于 9.5 m（约 3 个车道宽度）。

注：这里所说的腹板为通长受力腹板。

利用桥面吊机悬臂拼装梁段是中国在斜拉桥及悬索桥主梁安装方面的创新。而采用轨索滑移梁段法架设悬索桥更是属于世界首创，如图 8.6 所示。

图 8.6　世界首创——轨索滑移梁段法架设悬索桥加劲梁

2. 索面布置及索型选取

桥跨索面布置包括：单索面、双索面、四索面、倾斜索面和铅垂索面等。

桥跨索型包括：斜拉索、悬挂索、斜拉-悬吊索、抗风索和横桥向索等。

3. 抗风、抗震的力学分析及构造措施

风是空气的流动。风有质量，也有速度，自然会对风场中的构筑物产生一定的压力，包括静压力与动压力。压力对长、大、轻、柔结构可能会产生足以影响结构安全度的振动，可能使结构发生毁坏、产生疲劳或过大的变形及内力。

桥梁抗风——在桥址处各种可能的风场条件下，研究桥梁结构的静力效应与动力响应，为新建桥梁的设计或施工提供解决方案。

处于流场中的固体，当固体因流体绕流而发生振动（即流体-固体耦合振动）时，不论固体振动模态如何，其均由流体形成漩涡的移动或脱落而造成，即流体的振动形式为旋涡脱落，固体的振动形式为颤振等。并且其共振条件为：流体旋涡脱落频率=固体自振频率。

现代悬索桥振动特点：

- 悬索桥发生弯扭耦合颤振型气动弹性失稳中，结构扭弯频率比是关键因素。
- 扭弯频率"分离"的程度愈大，则桥梁愈加气动稳定。
- 大跨度悬索桥与其他形式的桥梁不同，其绝大部分刚度是由两根主缆提供的，加劲梁的弯曲振动模态只能是两根主缆做同相抖动所致，而扭转模态则只能是两根主缆做异相抖动所致。
- 当两根主缆截面相同、材料相同、跨度及矢度相同，并且有理想的支承的话，那么，加劲梁弯曲和扭转振动的模态以及频率总是相同的。
- 引起结构扭弯频率"分离"和振型差异的主要因素——桥塔及加劲梁的刚度、它们平移和转动的惯性质量分布等。

桥梁抗风研究证明如下准则：

当风速大到一定值时，在风产生的升力和阻力联合作用下，总能使大跨索桥丧失扭转刚度而失稳。

因此，大跨柔性桥梁（如悬索桥和斜拉桥）必须对其进行桥梁抗风研究。

【桥梁抗风设计原则】

- 在桥梁设计使用年限内，当桥位区域可能出现最大风速时，结构不应发生自激发散性振动（属于毁坏性的）。
- 在设计风荷载与其他作用组合下，结构应具有规定的强度及刚度，不应发生静力失稳。
- 结构非破坏性风致振动的振幅应满足桥梁使用功能的要求，如行车安全、结构疲劳及行车舒适度。
- 结构的抗风能力可通过气动措施、结构措施和机械措施予以提高。

桥梁风致振动类型及相关内容见表 8-1，风荷载及结构响应类型见表 8-2。

表 8-1 桥梁风致振动的类型与特点

序号	桥梁风致振动类型	定义	特点	改进措施
1	驰振	振动的桥梁从气流中不断吸取能量，使非扁平截面的细长钝体结构的振幅逐步增大的发散式弯曲自激振动		结构措施、气动措施、机械措施
2	颤振	振动的桥梁通过气流的反馈作用不断吸取能量，导致其振幅逐步增大，直至使结构破坏的发散式自激振动		
3	涡振	气流绕过钝体结构而产生旋涡（旋涡呈两排布置，称为"卡门涡街"，见图 8.7）脱落时，钝体结构会发生振动（振动方向与气流方向垂直）。当旋涡脱落频率接近或达到结构的自振频率时，涡激力使气流与结构发生共振现象	• 限幅性——较低风速下发生，有限振幅振动 • 锁定性——在某一风速区间内发生 • 最大振幅对结构阻尼有很大的依赖性	对于易发生涡振的钢箱梁桥、边主梁桥、分离双箱主梁桥等，改进措施有：风嘴、导流板、稳定板、水平翼板、调整梁下检修轨道位置
4	抖振	风的紊流成分所激发的结构随机振动，也称为紊流风响应		

表 8-2 风荷载类型与结构响应类型

自然风的分量	结构状态	风荷载类型	描述风荷载的无量纲参数	结构响应类型与特征
平均风（定常流）	假定为固定状态	平均风力	三分力系数	静变形与静力失稳
		涡激力	斯托罗哈数	介于强迫振动与自激振动之间
	微振动	自激力	颤振导数	颤振、驰振（自激的可能发散的振动）
脉动分量	假定结构固定	抖振力	气动导纳	抖振限幅振动（强迫振动）

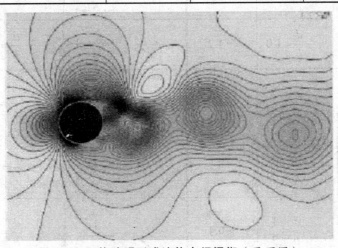

图 8.7　固体障碍形成流体卡门涡街（平面图）

斯托罗哈发现卡门涡街规律，见式（8-1）。

$$f = v \times S_t / d \qquad\qquad\qquad (8\text{-}1)$$

式中 f——旋涡脱落频率；

　　v——风速；

　　d——风场中障碍物（圆柱体）直径；

　　S_t——斯托罗哈数。

由表 8-3 可见：宽（顺桥向）厚比取 3 时，桥墩（塔）抵抗驰振之气动性能最为优越，圆形或六边形断面次之。桥梁风致振动改进措施实例如图 8.8、图 8.9 所示。

表 8-3　桥墩（塔）驰振力系数

断面形状		驰振力系数	断面形状		驰振力系数
冰 冰 $t=0.06b$（索上有冰）		-1			-1.0
					-4.0
	$\dfrac{d}{b}=2.0$	-2.0		$\dfrac{d}{b}=2.0$	-0.7
	$\dfrac{d}{b}=1.5$	-1.7		$\dfrac{d}{b}=2.7$	-5.0
	$\dfrac{d}{b}=1.0$	-1.2		$\dfrac{d}{b}=5.0$	-7.0
	$\dfrac{d}{b}=\dfrac{2}{3}$	-1.0		$\dfrac{d}{b}=3.0$	-7.5
	$\dfrac{d}{b}=\dfrac{1}{2}$	-0.7		$\dfrac{d}{b}=3/4$	-3.2
	$\dfrac{d}{b}=\dfrac{1}{3}$	-0.4		$\dfrac{d}{b}=2.0$	-1.0

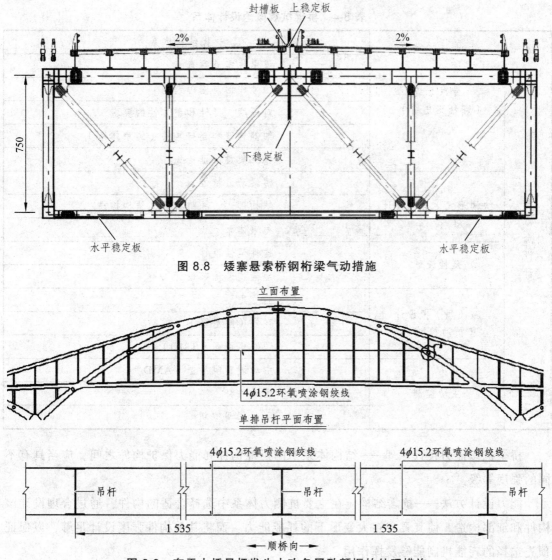

图 8.8　矮寨悬索桥钢桁梁气动措施

图 8.9　东平大桥吊杆发生大攻角风致颤振的处理措施

【桥梁抗震研究】　美国金门大桥遭遇地震袭击后，当地政府任命林同炎国际组织进行地震评估，并开展了一系列桥梁学术研究活动。Seim Charles 和 Rodriquez Santiago 总结和研究该学术活动的多项研究成果，指出抗震结构研究包括以下四个方面：

- 场地地震危险性分析——预测地震震中地点和地面运动，确定反应谱。
- 确定结构抗震设防目标、抗震性能目标及评价标准。
- 对结构进行线性及非线性动力分析及地震反应分析。
- 从概念设计入手，研究结构纵向、横向及竖向抗震约束（支承）体系。

【抗震概念设计】　根据地震灾害和工程经验等归纳的基本设计原则和设计思想，进行桥梁结构总体布置、确定细部构造、设置约束体系等的过程，见表 8-4。

表 8-4 桥梁抗震概念设计体系

		选择结构体系
桥梁概念设计	专家系统（即经验总结）	提出抗震设防目标
		场地评估与基础选型
		对强度、延性和整体性的要求
		细部构造和连接构件（约束体系）
		施工质量保证措施
	结构形式之合理设计	桥梁动力特性
		结构形式、孔跨布置、结构构造
		约束体系
	延性设计	构件延性设计
		延性构造细节设计
	减（隔）振设计（被动控制）	隔　震
		耗能（阻尼器）
		调制阻尼器（TMD）
	主动控制	主动调制阻尼器（AMD）
		主动联杆
		主动可调控制

桥梁抗震能力设计原理——结构体系中的延性构件和能力保护构件之间，应当具有不同的强度等级。

能力设计方法——抗震结构应在主要抗侧力体系中选择合适的构件，通过合理设计该构件和细部构造，使其具有在大变形下的耗能能力。而将其他构件强度设计足够，以保证预先选择的耗能机制能够发挥作用。

动力延性——结构或构件在地震作用下，经受若干次反复的弹塑性变形循环后，结构或构件的强度和刚度始终都没有明显下降的能力。其中，循环周数至少为 5 次，强度下降量不超过 15%。

【普通梁桥抗震概念设计准则】

• 钢筋混凝土墩柱抗弯强度宜作为延性构件设计、抗剪强度宜作为能力保护构件设计。而基础、盖梁、梁跨和结点等宜作为能力保护构件设计。

• 梁桥墩柱顺桥向塑性铰位置：简支梁墩柱下部、连续梁墩柱下部、连续刚构墩柱上部及下部。

• 梁桥墩柱横桥向塑性铰位置：单柱墩墩柱下部、双柱墩或多柱墩墩柱上部及下部。

【特殊桥梁抗震概念设计准则】

● 尽量采用对称的结构形式，上部与下部结构之间的连接构造应尽量均匀对称。

● 抗震设防烈度为 8 度或 9 度地区，斜拉桥宜优先考虑漂浮体系方案；当漂浮体系导致梁端位移过大时，宜在桥塔与主梁之间设置弹性约束或阻尼约束等。

● 抗震设防烈度为 8 度或 9 度地区，大跨度拱桥主拱圈宜采用抗扭刚度较大、整体性较好的断面形式。当采用钢筋混凝土肋拱时，必须加强横向联系，如设置风撑（横联）、加强端横梁刚度等。

● 桥梁主要承重构件（如塔、墩、拱）宜选择有利于提高延性变形能力的结构形式及材料，避免发生脆性破坏。

4. 多跨悬索-斜拉桥的受力行为

当海峡宽度超过 5 km 左右时，一般就要采用连续多跨的斜拉或悬索桥体系，方可跨越宽阔的水面。从静力角度来分析，其最大的问题在于：桥塔因缺乏有效的约束而使塔顶纵向位移过大，使桥梁的整体刚度降低。一般采取如下措施：

● 跨中设中央扣。

● 塔顶间设水平拉索。

● 塔顶-塔梁相交处设对角线索。

● 跨中段设交叉索。

● 减少自锚，增加地锚。

● 采用 A 型塔提高桥塔刚度。

● 主缆采用双挂索。

● 于桥面上下均设索系，以提高全桥刚度。

带伸臂的桥塔是林同炎先生的首创，是林同炎先生挑战桥梁跨度纪录的惊人之举，见图 8.10。其提出了直布罗陀海峡大桥方案——（2 500＋5 000＋5 000＋2 500）m 悬索桥。

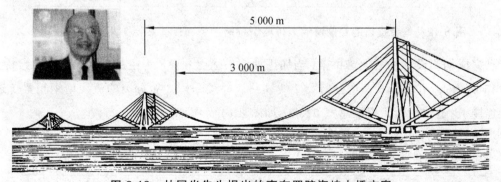

图 8.10 林同炎先生提出的直布罗陀海峡大桥方案

自笔者 2002 年完成《桥梁建筑的结构构思与设计技巧》以来，中国桥梁飞速发展。多塔连跨悬索桥是中国（中铁大桥勘测设计院）在索桥方面对世界的特别贡献。迄今中国已建成的多塔连跨悬索桥包括泰州长江大桥、鹦鹉洲长江大桥及马鞍山长江大桥等。图 8.11 所示为泰州长江大桥（1 080＋1 080）m 三塔双跨悬索桥。

图 8.11　中国泰州长江大桥

在台湾海峡大桥方案论证中，笔者提出图 8.12 所示带斜撑的斜拉-悬吊组合桥跨，以便适应 5 000 m 桥跨的需要。

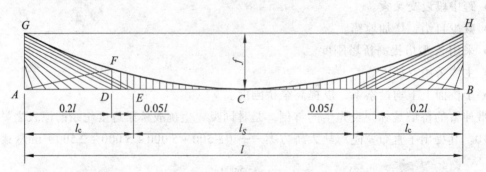

图 8.12　笔者提出的台湾海峡大桥典型桥跨（特点：设置斜撑，见图中 AF）

已完成初步设计的最大跨桥梁，当属墨西拿海峡大桥，其为主跨 3 300 m 的悬索桥（如图 8.13 所示），可承载 6 车道公路及 2 线铁路。桥梁采用 3 个分离的流线型钢箱梁（通过横梁连接），透空桥面，桥梁总宽 52 m，如图 8.14 及图 8.15 所示。

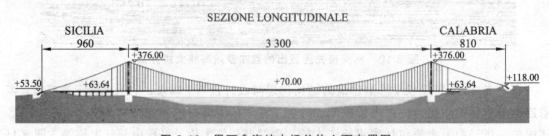

图 8.13　墨西拿海峡大桥总体立面布置图

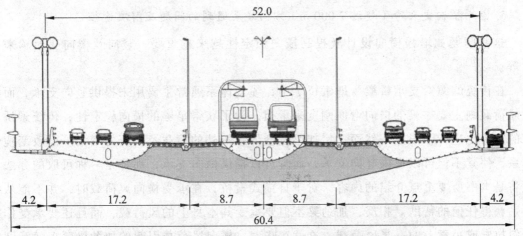

图 8.14 墨西拿海峡大桥加劲梁布置与桥面车道布置图（单位：m）

图 8.15 墨西拿海峡大桥桥面系统

真正意义上的斜拉-悬吊组合桥，当推 2016 年建成的土耳其博斯普鲁斯三桥。其为目前世界上最长的公路/铁路两用桥，包括 8 车道高速公路及 2 线铁路。主跨 1 408 m，桥宽 58.4 m，桥塔高 322 m，采用流线型扁平钢箱梁，如图 8.16 所示。

图 8.16 土耳其博斯普鲁斯海峡三桥

5. 悬索桥向更大跨（超过 2 000 m）方向发展遇到的问题及解决途径

这些问题如增强横向设计及提高横向稳定性越来越重要，竖向及横向变形越来越大等。

在传统的缆索支承桥梁（即索桥）中，缆索体系通常主要用来提供竖向支承，而横向风荷载则主要靠梁的横向弯曲刚度来承担。为了获得足够的横向稳定性，传统索桥对桥的宽跨比进行了限制。然而，增加梁宽会导致额外的荷载及投资的增大。而改变缆索体系，使其不但可以提供竖向支承，而且可以提供横向支承，那将是一种可取的办法，这将是本书所要重点介绍的内容。对于自锚式索桥，在承受横向风荷载时，并不能从缆索系获得任何的帮助。相反，加劲梁不但要承受其本身上的风荷载，而且还要承受作用于斜拉索或吊索上的一半风荷载。这就意味着，横向风荷载引起的加劲梁弯矩随跨度的二次幂增加，而作用于缆索上的风荷载引起的弯矩将随跨度的二次幂而增加。此外，由横向风荷载引起的应力和挠度随跨度而急剧增加。因此，大跨桥梁中采用地锚式者不多就不足为奇了。因为在地锚式索桥中，当梁横摆并引起缆索平面倾斜后，倾斜的缆索平面能够承担部分横向荷载，称为"钟摆效应"。但这种效应起作用的前提条件是加劲梁须产生较大的横向位移。

为使缆体系在提高桥梁横向刚度方面起更大的作用，采用空间缆索体系不失为一种较好的办法。笔者支持采用如图 8.17 所示的空间缆索体系。尤其是图 8.17（c），其由四个索面组成，优点是：无需加劲梁的帮助就可传递竖向荷载、横向荷载和扭矩。

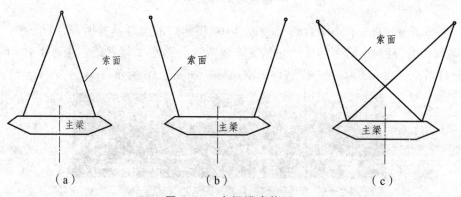

图 8.17　空间缆索体系

笔者在深入分析塔科玛悬索桥风致毁坏的基础上，提出加强各根主缆间联系之技术路线。依据"三角形稳定原理"，笔者建议超大跨桥梁采用三根或更多根主缆，并通过拉-压杆（由索夹与主缆铰接，可设置调节套筒）连接，使其形成横向"桁架"，产生"主缆系抗扭刚度"，克服主缆间自由振动，"保护"加劲梁，从而提高桥跨结构抗风与抗震能力，如图 8.18 所示。拉-压杆制造执行规范《钢拉杆》（GB/T 20934）。

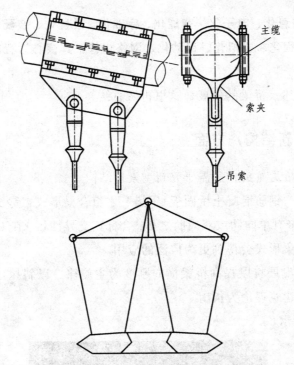

图 8.18　笔者提出的空间缆索体系及索夹-拉压杆连接

另外，采用 4 个索面的分体箱型桥式，其横截面如图 8.19 所示，因其大大增加了桥宽，可获得较大的横向刚度及强度、较大的抗扭刚度等，是较为优越的大跨桥式。

众所周知，长大吊桥设置强大的中央扣，使大缆与加劲梁刚性连接，对提高桥梁横向刚度、抵抗反对称扭振的发生，减小加劲梁顺桥向位移等均有较大的作用；不失为提高桥梁整体刚度的好办法。对于超大跨吊桥，笔者建议不仅要在跨中设这种连接，而且要在 1/4 跨或 1/3 跨处设置这种连接，使大缆与加劲梁更好地协同工作。

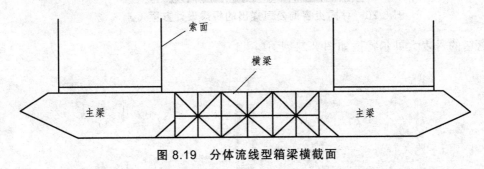

图 8.19　分体流线型箱梁横截面

8.5　桥梁发展方向

当前，人类正处于第四次工业浪潮中。如果用精炼的语言概括其特点的话，可以有"十五化",即**数字化、信息化、电子化、智能化、标准化、最优化、装配化、工厂化、可视化、通用化、精细化、流程化、虚拟化、自动化、网络化**等,其核心为智能化,而 BIM 技术蕴藏其中。

前面已零散地论述及桥梁的发展,这里再做总结。

8.5.1 桥式(新结构)方面

- 大跨桥梁以索桥为龙头,急需研究新型索桥结构。
- 中等跨度采用"钢筋混凝土桥面板+钢梁"之组合梁形式,势头正猛。
- 正交异性板(带有单向肋或双向肋之板,合称正交异性板)在 U 肋内焊技术取得后,相信正交异性板钢箱梁形式会得到更为广泛的应用。
- 超大跨桥式的发展将以提高桥梁横向刚度为主旋律,以斜拉-悬吊混合体系等为热点,以本书所述桥梁建筑理论为指南。

例子如图 8.20 所示。

图 8.20　林同炎咨询公司提出的桥梁设计方案（未实施）

著名的丹麦大贝尔特桥如图 8.21 所示。

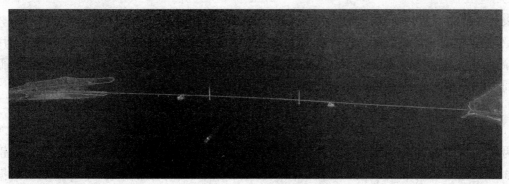

图 8.21 丹麦大贝尔特桥

该桥主要有以下几个特点：

· 通过经济分析，确定矢跨比采用 1/9。

· 采用三跨连续结构，这样加劲梁在风荷载作用下横向变位小，而且，可减少伸缩缝，养护管理方便。

为减少加劲梁因活载引起的顺桥向变位，在跨中设置了中央扣，并在梁端设置了液压缓冲器，这样支座和伸缩缝的移动量可减小，且大缆和加劲梁之间的顺桥向变位也小，还可减小跨中短吊索的疲劳。

· 加劲梁只在主塔位置处横桥向固定。

· 加劲梁横隔板由板式改为桁架式。

· 将引桥桥墩置于锚碇后部（锚碇设有前斜墙），有助于抵抗大缆力的竖向分力。

笔者提出台湾海峡大桥桥式，孔跨布置为（625 + 2 × 1 250 + 2 500+22 × 5 000 + 2 500 + 1 250 + 625）m = 120 000 m 的多塔连跨斜拉-悬吊组合，如图 8.22 所示。

图 8.22 笔者提出的台湾海峡大桥桥式总体布置

8.5.2 结构材料方面

· 高强、高性能钢材的应用。

日本已在主跨 1 991 m 的明石海峡大桥上使用了 800 MPa 级钢材，欧洲的钢材已经达到 960 MPa 级，美国的桥梁用耐候钢已达 690 MPa 级，我国在南京大胜关长江大桥所用钢达 420 MPa 级（Q420qE）。除了高的屈服强度外，作为桥梁用钢可焊性要好，主要是通过控制钢材的化学成分和适当的热处理方法实现。同时配套适宜的焊接工艺来保证成桥的结构性能。高性能钢材除了具有适合工程要求的强度和可焊性外，也应具有良好的延展性和脆裂韧性。为了提高桥梁在大气环境下的耐久性，在钢材中加入一定量的铜、铬、镍，使之稳定钢材表面的氧化层，避免钢材内部腐蚀；对海洋环境下的钢材，则同时采用专用防腐涂料。高强和高性能钢减小自重和降低造价，并通过减小结构高度增大净空，可降低寿命周期内低温脆断和疲劳破坏的可能性，将会对大跨度桥梁的发展起到促进作用。

• 纤维增强复合材料的研究和应用。

纤维增强复合材料（fiber reinforced polymer，简称 FRP）的比强度（拉伸强度/比重）约为钢材的 20~50 倍，其中碳纤维（carbon fiber）的比模量（拉伸模量/比重）约为钢材的 5~10 倍，似为目前最佳的工程材料，但碳纤维的延伸率很小（0.3%~1.5%），根据工程性能要求，和其他纤维混合应用，可望取得更佳的综合性能。

目前碳纤维已在桥梁维修加固方面得到成功应用，并在小跨度桥梁和港工结构上试用。其未来在大跨度桥梁主要结构上可能会有良好的应用前景，既高强又轻质，既经济又耐久。

• 高性能混凝土——在常温下，采用常规材料、常规工艺，以低水胶比、大掺量优质掺合料和严格的质量控制措施，制造出具有良好的施工工作性能，且硬化后具有高耐久性、高尺寸稳定性及较高强度之混凝土。

• 钢结构表面防腐——"石墨烯复合长效防腐涂料"通过科技创新，全面提升材料渗透性、附着力、耐中性盐雾、耐酸性盐雾、抗冲击和耐候性等主要技术指标，以降低其对施工条件，如除锈等级、施工温度、湿度和涂装时间间隔等指标之依赖，代表了当今防腐材料的发展方向与技术水平。

8.5.3　桥梁计算理论方面

• 温度效应计算仍需要进一步研究，重点应研究结构内部温度场计算方法或测试方法。
• 桥梁振动研究，包括抗风、抗震、抗浪方面得到极大发展，但一般规律仍需进一步研究。风障对桥梁颤振性能的影响得到重视。台风性能及其对桥梁的影响开始研究。
• 桥梁防撞击研究及抗倾覆研究。
• 桥梁非线性分析快速发展。
• 桥梁全过程受力分析（包括施工过程及体系转换等）研究走向深入。
• 桥梁复杂结点分析正在向精确方向发展。
• 精确梁理论被相关软件所"固化"。
• 模糊结构力学的发展使桥梁结构受力分析趋于精确等。
• 无应力状态理论研究成为热点。要研究无应力状态法与找形（预拱）法之耦合分析。桥梁结构制造误差远大于工业产品误差，当制造误差无法满足无应力状态理论要求时，施工过程体系转换等方式对成桥内力及线形将产生不可忽视的影响。
• BIM 技术推动桥梁走向精细化与智能化（见图 8.23）。
• BIM 软件面向工程全生命周期，包括建模软件、分析软件、协同软件、管理软件及算量软件等。著名软件包括：同豪 DoctorBridge v4.0 软件、MIDAS CIVIL 分析程序、ANSYS 程序、SAP 分析程序、同豪方案设计师软件、同豪公路工程智能设计 BIM 系统、

DASSAULT CATIA 及 DELMIA 系统等。

- 虚拟现实（VR 技术）与仿真分析（数值模拟）。 高度发展的计算机技术将越来越多地运用于桥梁规划、设计和施工中。通过虚拟现实与仿真分析，人们可以越来越准确地模拟桥梁建造过程中的各种工况、建成后结构外形和功能，运营中在台风、地震及其他外力作用下的表现，对环境、生态的影响以及视觉效果等，便于方案的综合比较。

图 8.23　BIM 技术之智能建造——桥梁模型+GIS 模型+地质模型

- 大跨度钢桥的疲劳与稳定研究：随着桥梁结构设计寿命的增长、车流量及重载车辆的增多，钢结构在保证施工质量的前提下，受压杆件的稳定问题及节点处（应力集中处）疲劳问题极为突出。需对其加大研究力度，优化设计及制造，最大限度地避免事故发生。大跨钢桥示例如图 8.24 所示。

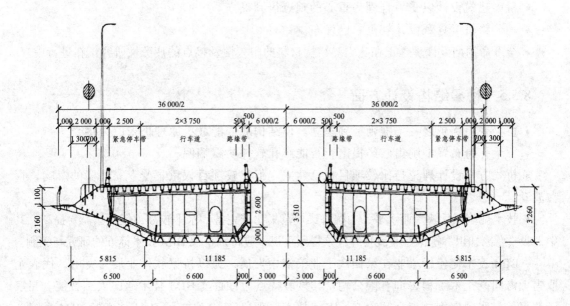

图 8.24　中国西堠门大桥全貌与钢箱梁设计图

• 桥梁优化理论伴随自动化设计走向深入。要不断挖掘物理模型、建立数学模型。优化模型中，目标函数来自专家经验，约束函数来自技术规范，模型参数初值、终值及步距，即搜索范围来自专家知识；由参数建立模型，必须依据有关智能规则。例如：预应力钢束智能配置软件研发；结构尺寸自动优化生成软件研发；计算-验算-绘图一体化软件等。

• 专家知识与专家行为正在被挖掘并提炼，正在被软件所"固化"与"实现"，正在被大众所重视与珍惜。

8.5.4　桥梁建筑方面

• 建筑设计（概念设计）是一个创新思维的过程。本书围绕功能、建筑与结构，提出了桥梁建筑理论，桥梁总体设计专家系统基本建立。

• 桥梁建筑设计以受力合理为重心的观点得到确立。

• 《公路桥梁景观设计规范》已发布。

• 全寿命周期设计理念正在建立。结构材料的耐久性及接点的疲劳性研究正在进行中。

8.5.5　桥梁结构设计方面

• 桥梁受力优越之各条准则得到建立。但结构应变能最小原理仍未广为接受。

• 桥梁孔跨布置准则集已经提出，智能布孔软件初露端倪。

• 桥式方案设计理论与比较项目也已建立。但比较项目权重集受专家经验的影响，存在波动。

• 技术规范：反映专业水平，中国桥梁规范集比较完备，水平较高，但仍然需要提高。其中，吸收专家知识、挖掘专业流程等应该得到重视，应特别重视 BIM 技术标准的研究与编制。

• BIM 技术促使桥梁业在第四次工业浪潮中发展，尤以桥梁软件业最为突出，代表企业为上海同豪土木工程咨询有限公司。其显著特点为：通过 BIM 技术通向人工智能。周宗泽董事长与张师定副总工合写论文《BIM 技术原理研究》，建立了 BIM 技术及 BIM 系统新概念，提出 BIM 软件四耳图（如图 8.25 所示）及 BIM 系统矩阵-瀑布-流程新架构，在深入探索 BIM 技术的基础上，得到 BIM 方程，极大地推动了 BIM 技术发展。

图 8.25　BIM 软件四耳图（恰似人工神经元）

BIM 系统运作机理——以参数化模型描述专业实体，建立初始模型，实现系统信息化；依据优化准则，通过参数驱动模型，生成专业模型；基于参数化模型间智能联动规则，通过相关参数化模型间之联动，实现模型间协调，即整体最优，输出结果模型。

程序系统与专家系统之融合向纵深发展，即

$$数据结构+算法+知识（概念与规则）+推理=人工智能$$

上海同豪土木工程咨询有限公司与云南省交通设计院合作研发的《公路工程智能设计 BIM 系统》是一次大胆的尝试。

• 时变荷载耦合影响研究不足　时变荷载包括混凝土徐变效应、混凝土收缩效应、预应力损失等。因此，即使对于常规结构之常规计算，要足够考虑计算结果之局限性，结合抗力方面时变影响，如材料应力松弛、材料性能劣化等，设计参数取值留有富余是必要的。

• 桥梁加工制造业对桥梁设计提出精细化要求。

8.5.6　桥梁施工技术方面

• 工程机械向智能化、高能化、机械化发展，中国工程机械已越居世界前列。大吨位起重设备不断研发制造。

• 桥梁专用机械设备正在开发研究应用中。中国已研发出运架梁一体机（可穿越隧道）等高端工程机械装备，不断创造着工程奇迹。

• 深水基础施工技术、高塔施工技术及大型桥跨结构无支架施工技术成为热点和难点。

• 大型临时结构标准设计及施工工法研究　以保定市乐凯斜拉桥为代表，相信双转体-合龙工法将会成为设计与施工热点。

• 预制-现场拼装技术将得到更多应用　智能化的预制加工技术、大型运输、起吊和安装设备、GPS 和遥控技术的快速发展，社会发展对于节约资源和保护环境的要求，将会使桥梁建造朝着尽可能预制拼装的方向发展，预计质量达 5 000 t 左右或者质量更大的桥体将可实现一次吊装。

• 计算机智能监测-控制系统之研发与应用。

• 智能建造　桥梁工地正在向工厂化、机械化、智能化、物联网络、集中控制方向发展，这是施工发展的终极目标。

8.5.7　桥梁基础形式方面

• 地下连续墙、桩-沉井及搁置式基础形式等成为深水或大跨桥梁的宠儿。

• 中国矮寨悬索桥采用轨索滑移梁法架设加劲梁（见图 8.26），属世界首创。

图 8.26　中国矮寨悬索桥（采用轨索移梁法建造）

　　矮寨悬索桥钢桁梁架设采用"轨索+小车+梁段"工法，为世界首创。该工艺巧妙地利用大桥主缆和吊索（杆）作为轨索（水平张紧）的支撑，通过行走在轨索上的运梁小车，将钢桁梁节段平移至目标吊索下方，然后，改由吊索承载该节段，如此步骤，由跨中向两岸拼接梁段，直至全桥贯通。

8.5.8　桥梁运营管理与维护方面

• 既有桥梁建模，用于运营管理与维护。**无人机+近景摄影技术、倾斜摄影+内嵌 BIM 技术**成为热点。

• 仍然有大量桥梁未设置健康监测系统；要在监测信息完整性方面下功夫；要研究由监测信息求解可操作性结论之理论与方法。

• 急需开发"带裂缝桥梁有限元分析程序"，以便使用裂缝监测数据，对结构承载力进行真实分析，得到可靠的结论。

• 智能化监测设备和技术的广泛应用：传感器、高性能检测仪及智能机器人的技术创新和升级，将使桥梁的施工、运营管理、维修养护等实现自动化、智能化、即时化，并使工程的集中监控和远程管理成为可能。

　　目前的主要问题是测试仪器和传感器等监测器件的耐久性尚未完全过关，不能保证满足结构寿命期的全过程特别是后期的监测需要。我们应当加强攻关突破相关技术，将其并逐步实现国产化。

　　"无人机+倾斜摄影测量"正在改变着传统工艺流程。

• 斜拉桥混凝土桥塔开裂现象比较普遍，研究较多，但处理措施匮乏。针对温差效应造成桥塔开裂，笔者提出设想方案：在环境温度较为恒定时段（最好是结构设计基准温度），用结构胶封堵裂缝，然后用玻璃丝布缠绕，再包裹保温层（例如 EPS 聚苯板，保持混凝土外表温度稳定），铺设无纺布+防水水泥砂浆，最后涂防水涂料（例如丙烯酸），用来保证保温层发挥作用，同时使用色彩，进行景观重设计。

8.6 中国悬索桥技术发展

研究大跨度桥梁，是因为一般来说，大跨度桥梁建造难度和技术含量相对较高。但这并不是倡导无原则地发展跨度，不是意味着为了发展跨度而人为地加大跨度。实际上许多江河、岛屿之间不设一定跨度的桥梁就不行，否则在通航、建造技术和造价等方面将存在问题，因此应统筹比选，综合权衡。总而言之，桥梁跨度的大小是根据工程需要而定，而不是为了创造纪录和业绩。

8.6.1 大跨度悬索桥锚碇采用可更换无粘结预应力锚固系统

主缆锚固系统经历了几个发展阶段，如图 8.27 所示。

钢框架锚固系→预应力粗钢筋锚固体系→

预应力钢绞线锚固系→可更换预应力锚固体系

图 8.27　悬索桥主缆锚固体系演变历程

阳逻大桥采用可更换预应力筋（主缆）锚固系统构造，是在原预应力锚固体系的基础上，当浇筑锚碇体混凝土时，预留无粘结预应力筋孔道，以及后锚固面作业空间，孔道中穿入预应力钢绞线张拉并灌入液态防腐油脂。这样，在桥梁运营中，可根据检测结果随时更换单根钢绞线或防腐油脂，避免悬索桥因锚固体系腐蚀而影响结构安全和车辆通行。

8.6.2 主缆架设工艺的突破

1. 牵引先导索架设方法的创新

• 火箭抛绳法牵引先导索过江这是由中交设计和主要参与施工的。沪蓉西公路的四渡河悬索桥是桁架悬索桥（900 多米）其采用火箭抛绳法来导引绳索过去。

• 直升机的牵引法在地形比较平坦的桥位利用直升机来牵拉导引索过海。西堠门大桥由于水文地质条件比较复杂，所以传统的牵引方法受限，最后经过研究选择直升机牵引的方法。

• 飞艇架设先导索飞艇的方法在电力部门在架设某些高压线的时候曾经有过应用，但用于对桥梁先导索的架设，是二航局在贵州的坝陵河桥开始应用的。因为由公规院设计的主跨 1 088 m 单跨钢桁加劲梁悬索桥，当时利用飞艇进行了先导索的架设。

• 牵引先导索直接过江　在设计建造润扬长江大桥的时候，在河床平坦无障碍的情况下，二公局采用了这种方法。运用此方法很简单，但是在短期内必须封闭长江航道。

2. 取消抗风缆，直接采用制振装置保证锚道的抗风稳定

由于悬索桥的主缆在高空施工，受风的影响较大，要保证锚道在施工期间的抗风稳定性、足够的结构刚度和调整线性的需要，通常在锚道的下方设置抗风缆系统。在润扬长江大桥南汊悬索桥的施工中取消了猫道抗风缆，而代之以水平和竖向制振装置，一是有利于桥下通航，二是简化了施工。

3. 在主缆架设牵引系统设计方面的研究与改进

通过对国内外悬索桥主缆施工过程中出现的一系列质量通病的研究，合理设计牵引系统各组成构件的结构，如门架高度、门架间距、滚筒间距、滚筒数量、塔顶导轮组等以及配套机具的工作能力，选择最优牵引系统设计方案，采用性能良好、安全可靠的组合式力矩电机被动放索机构保证索股出索速度与牵引速度一致，能最大限度减少索股在牵引过程中产生的扭转、松弛、散丝、呼啦圈、绑扎带断裂等质量问题；利用双线牵引系统相对于单线牵引系统，减少一个空行程，提高了架索效率。

8.6.3　施工机械方面的改进

1. 在主梁架设缆载吊机方面的改进和突破

• 跨缆吊机采用模块化设计，单件模块尺寸小，重量轻，便于制造、运输、安装和保管。

• 通过更换模块（或局部尺寸调整）即可适用于不同跨径悬索桥钢箱梁吊装施工。

• 中央控制系统采用计算机控制和智能化设计，所有工作机构的工作状态全部受中央控制系统监测和控制，自动化程度及同步控制精度高。

• 伸长量差值控制在 10 mm 以内，提高了设备的安全性和可靠性。

• 设备重量轻，安全起吊能力大。

• 跨缆吊机采用一套自备的安装系统提升安装至主缆。该方法既可用于吊机安装，也可用于吊机的拆除，并可在跨中或在塔根部进行拆除。

2. 在紧缆机方面的改进

• 采用模块化设计便于制造运输和安装。

• 自动控制液压千斤顶的行程保证主缆的成型质量。

• 紧固蹄的结构形状既有利于主缆成形，又不会损伤主缆表面钢丝。

• 液压系统采用高、低压组合泵，可单独或并联使用，高、低压泵的工作压力可自动转换，加大了千斤顶顶伸速度调节范围，更加切合和满足紧缆施工的实际作业要求，提高了紧缆效率。

3. 研制和采用了先进的 S 形的钢丝缠丝机

国内已建成的悬索桥中，主缆缠丝所用材料均为圆形高强镀锌钢丝。为了增加主缆缠

丝的密封性，提高主缆的使用寿命，润扬长江公路大桥南汊悬索在国内第一次使用"S"形钢丝缠绕机。其主要技术特点为：缠丝密封效果好，提高了主缆的使用寿命，设备技术要求和科技含量高；缠丝张力可调，最大张力达300 kg，满足了"先缠丝后铺装"新工艺要求，可大幅度缩短施工工期和主缆在空气中裸露锈蚀时间；具有缠绕、行走联动及单动，缠绕张力、转速显示等控制功能；使用起来更加方便。在泰州长江大桥施工中，第一次成功应用国产S形钢丝缠丝机。

4. 中央扣梁段的安装工序及措施的改进

为解决中央扣和中央扣索夹连接螺栓因精度要求高带来的安装困难问题，同时为了避免较长的中央扣索夹在主梁吊装过程中不能适应主缆线形的变化而引起索夹两端局部应力，在跨中梁段吊装前，先将中央扣索夹下半部预先用高强螺栓连接好，随钢箱梁一同吊装，吊装就位后用增设的临时吊杆固定在临时索夹上，再进行中央扣索夹上半部的安装及螺栓的紧固。

5. 在锚碇深基础设计施工方案方面的尝试和探索

• 冷冻排桩法支护方案

其基本原理：以含水地层经人工冷冻后形成封水结构，以排桩和坑内钢筋混凝土水平排架作为内支撑组成承力结构，分别解决封水和抵抗水、土压力的问题。在江苏润扬长江大桥南汊悬索桥南锚碇的基础开挖中，就采用了冷冻排桩法并取得成功。原理是把锚碇基础周边冰冻形成一个封锁结构，通过桩抵抗土压力和周边的水压力，分别解决封水和抵抗土压力的问题。

• 圆形地下连续墙支护方案

悬索桥锚碇基础以前多采用矩形连续墙。圆形连续墙，虽然受力和经济性较好，但由于其成槽幅与幅之间因存在泥浆皮和成槽误差，对其拱形效应的准确考虑较难，以及周围水、土压力不均对其受力计算的影响也较大等因素，在国内基本上没有应用。在湖北阳逻大桥的南锚碇基础施工中，采用了直径为73 m的圆形地下连续墙的支护方案，随开挖分节段灌注内衬混凝土，并在墙底设置灌浆帷幕，槽段接缝间进行封水处理，坑内设置井点降水，在墙外10 m处用自凝灰浆布置与连续墙同心的挡水帷幕等措施，成功地解决了锚碇施工难题，并为我国大跨度悬索桥锚碇基础施工积累了经验。

6. 山区钢桁加劲梁悬索桥抗风设计技术

通过考虑气动翼板影响的全桥多模态耦合颤振能量分析法，提出了钢桁梁桥面板中央开槽和气动翼板组合的新型抗风控制措施，可以有效地改善桥梁系统的颤振稳定性能和涡振性能，能够极大地节约为设置气动翼板和风振控制引起的工程造价。

7. 首次采用岩锚吊索结构，并用碳纤维作为预应力筋材

主跨1 176 m的矮寨悬索桥就采用了该项技术。

8. 超大型沉井施工技术

泰州长江大桥主塔基础达（58.2×44.1×88.0）m，采用分节浮运下沉法进行施工。

8.7 中国斜拉桥技术发展

8.7.1 中国建成的几座典型大跨度斜拉桥

第一是主跨 1 088 m、塔高达到 300.4 m 的苏通长江大桥。第二是主跨 1 018 m 跨香港昂船洲大桥。第三是 926 m 跨鄂东长江大桥，这座桥是中国交通运输部公路规划设计研究院用全寿命设计的方法进行的尝试。此方法目前正在其他桥上推广。第四是上海隧桥工程主通航孔桥，它也是很有特点，采用了分离式双主梁。第五是主跨 648 m 的南京长江三桥，为人字型结构。第六是主跨 628 m 的南京长江二桥当时是在国内具有示范作用的工程项目。第七是主跨 504 m 的武汉天兴洲公铁两用长江大桥，目前是世界上跨度最大的公铁两用斜拉桥，主梁采用三桁片，索面采用三索面。

嘉绍大桥由中国交通运输部公路规划设计研究院设计，相继获得国际桥梁大会金奖及国际道路联合会奖。该桥孔跨布置为（270+5×428+270）m，桥宽 55 m，双向 8 车道，采用分离的流线型钢箱梁，但横向有横梁连接。全桥设 6 个桥塔，均为独柱，采用 4 个倾斜索面，如图 8.28 所示。

图 8.28　嘉绍大桥通航孔桥

8.7.2 中国大跨度斜拉桥建造技术的新进展

1. 基本建立了大跨度斜拉桥施工几何控制法的方法体系

• 数字化几何控制体系集成　研究几何控制体系的总体构建和各模块功能，使之成为适用的大跨斜拉桥几何控制体系。

• 钢箱梁与斜拉索制造几何控制体系　用数字化模式实现对制造的控制，以及修正制造误差，并在安装阶段对其予以合理考虑。

• 钢箱梁与斜拉索安装几何控制体系　基本掌握了钢箱梁与斜拉索安装的数字化表示方法。

- 桥梁线形与内力控制方法　根据控制要素对桥梁线形与内力影响的重要性，对其进行分层管理；根据现场施工控制过程中桥梁线形与内力状态，正确评价当前状态，以实现施工控制中结构线形及内力的最优化。目前中国能够正确评价当前状态，以实现施工控制中结构线形及内力的最优化。

2. 基本掌握了大跨度斜拉桥施工全过程非线性数值仿真方法

此方法可对施工过程各阶段最优状态进行求解，包括各阶段的理想几何位置、索长、索力、内力、位移等状态的确定，可分析施工过程对几何非线性的影响，可对施工全过程结构稳定性进行分析和控制，包括对实际施工状态的评价和结构稳定对应的几何控制指标的确定。

3. 研发了有自主知识产权的千米级斜拉桥钢箱梁制作、架设关键设备、专利与系列工法

- 标准梁段悬臂拼装技术的专利与系列工法　包括最大双、单悬臂状态下结构体系，以及标准钢箱梁悬臂拼装几何控制实施技术。
- 掌握了钢箱梁匹配技术。
- 成功研发了多功能桥面吊机系统，能有效解决宽重钢箱梁节段匹配变形差较大的难题。此系统自动化程度非常高，由中央集中控制。
- 掌握了大块梁段安装技术和工艺。顶推辅助合拢技术，通过千斤顶施力精确调整合龙口间距，准确地进行合龙。
- 掌握了高塔测量技术和施工控制技术。
- 掌握了结构抗风技术及构造设计技术。

包括：主梁断面高雷诺数下三分力及涡激共振风洞试验进行抗风性能分析和措施研究；对斜拉索减振措施进行一系列研究；钢桁梁采用焊接整体节点技术；三片钢桁梁节段拼装技术。在武汉天兴洲公铁两用桥时采用了这种技术：桁段工厂制造时采用"短线法"匹配拼装，拼装焊接成型后解体；再设置合理的临时杆件，采用横向 3 个吊点，且 3 个吊点可单独微调控制（大吨位架梁吊机）。

- 超大型群桩基础施工成套技术。

苏州长江大桥的主塔基础体量达到了 113.95 m × 48.1 m，厚 5.0 ~ 13.3 m，主要是塔的高度比较大，整个基础混凝土的总量约 145 000 m³。基础工程非常庞大，要考虑大体积混凝土水化热问题，另外一个特点是采用了斜桩。

8.8　中国大跨度拱桥技术发展

拱桥是中国传统桥型，有相当大的优势，世界已建成的前十位的拱桥之中，中国占有 7 座。由于连拱（有水平推力）之不利影响，大跨拱跨往往采用单跨。

8.8.1　中国建成的几座典型的拱桥

- 重庆朝天门长江大桥，主跨 552 m 钢桁拱，目前属世界之最，由中交二航局施工。
- 上海卢浦大桥，钢箱拱 550 m 跨。
- 合江长江一桥，也叫波司登大桥，是 530 m 跨的钢管混凝土桥。
- 巫峡长江大桥 492 m 跨，曾经是钢管混凝土拱桥之最，既是中国之最又是世界之最。
- 明州大桥为 450 m 钢箱拱，是中交二航局施工的。
- 万县长江大桥 420 m 跨度目前已不是非常突出，但是它是列入缆索吊具施工的分层钢筋混凝土拱，其施工也非常地有特点。
- 主跨 146 m 的山西丹河石拱桥，被列入世界吉尼斯纪录，由中交第一公路设计院设计完成。

8.8.2　中国大跨度拱桥建造技术的新进展

（1）大跨钢箱拱桥缆索吊装施工装备及控制技术　将吊索塔与扣索塔合二为一，作为缆索吊装系统之塔柱，结构紧凑、经济合理，近几年发展得非常迅速，在我国许多地方已改进得既方便又简洁，支撑的塔架和扣索塔架二合一施工控制得非常到位。索鞍的精度非常好，宽度也非常好。新型反置主索系统，通过主索滑轮的反置，有效地消除一些不平衡的力，把不平衡力控制在一个相对比较小的范围，降低费用；吊装系统进行了一系列的改进，主要是钢材和铸造技术的改进，可以使它的结构非常的紧凑；跑车构造，比传统的跑车更紧凑，单个构造界面小；吊具系统，液压可调比较先进，采用滑轮式可调吊索具，受力均匀，性价比更高；扣锚索安装可以用大吨位千斤顶进行总体张拉，目前有很大的进步，主要是需控制它的精确度。中跨拱肋合龙-临时固定的技术方法，其代表作是重庆的菜园坝大桥。菜园坝大桥钢箱拱肋缆索采用吊装施工，缆索吊承载力达 420 t。还有巫峡长江大桥钢管混凝土拱肋缆索吊装施工，其索吊承载力达 170 t，是由两套设备抬吊。明州大桥其缆索吊承载力达到 400 t，由中交二航局施工完成。拱桥施工吊扣合一如图 8.29 所示。

图 8.29　拱桥施工之吊索塔与扣索塔合二为一

（2）拱上吊机安装拱肋技术　这种技术主要针对单个构件重量不是很大的情况。比如 552 m 的重庆朝天门长江大桥是钢桁拱，不需要过大的吊力，所以采用拱上吊机技术来安装。

拱上吊机总体的布置：上部桅杆吊机由 33 m 吊臂、立柱、斜撑、上底盘、起升机构、回转机构、变幅机构、上底盘调平机构、司机室组成。下部走行机构由下底盘、走行台车、吊机前移牵引机构、锚固系统组成。吊机前移牵引是利用集中控制的液压千斤顶给力的方法来实现吊机同步前移。拱上吊机的载荷试验分别是 125% 的额定载荷静载试验和 110% 的额定载荷动载试验，以策安全。

拱上吊机吊装实例：一是重庆朝天门钢桁拱肋安装；二是上海卢浦大桥钢箱拱肋安装，此为钢箱拱。钢箱拱有比较大的作业面，可以供安装设备，由于上下游箱拱连在一起形成一个节段，所以吊装桁架比较大。另外 2×336 m 的南京大胜关高速铁路钢桁拱桥（双向六线）也是采用拱上吊机安装的。

（3）拱桥转体施工技术　以广东丫髻沙大桥为例。其平转施工设施，中心设转轴，并设转盘，转盘周围有一定的转体支撑，千斤顶可以实现桥体的转动，使两个串起来或者是直接做起来以尽量实现连续牵引。这样可以减少冲击力，已在一些小的牵拉桥上做过类似的设施。秦皇岛大理营桥也曾做过类似设施，施工很方便。转体施工流程：首先是拱肋劲性骨架拼装支架，安装竖转扣索及其张拉设备，张拉扣索并进行竖向转动，再平转施工，实现水平转动，恢复边拱支架，然后放松并拆除扣索。

（4）首次研制了世界最大吨位（145 000 kN）公轨两用钢桁拱桥球型抗震支座，此支座已在朝天门大桥钢桁拱成功应用。这个支座是由我们自主设计、制造、安装的。

（5）形成了特大跨钢桁拱桥施工过程预控联动自调整成套施工技术。

8.9　中国海洋桥梁工程技术发展战略研究

针对大范围、长距离、超水深、超大跨的未来海洋桥梁工程建设所面临的一系列难题，通过系统的科研攻关和技术集成创新，加速提升海洋桥梁工程勘测、设计、材料、施工、制造、装备与管理维护等领域的自主创新能力与核心竞争力，提出海洋桥梁工程技术发展的战略方向，以满足国家经济发展的迫切需要。

正是在上述背景下，中国工程院承担了"海洋桥梁工程技术发展战略研究"咨询项目。院士专家包括秦顺全院士（总负责人）、王景全院士、郑皆连院士、欧进萍院士、刘加平院士、聂建国院士及钮新强院士。

参加单位及大课题负责人包括：

- 中铁大桥勘测设计院（高宗余、徐恭义）。

- 中铁大桥工程局（潘东发、张瑞霞）。
- 西南交通大学（李亚东、李永乐、廖海黎）。
- 同济大学。
- 武汉理工大学（刘沐宇）。
- 东南大学。
- 宝武钢铁集团。
- 南京水利科学研究院。

笔者收集到的阶段研究成果与建议包括：

- 成立国家级海洋桥梁工程设计技术研究中心。
- 研究桥梁作用与组合、新型索桥结构、耐久性设计、疲劳设计及全寿命设计。
- 研究海洋桥梁装配式结构形式、长大钢桩基础施工、大型预制墩台建造、超深水沉井（沉箱）及设置式基础施工、海洋桥梁施工高端装备应用，编制《海洋桥梁工程施工定额》。
- 开发全天候海洋桥梁技术，制定《海洋桥梁抗风设计标准》，开展面向桥梁设计的台风特性研究。
- 研究海洋桥梁桥址区波浪特性、波浪对桥梁结构的静/动力作用、海啸及波浪的冲击效应和海洋环境桥梁基础冲刷机理等。

世界范围内修建了若干座跨海连岛大桥，依据其桥梁全长排名，则位列前十名者见表 8.5。

表 8.5　跨海大桥长度前十名一览

序号	跨海大桥名称	桥梁全长/km	所在国家	通车时间
1	港珠澳大桥	55	中国	2018
2	青岛胶州湾大桥	41.58	中国	2011
3	濑户大桥	37.3	日本	1988
4	切萨皮克湾大桥	37	美国	1964
5	杭州湾跨海大桥	35.673	中国	2008
6	东海大桥	32.5	中国	2005
7	舟山金塘大桥	26.54	中国	2009
8	法赫德国王大桥	25	巴林	1986
9	大贝尔特桥	17.5	丹麦	1998
10	厄勒海峡大桥	16	丹麦	2000

在中国"一带一路"倡仪的影响下，"道路跨越海洋"向桥梁工作者招手。衷心希望中国海洋桥梁工程技术发展战略研究能够引领国际桥梁技术的发展。

参考文献

[1] 张师定. 超大跨桥式——全索桥. 纪念茅以升百岁诞辰桥梁学术会议论文集. 宜昌，1995.

[2] 唐寰澄. 桥. 北京：中国铁道出版社，1982.

[3] 强士中，周璞. 桥梁工程. 成都：西南交通大学出版社，2000.

[4] 姜辉，周履. 碳纤维加劲塑料在桥梁工程中的应用. 桥梁建设，1999（3）.

[5] 肖汝诚，项海帆. 拉吊协作桥的施工控制与吊索疲劳控制研究. 同济大学学报，1999，27（2）.

[6] 林国雄. 简论芜湖长江大桥规划. 桥梁建设，1997（1）.

[7] 汪慧，郑宪政，译. 未来的大桥. 国外桥梁，1998（1）.

[8] LIN T Y, FELIX KULKA. Construction of Rio Colorado Bridge, Joural of the Prestressed Concrete Institute-Volume 18, No.6，November-December 1973.

[9] 艾国柱，夏华晞，编译. PC悬带桥——"兔"桥的设计和施工. 国外桥梁，2001（2）.

[10] 项海帆，方明山. 超大跨度桥梁结构体系的演变及发展趋势，第12届全国桥梁学术会议，1996.

[11] 王武勤. 大跨度桥梁施工技术. 北京：人民交通出版社，2007.

[12] 黄绍金，刘陌生. 现代索道桥. 北京：人民交通出版社，2004.

[13] 冯建祥，罗才英. 悬索工程. 厦门：厦门大学出版社，2010.

思考题

[1] 为什么索桥会成为大跨桥梁的主要形式？

[2] 为什么悬索桥跨度大于斜拉桥跨度？

[3] 你对悬索桥振动特点有何体会？你对塔科玛大桥风致坍塌事件有何深刻理解？

[4] 你对大跨桥梁抗震措施有何体会？

[5] 扼要谈谈中国悬索桥技术现状。

附录 A　桥梁构思纲目

1 设计任务的依据

- 设计合同
- 设计纲要
- 可行性研究报告
- 选址报告
- 勘察报告

2 设计依据

- 设计规范
- 施工规范
- 其他相关规范及法律

3 桥址自然状况

- 地形及地貌
- 水文及气象
- 地质与地震

4 结构设计技术参数

- 设计寿命
- 设计荷载
- 设计标准温度
- 设计地震烈度
- 设计交通量及桥面布置
- 交通流线组织及线形设计
- 桥面建筑限界与桥下建筑限界

5 结构构思与总体设计

- 各方案（桥渡方案与桥跨方案）的提出
- 孔跨布置（跨越功能分区）
- 横断面设计（交通功能分区）

- 结构主要轮廓尺寸
- 基础类型
- 主体结构材料类型
- 主体结构计算简图
- 主控截面内力与配筋
- 防撞体设计
- 施工方法与场地布置
- 结构在施工过程中发生的体系转换

6 设备设计
- 伸缩缝类型与布置
- 支座类型与布置
- 锚具
- 灯具
- 其他设备

7 建筑的风格与造型
- 建筑的特色、共性与个性
- 建筑的立面构图、比例与尺度
- 建筑物视线焦点部位的处理
- 材料（或装饰材料）的色彩与质感

8 经济分析
- 工程量清单
- 施工进度计划安排（横道图或网络计划图）
- 造价分析

9 各方案综合技术经济分析与比较
比较的项目包括：
- 孔跨布置及式样
- 桥长及桥高
- 桥梁建筑高度及起桥高度
- 桥梁横断面形式
- 工程数量
- 工期

- 造价
- 功能
- 可靠性
- 机动分析
- 静力平衡
- 传力路径及受力均匀性分析
- 美观性
- 其他

10 问题、建议或下一步工作计划及注意事项

附录 B 公路工程特殊结构桥梁项目初步设计文件纲目

第一篇 总体设计

1 设计总说明

1）概 述

2）设计依据、范围及内容

3）设计标准、规范和规程

4）主要技术标准

5）设计基础资料

6）专题研究

7）总体方案设计

8）主桥桥型及结构方案设计

9）引桥桥型及结构方案设计

10）接线、交通工程及沿线设施、环境保护

11）景观设计

12）其他工程

13）结构耐久性设计

14）施工方案与施工监控关键参数

15）桥梁安全风险评估

16）运营期结构安全监测

17）全桥方案综合比选 比较因素：建设条件的适应性、建设规模、技术成熟程度、结构受力、景观、环境保护、桥梁建设方案风险性、耐久性、管理养护、施工、工期、全寿命周期成本等方面

18）设计概算

19）问题与建议

附 图

● 桥型方案效果图

● 桥位地理位置图

● 全桥平、纵面缩图

● 全桥总体布置概略图

● 桥位平面图

● 各桥型方案桥型总体布置图

- 全桥标准横断面
- 接线平面图
- 接线纵断面图
- 桥位工程地质纵断面图
- 河床断面变迁图
- 桥位高、中、低水位航迹线观测图
- 桥梁跨越的被交公路、铁路、市政道路等测量成果图
- 各桥型全桥主要工程材料数量汇总表
- 推荐桥型方案桥梁主要结构一般构造图
- 全桥施工进度安排
- 进场道路及施工场地布置示意图

第二篇 主 桥
- 结构分解及主要工程材料数量汇总表
- 桥位平面布置
- 工程地质平面布置
- 工程地质纵断面图
- 主桥桥型布置
- 桥面横向布置
- 主要结构一般构造
- 主要结构预应力布置
- 主要附属结构总体布置及构造
- 桥面系总体布置及构造
- 支承体系布置

第三篇 引 桥
- 结构分解及主要工程材料数量汇总表
- 桥位平面布置
- 工程地质平面布置
- 工程地质纵断面图
- 桥型布置
- 桥面横向布置
- 主要结构一般构造
- 主要结构预应力布置
- 主要附属结构总体布置及构造
- 桥面系总体布置及构造
- 支承体系布置

第四篇 接 线

第五篇　交通工程及沿线设施

第六篇　环境保护

第七篇　景观设计

第八篇　其他工程

第九篇　结构耐久性设计

第十篇　施工方案

- 施工大型临时设施总体布置
- 施工大型临时设施方案设计
- 主桥主要结构施工方案及流程
- 主桥施工场地布置
- 主桥施工进度安排
- 引桥施工方案及流程
- 引桥施工场地布置
- 引桥施工进度安排
- 其他工程施工方案及流程
- 接线施工方案
- 全桥施工进度安排

第十一篇　桥梁安全风险评估

第十二篇　施工监控及运营期结构安全监测

第十三篇　设计概算

附件　基础资料及相关文件

基础资料包括：

- 平面控制网测量、高程控制网测量
- 地质勘察报告和地震动参数复核资料
- 气象观测与计算资料
- 水文调查与计算资料
- 相关工程检测结果和评估报告
- 专题研究成果资料

附录 C 桥梁设计流程管理

设计控制程序

1 目 的

为落实"P-D-C-A"工作流程，保证工程项目设计全过程处于受控状态，以满足法律法规、标准规范和合同规定的要求。

2 范 围

设计院承接的各类设计项目业务活动的全过程。

3 职 责

3.1 设计所是设计过程控制的主责部门，负责项目的具体实施，配备项目实施所需的资源，编制进度计划，进行设计全过程的控制和验证。

3.2 院总工程师审核项目组织原则，按需要主持项目的技术策划及中间评审，按规定审核专业设计原则、项目文件和图纸（包括修正设计图），审核设计业务联系单。

3.3 项目负责人为项目组织实施的责任者。对基础和技术资料组织实施验证；编制项目组织原则；组织专业负责人编制专业设计原则；负责对外接口的联络和组织内部各专业的设计交接，组织准备项目的技术策划和中间评审，按规定汇编签署项目文件和图纸（包括修正设计图），组织参加项目的确认，负责编制阶段完工报告，组织实施项目的后期服务，签署设计业务联系单，检查、落实过程控制，满足质量管理体系要求。根据工作需要，在具体工作中，宜参与项目的设计和校审工作。

3.4 专业负责人负责本专业的设计质量及水平和进度。编写专业设计原则，负责本专业与其他专业的设计交接，组织准备本专业有关的技术策划和中间评审，按规定编制、签署项目有关文件和图纸（包括修正设计图），参加项目的确认，协助编制阶段完工报告，组织实施本专业的后期服务，签发有关设计业务联系单。

3.5 设计人负责所承担的设计工作的质量和进度，按照批准的项目组织原则和专业设计原则开展工作，按时按质进行设计交接，参加中间评审，按规定编写、计算、绘制项目文件和图纸（包括修正设计图），必要时，参加项目外部评审，实施后期服务，按规定办理设计业务联系单。

4 程　序

工作简要	工作内容说明	使用表单
4.1 设计策划	4.1.1 确定项目负责人及专业负责人。项目负责人的人选，由项目主体部门负责人及总（副总）工程师在项目组织原则中确定。专业负责人人选以及审核人员，由项目承接部门负责人在项目组织原则中确定。 4.1.2 项目负责人在具有任职资格的设计人员中提出各专业人员名单，经专业负责人审核，院长审定，组建项目组。 项目组是为完成设计项目而建立的临时性组织，主要成员有：项目负责人、设计人、校核人、专业负责人、审核人和审定人。 4.1.3 项目负责人在接到院下达的《项目设计任务单》后，按照《项目设计任务单》及合同等资料的要求，编制《项目设计计划》。 4.1.3.1 编制《项目设计计划》的依据：在满足顾客对设计要求的前提下，划分合理的设计周期，配备充分的设计资源（包括设计人、设计资料和各种设备等），以确保能够如期保质保量地交付设计产品。 4.1.3.2《项目设计计划》的内容： • 项目设计的阶段及周期要求； • 各阶段评审、验证或确认责任人； • 各专业人员的配备； • 专业协作接口与进度要求。 4.1.3.3《项目设计计划》报总工审核，由院长批准，由主管副院长下达。 4.1.4 编制项目开工报告 项目负责人填写《设计开工报告》，并须经各专业负责人签字认可，院长批准。 4.1.5 项目开工 由项目负责人召开项目开工会议，除项目全体人员外，大型项目还应请院长和总工程师参加。项目开工会议上由项目负责人发布《设计开工报告》《项目设计计划》，并确定设计评审时机。 4.1.6 设计组织和技术接口管理 4.1.6.1 各专业之间的技术接口 设计主导专业在提供资料之前须经校审后，方可向其他专业提出正式的设计条件资料，并由相关人员填写并保存《设计条件交接单》。 接收条件专业应逐项检查接收条件的内容是否完备，深度是否满足设计要求。当检查合格后应在《设计条件交接单》上签署。当检查不合格时，应退给提出条件专业令其进行修改后重提。 接受条件专业按照收到的设计条件经计算和多方案比较后，制定出本专业的设计方案，并按规定进行评审后，向相关专业提出设计条件。 4.1.7 随着项目设计的进展，《项目设计计划》在适当时可进行修改和更新	《设计开工报告》《项目设计计划》《设计条件交接单》

工作简要	工作内容说明	使用表单
4.2 设计输入	正确的设计输入资料是保证项目设计质量的必要前提和验证设计输出的依据。 根据委托任务阶段的不同，一般包括： 4.2.1 项目建议书 4.2.1.1 双方签订的合同书或委托书； 4.2.1.2 设计中执行的主要标准、规范及相关法规； 4.2.1.3 设计所需的技术资料。 4.2.2 可研报告 4.2.2.1 双方签订的合同书或委托书； 4.2.2.2 上级机关批准或顾客同意的项目建议书； 4.2.2.3 上级机关对项目建议书的批文或双方签署的评审纪要； 4.2.2.4 设计中执行的主要标准、规范及有关法规； 4.2.2.5 设计所需的技术资料。 4.2.3 初步设计（方案设计） 4.2.3.1 双方签订的合同书或委托书； 4.2.3.2 上级机关批准或顾客同意的可研报告； 4.2.3.3 上级机关对可研报告的批文或双方签署的评审纪要； 4.2.3.4 设计中执行的主要标准、规范及有关法规； 4.2.3.5 设计所需的技术资料。 4.2.4 施工图设计 4.2.4.1 双方签订的合同书或委托书； 4.2.4.2 上级机关批准或顾客同意的初步设计（方案设计）； 4.2.4.3 上级机关对初步设计（方案设计）的批文或双方签署的评审纪要； 4.2.4.4 设计中执行的主要标准、规范及有关法规； 4.2.4.5 施工图设计所需的补充技术资料。 4.2.5 以上资料要包括： • 设计依据如：合同、委托书或协议，设计项目批准文件，强制性标准，国家规定的设计深度要求等； • 由要求（顾客明示的、隐含的、法律法规及规范要求）转化的质量特性要求（包括：功能性、可信性、安全性、可实施性、适应性、经济性、时间性）； • 适用时，以前类似设计的成功的或需要改进的信息； • 设计所必需的其他要求。 4.2.6 设计输入的确认 对于顾客提供的设计所需的基础资料，由项目负责人组织有关专业负责人进行确认，确保提供的输入资料清楚、完整、不相互矛盾。项目负责人负责编写《外部基础和技术资料登记表》	《外部基础和技术资料登记表》

工作简要	工 作 内 容 说 明	使用表单
4.3 设计输出及校审	4.3.1　设计输出应满足设计输入中提出的要求，并应符合合同、法规、有关规范、院技术标准、标准图的要求。设计输出主要由图纸、表格、计算书、说明书等文件组成，要表述施工安装要求、采购要求、安全和正常使用的特性、施工检验和验收要求等。 4.3.2　档案室应负责办理设计文件（底图）、电子文件存档手续。 4.3.3　设计文件应由各级校审人员按"先校核、后审核"的顺序校审。 4.3.3.1　校核内容 （1）应对提出的设计条件（含条件表和条件图）、计算书（含编入设计文件和作为项目资料存档的计算书）和设计文件的文字、数字、图样逐一校对。 （2）外部条件和设计条件是否齐全，应提出的设计条件是否齐全。 　　若顾客提供的要求或订单没有形成文件，必须在接收顾客要求前，以适当的方式对顾客要求或订单进行确认。 （3）计算书的校对内容如下： ●　计算方法、公式的适用范围、设计参数的选择、技术经济合理性、安全系数是否恰当； ●　对每个计算步骤和数字进行复核； ●　采用计算机计算时，输入数据及输出结果的恰当性和准确性； ●　根据计算结果选择的设计内容是否满足设计要求，是否符合规范规定，安全系数是否恰当。 （4）设计内容、深度是否符合设计输入和本专业统一规定的要求，设计内容和概（预）算是否完整，有无漏项。 （5）提出的条件、计算书和设计文件编制格式是否符合有关规定。 （6）图样校对内容：图样的表示方法、比例、图面布置、视图、坐标、符号、线条、表格、说明、图标等是否恰当，是否符合设计文件编制规定及专业设计内容、深度统一规定。 4.3.3.2　审核内容 （1）设计方案和采取的技术措施是否先进、经济合理、安全可靠，是否符合设计输入要求。 （2）设计参数等基础数据、重要计算公式和计算方法、电算程序的选用是否正确。 （3）主要结构、材料、设备的选用是否合理。 （4）选用的规范、标准图、复用图等是否正确可靠。 （5）设计内容是否齐全，有无漏项。 （6）设计原则是否符合设计输入要求。 4.3.3.3　审定内容 （1）设计指导思想、技术路线、设计原则是否符合国家现行方针政策和设计输入要求。 （2）设计方案是否功能上适用、技术上先进、经济上合理、安全上可靠。 （3）投资控制、概（预）算是否符合合同要求和上级文件精神。 （4）采用的新技术、新工艺、新构件、新材料是否恰当和安全可靠。 （5）关键技术及复杂技术是否成熟。 4.3.4　校审后的设计文件，校审人员应签署《设计文件校审记录》。在施工图设计阶段，互提设计条件的专业应对相关专业的设计成品文件进行评审签署（会签），防止"错、漏、碰、缺"，以保证其设计成品质量。 4.3.5　未经过相关授权人签字批准，不允许设计文件投入使用	《设计文件校审记录》

附录 D　常见桥梁设计执行规范名录

[1]《工程建设设计企业质量管理规范》（GB T50380）

[2]《公路工程设计文件编制规定》

[3]《公路工程技术标准》（JTG B01）

[4]《公路桥涵设计通用规范》（JTG D605）

[5]《公路工程特殊结构桥梁项目设计文件编制办法》

[6]《公路钢筋混凝土及预应力混凝土桥涵设计规范》（JTG D628）

[7]《公路桥涵地基与基础设计规范》（JTG D63）

[8]《公路桥梁抗风设计规范》（JTG/TD 60-01）

[9]《公路桥梁抗震设计细则》（JTG/T B02-01）

[10]《公路斜拉桥设计细则》（JTG/T D65）

[11]《公路悬索桥设计规范》（JTG/T D65-05）

[12]《城市道路工程设计规范》（CJJ37）

[13]《城市桥梁设计规范》（CJJ 11）

[14]《城市桥梁抗震设计规范》（CJJ 166）

[15]《混凝土结构耐久性设计规范》（GB/T 50476）

[16]《公路工程混凝土结构防腐技术规范》（JTG/T B07-01）

[17]《公路钢结构桥梁设计规范》（JTG D64）

[18]《公路钢管混凝土拱桥设计规范》（JTG/T D65-06）

[19]《公路钢混组合桥梁设计与施工规范》（JTG/T D64-01）

[20]《钢结构设计规范》（GB50017）

[21]《铁路钢桥制造规范》（Q/CR 9211）

[22]《桥梁用结构钢》（GB/T 714）

[23]《斜拉桥热挤聚乙烯高强钢丝拉索技术条件》（GB18365）

[24]《单丝涂覆环氧涂层预应力钢绞线》（GB/T 25832）

[25]《桥梁缆索用高密度聚乙烯护套料》（CJ/T297）

[26]《建筑基坑支护技术规程》（JTJ 120）

[27]《预应力混凝土用钢绞线》（GB/T 5224）

[28]《预应力用锚具、夹具和连接器》（GB/T14370）

[29]《预应力混凝土桥梁用塑料波纹管》（JT/T 529）

[30]《混凝土用水标准》（JTJ63）

[31]《道桥用防水涂料》（JC/T 975）

[32]《城市桥梁工程施工与质量验收规范》（CJJ2）

[33]《厚度方向性能钢板》（GB/T 5313）

[34]《钢结构工程施工质量验收规范》（GB 50205）

[35]《城镇桥梁钢结构防腐蚀涂装工程技术规程》（CJJT235）

[36]《公路桥涵养护规范》（JTG H11）

[37]《公路桥涵施工技术规范》（JTG/T F50）

[38]《铁路桥涵设计基本规范》（TB 10002.1）

[39]《铁路桥涵钢筋混凝土和预应力混凝土结构设计规范》（TB10002.3）

[40]《铁路桥涵地基与基础设计规范》（TB10002.4）

[41]《铁路桥涵混凝土和砌体结构设计规范》（TB10002.5）

[42]《铁路工程抗震设计规范》（GB 50111）

[43]《铁路混凝土结构耐久性设计规范》（TB10005）

[44]《铁路安全管理条例》（国务院 639 号令）

[45]《铁路营业线施工安全管理办法》（TG/CW 106）

[46]《中华人民共和国环境保护法》

[47]《公路勘测规范》（JTG C10）

[48]《公路工程地质勘察规范》（JTG C20）

[49]《通航海轮桥梁通航标准》

[50]《建设工程项目管理规范》（GB T50326）

[51]《公路桥梁板式橡胶支座》（JTJ/T 4）

[52]《公路桥梁盆式橡胶支座》（JT/T 391）

[53]《公路桥梁伸缩装置》（JT/T 327）

[54]《桥梁防雷技术规范》（GB/T 31067）

[55]《建筑隔振设计规范》（GB50463）

[56]《公路路线设计规范》（JTG D20）

[57]《涂装前钢材表面处理规范》（SY/T 0407）

[58]《公路桥梁景观设计规范》（JTG/T 3360—03）

附录 E　桥梁造价估算指标简明表

专　业	项　目		基价指标
路　基	清表挖土方		5.8 元/m³（平原微丘）
			6.4 元/m³（山岭重丘）
	开炸石方		16.8 元/m³（平原微丘）
			20.0 元/m³（山岭重丘）
	填土方		8.8 元/m³（高等级路）
			8.0 元/m³（低等级路）
路基路面排水	浆砌片石		198 元/m³
路　面	垫　层		7.1 元/m²
	基层	水泥稳定碎石	16.4 元/m²
		二灰稳定碎石	12.4 元/m²
	面层	普通型	658 元/m³
		改性沥青混凝土（SBS）	882 元/m³
		沥青玛蹄脂（SMA）	1 218 元/m³
跨度小于 16 m 之桥梁			2 125 元/m² 桥面
一般结构桥梁	16～100 m	预应力混凝土空心板	2 205 元/m² 桥面（干处）
			2 439 元/m² 桥面（水深小于 3 m）
			2714 元/m² 桥面（水深小于 5 m）
		钢筋混凝土 T 梁	2 287 元/m² 桥面（干处）
			2 521 元/m² 桥面（水深小于 3 m）
			3 013 元/m² 桥面（水深小于 5 m）
		预应力混凝土 T 梁	4 816 元/m² 桥面
		预应力混凝土小箱梁	4 704 元/m² 桥面
技术复杂结构桥梁	现浇连续梁	跨度小于 60 m	3 426 元/m² 桥面（干）
			4 162 元/m² 桥面（水）
	拱桥（小于 100 m）	箱型拱跨度	3 557 元/m² 桥面（干）
			4 346 元/m² 桥面（水）
		钢管拱	4 624 元/m² 桥面

专 业	项 目		基价指标
技术复杂大桥	基 础	灌注桩	1 154 元/m³（干）
			1 632－1 836－2 133－2 464 元/m³（水）
		承 台	767 元/m³（干）
			979－1 293－2 031－2 804 元/m³（水）
	下部墩台	柱式墩	1 198 元/m³（干）
			1 366 元/m³（水）
		空心墩	1 251 元/m³（干）
			1 426 元/m³（水）
		斜拉桥桥塔	2 225 元/m³（干）
			2 455 元/m³（水）
		悬索桥桥塔	2 006 元/m³（干）
			2 220 元/m³（水）
	上部结构	连续梁	2 535 元/m² 桥面（跨度小于 100 m）
			2 751 元/m² 桥面（跨度小于 150 m）
		连续刚构	2 792 元/m² 桥面（跨度小于 150 m）
			3 188 元/m² 桥面（跨度小于 200 m）
			4 120 元/m² 桥面（跨度小于 270 m）
		斜拉桥	2 836 元/m² 桥面（跨度小于 300 m）
			3 142 元/m² 桥面（跨度小于 500 m）
		箱型拱	3 414 元/m² 桥面（跨度小于 150 m）
			4 051 元/m² 桥面（跨度小于 200 m）
		钢管拱	5 400 元/m² 桥面（跨度小于 240 m）
		斜拉索	14 001 元/t（钢绞线）
			20 466 元/t（平行钢丝）
		悬索桥主缆	24 176 元/t
		钢箱梁	11 552 元/t
钢便桥	上部结构		1 392 元/m
	下部结构		5 366 元/墩

附录 F 桥梁结构分解模型

工点模型编码	第1层	第2层	第3层	第4层	第5层	第6层	第7层
桥梁第i个工点03i	下部结构01	第j号基础及墩（台）01j	地基与基础01j01	基坑开挖01j0101			
				地基处理01j0102	换填土01j010201		
					挤密桩01j010202	砂桩01j01020201	
						石灰桩01j01020202	
						碎石桩01j01020203	
						水泥土桩01j01020204	
					搅拌桩01j010203	粉喷桩01j01020301	
						旋喷桩01j01020302	
					CFG桩01j010204		
					强夯01j010205		
					地表（洞穴）注浆01j010206		
				钻孔灌注桩01j0103	陆上桩01j010301	第m号桩01j010301m	
					水中桩01j010302	第m号桩01j010302m	
				沉入桩01j0104	陆上桩01j010401	第m号桩01j010401m	
					水中桩01j010402	第m号桩01j010402m	
				挖孔桩01j0105	第m号桩01j0105m		
				钢管桩01j0106	第m号桩01j0106m		
				管柱01j0107	钢筋混凝土管柱01j010701	第m号桩01j010701m	

					钢管柱 01j010702	第m号桩 01j010702m	
				承台（系梁） 01j0108	第k号承台 01j0108k	第m层承台 现浇 01j0108km	
				明挖基础 01j0109	第k号明挖 基础 01j0109k		
				沉井 01j0110	井壁（身） 01j011001	第m段井段 01j011001m	
					封底混凝土 01j011002		
					填芯 01j011003		
					顶板 01j011004		
				地下连续墙 01j0111	导墙 01j011101	第m段导墙 01j011101m	
					连续墙 01j011102	第n段连续墙 01j011102n	
				重力式锚碇 01j0112	第m号重力式 锚碇 01j0112m		
				隧道式锚碇 01j0113	第m号隧道式 锚碇 01j0113m		
				岩锚锚碇 01j0114	第m号岩锚 锚碇 01j0114m		
				基坑回填 01j0115			
			墩（台） 01j02	墩/台/塔柱 （墙） 01j0201	墩/台/塔柱 （墙）身 01j020101	第m号墩（台） 柱（墙） 01j020101m	第k号施工段 01j020101mk
					（施工）劲性 骨架 01j020102	第n号劲性骨架 01j020102n	第k号施工段 01j020102nk
					钢锚梁 01j020103	第m根钢锚梁 01j020103m	
					索鞍（主索鞍， 转索鞍） 01j020103	肋传力结构 01j02010301	第m个索鞍 01j02010301m
						外壳传力结构 01j02010302	第n个索鞍 01j02010302n
				横系梁（桥塔 横梁） 01j0202	第n号横系梁 01j0202n		

				盖梁 （含挡块） 01j0203	第 t 号盖梁 01j0203t		
				支座垫石 01j0204	第 k 号支座 垫石 01j0204k		
				支座 01j0205	板式橡胶支座 01j020501	第 k 号支座 01j020501k	
					盆式橡胶支座 01j020502	第 k 号支座 01j020502k	
					金属支座 01j020503	球形钢支座 01j02050301	第 k 号支座 01j02050301k
						弧形支座 01j02050302	第 k 号支座 01j02050302k
						平板支座 01j02050303	第 k 号支座 01j02050303k
						摇轴支座 01j02050304	第 k 号支座 01j02050304k
				背墙 01j0206	第 l 号背墙 01j0206l		
				耳墙 01j0207	第 h 号耳墙 01j0207h		
				翼墙 01j0208	第 m 号翼墙 01j0208m		
			施工辅助 设施 01j03	挡土板 01j0301			
				钢板桩 01j0302			
				钢轨桩 01j0303			
				套箱 01j0304	钢套箱 01j030401		
					钢筋混凝土 套箱 01j030402		
				钢围堰 01j0305	第 k 个围堰 01j0305k		
				钢吊箱 01j0306	第 k 个吊箱 01j0306k		
				钻孔灌注桩 01j0307	第 m 根桩 01j0307m		
				旋喷桩 01j0308	第 m 根桩 01j0308m		
				粉喷桩 01j0309	第 m 根桩 01j0309m		
				地下连续墙 （防护用） 01j0310	第 k 段墙 01j0310k		

					钢管（混凝土冷却用）01j0311		
上部结构 02	第 k 号桥跨及桥面系 02k	桥跨结构 02k01	简支梁（桁架）02k0101	预制装配梁 02k010101	纵梁（主桁）02k01010101	第 m 号纵梁（主桁）02k01010101m	
					横梁 02k01010102	第 n 号横梁 02k01010102n	
					现浇带 02k01010103	第 l 号浇带 02k010101031	
				现浇梁 02k010102	纵梁 02k01010201	第 m 段纵横梁 02k01010201m	
					横梁 02k01010202	第 n 段纵横梁 02k01010201n	
			连续梁（桁架）02k0102	预制装配（先简支后连续）02k010201	纵梁（主桁）02k01020101	第 m 号纵梁（主桁）02k01020101m	
					横梁 02k01020102	第 n 号横梁 02k01020102n	
					现浇带 02k01020103	第 l 号现浇带 02k010201031	
					现浇（焊接）连续段 02k01020104	第 k 号连续段 02k01020104k	
				支架现浇 02k010202	第 m 段现浇 02k010202m	第 n 层现浇 02k010202mn	
				悬臂节段施工 02k010203	桥跨悬浇（拼）段 02k01020301	第 m 块悬段 02k01020301m	
					桥跨支架现浇段 02k01020302	第 n 块支架现浇 02k01020302n	
			连续刚构 02k0103	悬臂节段施工 02k010301	桥跨悬浇（拼）段 02k01030101	第 m 块悬段 02k01030101m	
					桥跨支架现浇段 02k01030102	第 n 块支架现浇段 02k01030102n	
				转体施工 02k010302	桥跨转体现浇段 02k01030201	第 m 段转体梁 02k01030201m	
					桥跨支架现浇段（合龙段）02k01030202	第 n 块支架现浇段 02k01030202n	

					拱圈（肋） 02k010401	第 m 段拱圈 （肋） 02k010401m	
					桁架拱 02k010402	上/下弦杆 02k01040101	第 n 段弦杆 02k01040101n
						腹杆 02k01040102	第 n 段腹杆 02k01040102n
					横向联结系 02k010403	横系梁 02k01040301	第 m 号横系梁 02k01040301m
						桥面横系梁 02k01040302	第 m 号桥面 横系梁 02k01040302m
						K 形撑 02k01040303	第 m 号 K 形撑 02k01040303m
						剪刀撑 02k01040303	第 m 号剪刀撑 02k01040303m
				拱桥 02k0104	拱上建筑 02k010404	垫梁 02k01040401	第 m 道垫梁 02k01040401m
						立柱 02k01040402	第 m 根立柱 02k01040402m
						横系梁 02k01040403	第 m 根横梁 02k01040403m
						盖梁 02k01040404	第 m 根盖梁 02k01040404m
						板（梁） 02k01040405	第 n 根板（梁） 02k01040405n
						现浇带 02k01040406	第 h 条现浇带 02k01040406h
					拱下结构（系杆拱或中/下承式拱） 02k010405	系梁（小纵梁） 02k01040501	第 m 道系梁 （小纵梁） 02k01040501m
						吊杆 02k01040502	第 m 道吊杆 02k01040502m
						横梁 02k01040503	第 m 道横梁 02k01040503m
						桥面板（梁） 02k01040504	第 m 块桥面板 02k01040504m
						现浇带 02k01040505	第 m 道现浇带 02k01040505m
				斜拉桥 02k0105	悬臂施工节段（含合拢段） 02k010501	桥跨悬浇（拼装）段 02k01050101	第 m 块悬段 02k01050101m
						桥跨支架 现浇段 02k01050102	第 n 块支架 现浇段 02k01050102n
					支架施工 02k010502	第 n 块支架 现浇段 02k010502n	

				斜拉桥 02k0105	斜拉索 02k010503	第 m 根斜拉索 02k010503m	
					阻尼器 02k010504	第 n 个阻尼器 02k010504n	
				悬索桥 02k0106	主缆 02k010601	第 m 根主缆 02k010601m	
					吊索处索夹 02k010602	第 m 号索夹 02k01060201	
					紧固索夹 02k010603	第 m 号紧固 索夹 02k010603m	
					锥形封闭索夹 02k010604	第 m 号锥形 封闭索夹 02k010604m	
					吊杆（索） 02k010605	第 m 号吊杆 （索） 02k010603m	
					吊索减振夹 02k010606	第 n 号减振夹 02k010606n	
					加劲梁 02k010607	第 n 段梁段 02k010607n	
					阻尼器 02k010608	第 n 号阻尼器 02k010608n	
				（箱形） 框架桥 02k0107			
			桥面系 02k02	防撞墙 02k0201	第 m 道防撞墙 02k0201m		
				护栏 02k0202	第 m 道护栏 02k0202m		
				现浇层 02k0203			
				防水层 02k0204			
				混凝土桥面 板上铺装层 02k0205	沥青混凝土 铺装 02k020501		
					水泥混凝土 铺装 02k020502		
				钢桥面板上 铺装层 02k0206	沥青混凝土 铺装 02k020601		
					水泥混凝土 铺装 02k020602		

				桥面排水 02k0207	泄水孔 02k020701		
					泄水管 02k020702		
				伸缩装置 02k0208	橡胶伸缩装置 02k020801		
					模数式伸缩装置 02k020802		
					梳齿板式伸缩装置 02k020803		
					填充材料式伸缩装置 02k020804		
附属工程 03		洞穴处理 0301					
		台后及锥体填筑 0302	第k块填筑 0302k				
		桥头搭板 0303	第j块搭板 0303j				
		桥上永久照明 0304					
		桥梁地段综合接地引入 0305					
		防撞结构 0306	第j号防撞结构 0306j	桩支撑系统 0306j01			
				人工岛系统 0306j02			
				漂浮式保护系统 0306j03			
				系缆桩保护系统 0306j04			
				防护板系统 0306j05			
沉降变形观测 04		第j号沉降变形观测 04j					

结束语

创新的动力——爱

爱从天上而来，
爱本就是上天。
爱是敬拜真理，
爱是爱弟兄姊妹。
爱能联络全德，
爱是荣主益人，
爱是荣耀主名，
爱是爱人如己。

爱是恒久忍耐，
爱是不轻易发怒。
爱是又有恩赐，
爱是从不嫉妒。
爱是永不自夸，
爱是决不张狂，
爱是不做害羞的事，
爱是不求己益处。

爱是不计算人的恶，

爱是不喜欢不义。

爱是凡事包容。

爱是只喜欢真理，

爱是凡事相信。

爱是凡事盼望，

爱是凡事忍耐，

爱是永不止息。

爱是心存圣洁，

爱是胸怀坦荡。

爱是饥渴慕义，

爱是相互信赖。

爱人不可虚假，

爱里没有恐惧，

爱能胜过罪恶，

命令总归是爱。

爱是真理。

爱是光明。

爱是智慧的源泉。

爱是创新的动力。

爱是交流的媒介。

爱是成功。

爱是和平。

爱是发展。

万里江山千秋路，
桥梁横跨山水间。

2020 年已经到来，交通运输部提出了"交通大数据发展五年规划"，目标宏伟！
责任重大！困难与机遇同在，挑战与发展并存。让我们携起手来，为到达彼岸而共同
努力！把"中国桥梁"这张名片擦得更亮！

张师定
初版于 2017 年 8 月青岛
修订于 2020 年 1 月上海